창의적 글쓰기

■ 편찬위원 명단 ■

펴낸날 1판 1쇄 2009년 9월 1일
1판 5쇄 2013년 8월 20일
엮은이 글쓰기교재편찬위원회
펴낸이 송희영
펴낸곳 **쿠북** (건국대학교출판부의 패밀리 브랜드입니다.)
등록 / 제 4-3 호(1971. 6. 21)
주소 / 143-701, 서울시 광진구 능동로 120
건국대학교 출판부
전화 / (02) 450-3891 ~ 3
팩스 / (02) 457-7202
홈페이지 / http://press.konkuk.ac.kr
e-mail / press@konkuk.ac.kr

책임편집 박명희
디자인 박은경

찍은곳 (주)동화인쇄공사

정가 **11,000** 원

ISBN 978-89-7107-514-2 03710

이 도서의 국립중앙도서관 출판시도서목록(CIP)은 e-CIP 홈페이지(http://www.nl.go.kr/cip.php)에서 이용하실 수 있습니다.(CIP제어번호: CIP2009002637)

창의적 글쓰기

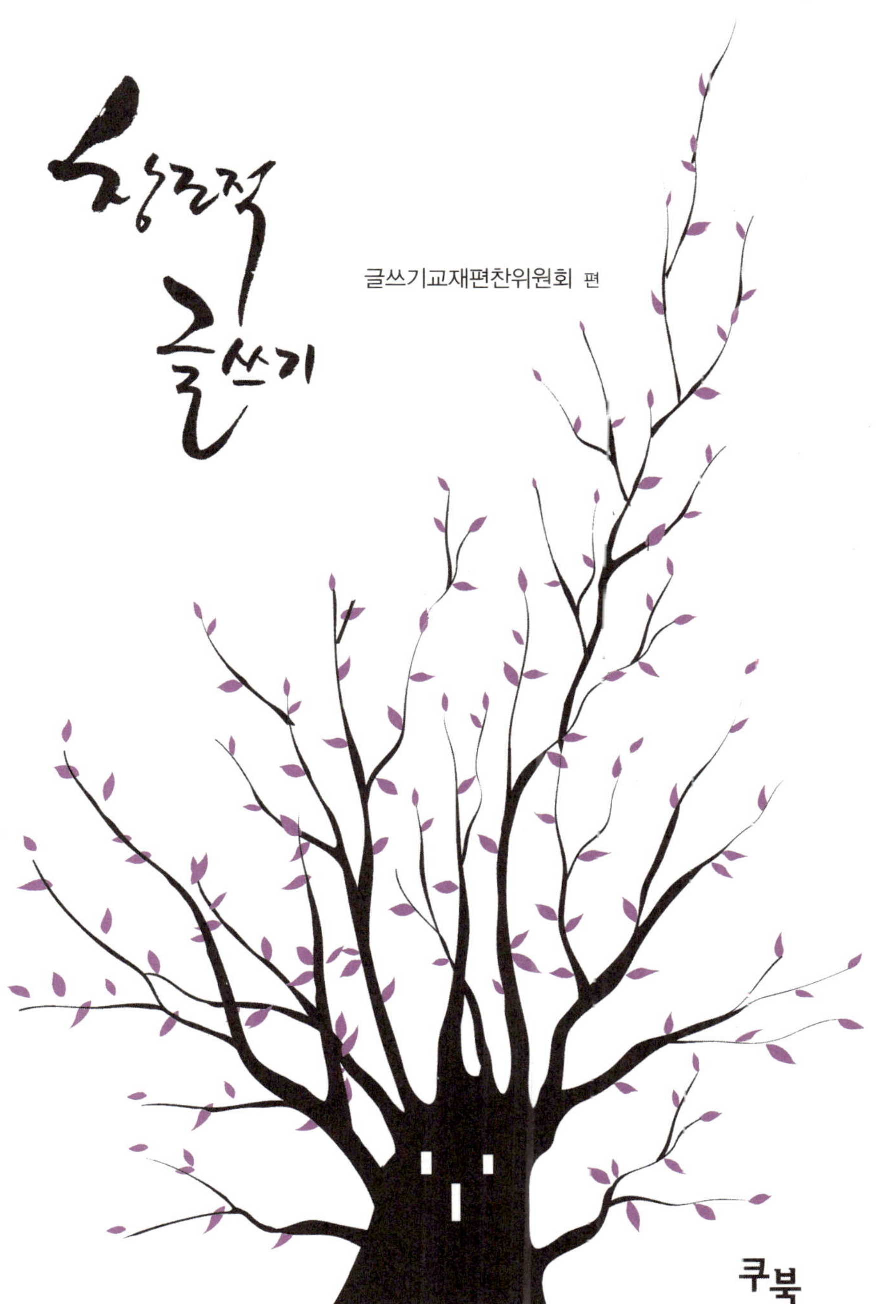

글쓰기교재편찬위원회 편

쿠북

머리말

창 창 내고자 창 내고자 이 내 맘에 창 내고자~. 답답하고 울울鬱鬱한 마음에 창이라도 내고자 하는 심정을 노래한 시조이다. 허나 어찌 기분만 그러랴. 흐르다 꽉 막혀 더 이상 움직이지 않는 생각, 덩어리로 꽁꽁 뭉쳐져 도무지 풀어지지 않는 생각들로 가득 찬 마음 역시 시원한 바람이 통하는 창窓, 즉 창조적 사고가 절실하다.

조 조리調理가 서고, 요령要領이 있는 생각과 표현을 위해서도 창조적 사고가 요긴하다. 창조는 이 세상에 없던 것을 새로이 만드는 것만은 아니다. 주어진 문제를 해결하기 위한 돌파구를 만드는 것, 조리와 요령을 갖추기 위해 필요한 요소를 발견하는 것도 창조적 사고의 한 방식이다. 그래서 창조적 사고는 분석적이며 비판적인 사고와 함께 진행되어야 한다.

적 적합한 정답을 찾는 분석적이며 수렴적인 사고에 익숙해진 우리들. 그러나 우리에게 주어진, 또는 주어질 삶의 과제는 답이 없는 경우가 허다하다. 답이 있다면 굳이 우리에게 과제나 해결해야 할 문제로 주어지지 않았을 것이다. 각자의 조건에서 내가 스스로 문제를 만들고 그 문제를 해결해야 하는 삶의 문제에 있어서는 더욱 그러하다.

글 글을 쓰는 일은 자기의 느낌과 생각을 이 세상 속에 던져 놓는 것이다. 그렇지만 자기만의 고민이라 하는 것들도 사실 이미 다른 사람들이 치열하게 생각하고 나름의 답을 마련해 놓은 경우가 많다. 이를 참고하지 않고서 하늘이 열린 이래 처음인양 자기 생각을 자랑하는 것은 만용이다. 제대로 된 창조적 생각을 세상에 내놓기 위해선 남의 말, 선인先人의 말을 듣는 공부가 필요하다.

쓰 쓰기는 창조적 생각을 논리적으로 정돈하는 활동이다. 쓰기와 같이 의미를 실천하는 활동 없이는 아무리 창조적인 아이디어라도 무용지물이다. 꼭 글쓰기의 형태가 아니라도 무방하지만 글은 의미를 가장 정교하게, 그리고 논리적으로 표현하게끔 하는 매체이다. 아무리 창조적인 생각이라도 글쓰기를 통해 세상에 소통 가능한 것으로 그 형태를 갖추어야 한다.

기 기가 막힐 만큼 창조적 생각과 글쓰기가 굳이 내 평범한 삶에 필요없다고 느낄 수도 있다. 그러나 평균적인 인간과 평범한 삶은 허상에 불과하다. 모든 삶은 자기가 창조하는 것이다. 그런데 개개인의 삶은 어떤 방식으로든 사회적으로 연관되어 있기에 자기 삶의 창조적 실현은 곧 세상을 창조적으로 일구는 일이기도 하다. "행동하는 양심"처럼 실천하는 창조가 중요하다. 이 책이 독자 개개인의 창조적 생각을 돕고 나아가 창조적 사회를 가꾸는 데 도움이 되길 바란다.

2009년 8월 편찬위원회 일동

일러두기

본문에 사용된 아이콘들은 다음과 같은 의미로 쓰였다.

 본문 내용의 주제 및 구조화

 먼저 생각하고 읽어보기

 보충 설명 및 참고 자료

1. 창조적 사고와 삶

나는 무수한 치아교정기를 보며 무슨 생각을 했던가, 도대체 생각이나 했던가? 우리 시대 한 창조적인 문화생산자는 활짝 웃는 그녀의 치아교정기를 빼서 자기 몸 전체에 끼우고 싶어 했다. 가지런한 이처럼 바르게 살고 싶어서. 나도 이런 생각을 해 볼 수 있지 않을까? 이런 창조적인 생각이 매순간 내 삶을 풍요롭게 할 수 있지 않을까?

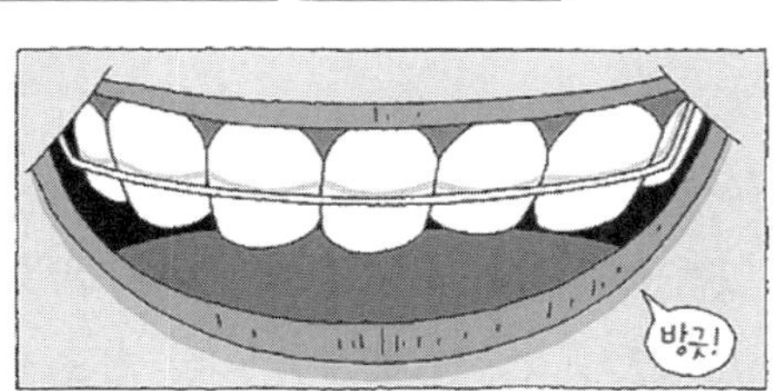

1

나도 할 수 있다, 창조적 사고!

창조적 사고의 의미와 특성

창조적 사고의 의미

- 새로운 것의 창안
- 새로운 사고의 방식

창조적 사고creative thinking란 무언가 새로운 것을 상상하거나 창안할 수 있는 능력이다. 흔히 창조란 무無로부터 새것을 만들어 내는 것이라 생각하기 쉽지만 이는 창조적 사고가 산출한 결과에 주목한 것일 뿐이다. 생각의 패턴을 바꾸는 것, 기존의 아이디어를 결합시키는 것, 한 영역의 생각을 다른 영역에 적용하는 것 등 새로운 사고의 길을 모색하는 것도 창조적 사고라고 할 수 있다.

창조적 사고 vs. 비판적 사고

창조적 사고와 대별될 수 있는 것은 논리에 따르는 분석적·비판적 사고critical thinking이다. 고등학교까지의 교육과정을 거치면서 우리는 이러한 비판적 사고에 익숙해져 왔다. 글을 읽고 글의 중심 내용을 찾아내고, 선다형 문제를 풀면서 올바른 정답과 그렇지 못한 것을 나눠 왔다. 창조적 사고는 비판적 사고와는 다른 특성을 갖는데 다음 표를 보면서 창조적 사고란 어떤 것인지 이해해 보자.

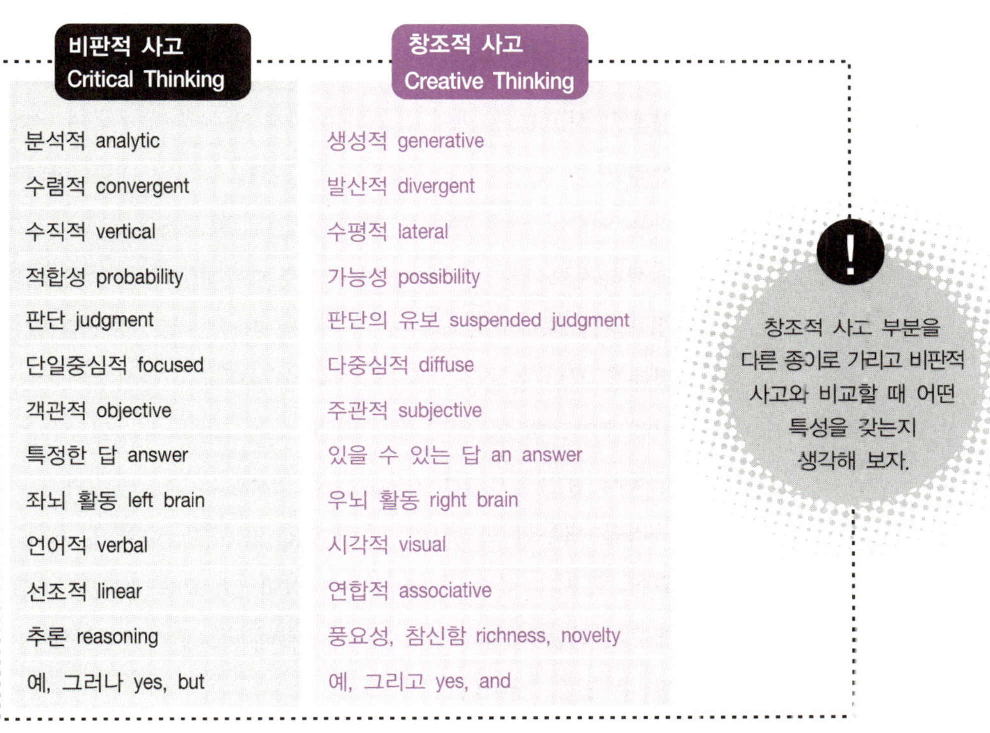

비판적 사고 Critical Thinking	창조적 사고 Creative Thinking
분석적 analytic	생성적 generative
수렴적 convergent	발산적 divergent
수직적 vertical	수평적 lateral
적합성 probability	가능성 possibility
판단 judgment	판단의 유보 suspended judgment
단일중심적 focused	다중심적 diffuse
객관적 objective	주관적 subjective
특정한 답 answer	있을 수 있는 답 an answer
좌뇌 활동 left brain	우뇌 활동 right brain
언어적 verbal	시각적 visual
선조적 linear	연합적 associative
추론 reasoning	풍요성, 참신함 richness, novelty
예, 그러나 yes, but	예, 그리고 yes, and

창조적 사고와 비판적 사고의 관계

이렇게 대별해 특성을 비교한 까닭은 창조적 사고의 우수성을 드러내기 위함은 아니다. 비판적 사고와 창조적 사고는 문제 해결의 과정에서 병행되고 결합되어야 할 것이다. 가령, 어떤 문제를 해결해야 할 때, 우선 문제적 현상을 객관적으로 분석하고, 가능성 있는 해법을 풍부하게 생성한 후, 그 중 가장 좋은 해법을 선택하고 실현하며, 최종적으로 그 해법의 효과를 평가해야 한다. 이러한 일련의 문제해결 과정에서

비판적 사고

- 개구리 해부하기

창조적 사고

- 개구리 만들기
- 개구리와 놀기

볼 수 있듯이, 비판적 사고와 창조적 사고는 독립적으로 작동하는 것이 아니라 연합적으로 작용한다.

지금까지 우리는 비판적 사고력 신장에 강조점을 둔 교육을 받아왔다. 우리는 논제를 이해하고, 합리적인 논거를 만들고, 정답이 있는 문제를 풀며, 틀린 답을 제거하는 방식으로 정답에 접근하였다. 창조적 사고력은 이와 다른 성격의 것이다. 창조적 사고는 문제에 접근하는 다른 방식을 탐구하며, 적합성의 틀을 벗어나 가능성의 아이디어를 생성해 내고, 하나보다는 되도록 많은 해법을 찾고자 한다. 최근에는 교육에서도 분석하기보다는 창조하기가 강조된다. 개구리를 알기 위해 개구리를 해부하기보다는, 개구리를 디자인하고 개구리 같은 형태를 지닌 동물을 만들고, 개구리 형태를 변형하고, 근육을 시뮬레이트하고, 개구리와 함께 노는 것이 디지털 시대의 교육의 상이라고 한다.(Negroponte, 1999) 그러나 우리에겐 개구리를 해부할 메스만이 들려 있을 뿐, 개구리를 창조하기 위한 도구가 없다. 창조적 사고력과 그 표현 능력은 바로 개구리 만들 방법을 만들어 내기 위해 필요한 정신적 도구가 될 수 있을 것이다.

창조적 사고의 가치

우리는 경험적으로 평범한 사람과 창조적인 사람들을 구별할 수 있다. 나란히 붙어 있는 휴대전화 가게에서 경쟁이 붙어, 한 가게에 "폭탄 세일! 왕창 세일!"이라는 홍보문구가 붙었다고 하자. 그러나 그 옆 가게는 "핵폭탄 세일!, 와장창 세일!"이라며 선전했다. 마지막 가게 주인은 큼지막한 입간판에 쓰인 단 두 글자로 이 둘을 압도했다. "입구"

위 사례의 경우, 맨 마지막 가게 주인이 가장 창조적이다. 이에 비해 두 번째 가게 주인은 비판적 사고의 경향성이 짙다. 그는 어떤 세일이냐의 문제에 '단일한 초점'을 두고, '폭탄'과 '왕창'을 분석하여 수직적으로 체계화한 후, 위력이 더욱 센 '핵폭탄', 가격의 낙폭이 더 크게 느껴지는 '와장창' 등의 언어적 표현으로 '심화'시켰다. 그러나 마지막 가게 주인은 할인 판매의 정도에 초점을 두지 않고 '다중심적'인 사고를 하고, '있을 수 있는 답'을 발산적으로 고민한 후, 세일 경쟁에 눈길을 모은 손님들의 발길을 '입구'라는 말로 끌어 모으는 참신한 해법을 마련했다. 이러한 사고를 할 수 있는 사람에게 성공의 기회가 더 많을 것임은 쉽게 상상할 수 있다.

내가 일상적 환경에서 만난 창조적인 사람들은 누가 있으며, 왜 그 사람을 창조적이라고 할 수 있는지 말해 보자.

창조적 사고의 실제적 가치

- 개인의 성공
- 인간관계의 개선 및 창출
- 삶의 조건의 개선

일상생활의 영역에서 창조적 사고는 이 사례와 같이 개인적 성공에 도움이 되는 한편, 인간관계를 개선하는 윤활유 역할을 하기도 하며 관계 자체를 새롭게 창조하기도 한다. 버스

창조적 사고와 창조적인 삶
창조적 삶이란 남과 다르게 살면서 행복할 수 있는 라이프스타일의 창조이다.

안에서 있었던 일상적인 일이다. 갑자기 자리가 나자 용감한 아줌마가 빈자리 앞에 서 있던 여학생을 밀치고 철퍼덕 자리에 앉았다. 기분이 상한 여학생은 불쾌하고 어이가 없다는 표정으로 그 아줌마를 쳐다보았다. 그 아줌마도 그 모습에 화가 났던지, "아니, 어린 게 어디서 눈을 똥그랗게 뜨고 쳐다봐?" 했다. 여학생이 한마디라도 대들면 자칫 싸움으로 번질 기세였다. 그런데 그 학생 왈, "그럼 아줌마는 눈 네모나게 뜨실 수 있어요?" 그 아줌마는 실소를 터트렸고 무심한 척하나 실은 귀를 기울이고 있었던 주변 사람들 모두 웃음을 터뜨렸다.

왜 여학생의 답이 창조적인지 생각해 보자.

일상생활의 영역뿐만 아니라 공공생활의 영역에서도 상상력과 창조성은 필요하다. 평화적인 시위에 대해 폭력적인 대응 방식으로 일관하는 정부가 있다고 하자. 시위를 빨리 종식시키고 싶었던 정부는 시위 주동자를 색출해 내고자 하였다. 이는 주동자 몇몇이서 음모를 꾸미고 선량한 대중들을 선동하여 시위에 강제로 동원하였다는 경직된 사고의 산물이다. 그런데 창조적인 국민들은 시위 주동자를 구속하겠다는 정권에 대해 핏대를 올리며 "우리는 당신들의 생각처럼 누군가의 선동에 의해 시위에 끌려나온 것이 아니다."라고 맞서지 않았다. 오히려 수많은 국민들은 검찰청 게시판에 "나 자신을 고발합니다.", "시위 주동자, 자수합니다."라는 제목의 글로 도배하여 주동자 색출 정책 자체를 무력화시켰다. 또 이 나라 사람들은 물대포의 폭력에 맞서 물총을 쏘기도 하였다. 그런데 그 물총에는 고약한 냄새를 풍기는 까나리 액젓이 담겨 있었다. 싸우며 닮아가는 것이 아니라 시위 문화, 나아가 사회적 삶의 조건을 창조적으로 만들어가는 풍경이다.

창조적 사고는 창조적인 삶의 기초가 된다. 창조적인 삶은 남과 다르게 살 수 있으면서 자기 방식대로의 삶에 만족하며 행복할 수 있는 삶을 의미한다. 이는 곧 자신이 행복할 수 있는 라이프스타일life-style의 창조이자 자기실현self-actualization이다. 한 시인이 특강을 위해 어느 대학교를 방문하여 교정을 걸으면서 세심히 관찰한 장면을 이렇게 묘사하였다. 걸어 다니는 학생들의 표정이 밝지 않고 가슴이 충분히 펼쳐지지 않았다고. 그런데 이런 광경은 어느 대학에서나 볼 수 있다. 명문대학을 다니면서도 최고 명문대학을 진학하지 못해 주눅 들어 있고, 남들이 최고로 인정하는 명문대학을 다니면서도 더 좋은 학과에 가지 못했다는 자괴감에 휩싸여 있기 때문이다. 이렇게 오직 한 방식으로 경쟁하게 하여 1등만의 행복을 축하하는 사회, 1등만이 유일한 자기실현의 길이라고 편협하게 위계화된 사회란 얼마나 삭막한 것이랴!

창조적 사고의 계발을 창조적 삶의 실현으로 이끌기 위해 우리는 다음과 같은 태도를 취할 수 있다. 타인의 자기실현과 행복이 그들만의 방식으로 이루어질 수 있음을 인정할 수 있다.[Yes, and] 또한 나의 자기실현은 내가 창조하는 나만의 방식으로 실현될 수 있다.[generative, novelty] 우리의 삶에는

창조적 사고
개인적, 사회적으로 풍요롭고 행복한 삶을 이끄는 기술

하나의 정답이 아니라 또 다른 답이 있으며[an answer] 우리 모두는 그 답을 찾기 위한 주체이기 때문이다.[subjective] 이를 위해서는 다중심적이고 수평적인 사회에 대한 발산적인 상상이 필요하다.[lateral, diffuse, divergent] 이러한 창조적 사고는 개인적인 동시에 사회적으로 풍요롭고 행복한 삶을 일구는 지혜로운 삶의 기술이다.

자기실현과 창조적인 삶

매슬로우라는 심리학자는 인간 욕구 5단계설을 제창하면서 자기실현 욕구를 최상의 단계에 설정한 바 있다. 자기실현 욕구 단계는 창조적 사고의 산물이면서 창조적인 삶의 특성을 잘 보여주기에 창조성을 탐구하는 우리의 관심사가 된다. 매슬로우의 이론을 방편方便 삼아 우리의 창조성을 성찰해 보자.

가장 기초적인 단계의 욕구는 생리적 욕구Physiological Needs이다. 춥고 배고픈 문제가 해결되지 않는 한 다른 욕구는 모습을 나타내지 않는다. 다음 2단계 욕구는 안전의 욕구Safety Needs이다. 매슬로우(1908~1970)는 이 욕구에 대해 다음과 같이 설명하였다. "어떤 사람이 극도로, 또 상시적으로 안전을 추구한다면 그런 인물이야말로 안전만을 위해서 삶을 영위한다고 할 수 있다." 그 다음 3단계의 욕구 단계는 소속감과 애정 욕구Belongingness & Love Needs이다. 이는 다른 말로, 집단을 만들고 동료들로부터 환대받고 싶어하며, 이성으로부터 사랑받고자 하는 욕구이다. 이후, 4단계는 존경

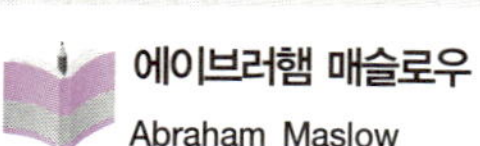

에이브러햄 매슬로우
Abraham Maslow

미국의 인본주의 심리학자. 인간이 진정한 인간다움을 이해하기 위해서는 결핍을 충족하기 위한 욕구 이상의 동기를 고려해야 한다고 주장하였고, 이런 관점에서 욕구의 단계설을 제안하였다.

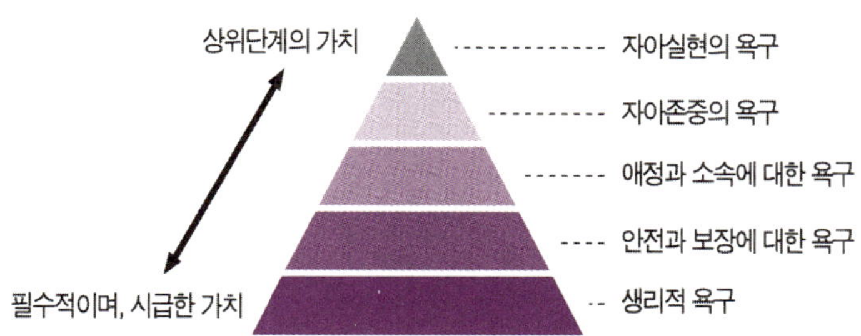

욕구Esteem Needs를 갖는 단계이다. 집단에 속하려는 욕구가 만족되면 그 집단의 지배적 위치에 올라 스스로 자존감을 느끼는 동시에 타인으로부터도 존경받기를 원한다. 최종 단계가 바로 자기실현 욕구Self-Actualization Needs이다. 이는 자신이 이룰 수 있는 것 혹은 될 수 있는 것을 성취하려는 욕구인데 이 단계에서 인간은 계속적인 자기발전을 통하여 성장하고, 자신의 잠재력을 극대화하여 자기를 완성시키기를 추구한다.

창조적 능력이 있는 사람의 특성과 자기실현 욕구 단계에 성공적으로 안착한 이들의 특성은 거의 일치한다. 창조적 삶은 궁극적으로 자기창조, 즉 자기실현을 의미하기에 창조적 인간은 곧 자기실현의 중요성을 알고 실천하며 그 보람에 행복을 느낄 수 있다. 매슬로우가 기술한 자기실현을 행한 이들의 심리적 특성들을 살피면서 나에게는 어느 정도 자기실현의 욕구가 있으며, 창조적 능력의 계발 정도는 얼마나 되는지 측정해 보도록 한다.

자기실현과 창조성의 관계
자기를 창조하는 자기실현은 곧 창조성과 통한다. 그래서 자기실현 욕구는 창조적 능력의 계발과 정비례한다.

나는 얼마나 자기실현적이고 창조적인가

T·E·S·T

1. 현실 중심적이다
(reality-centered)

거짓, 가짜, 사기, 허위, 부정직 등을 진실로부터 구별하는 능력이 있다.

☐ 그렇다(3) ☐ 대체로 그렇다(2)
☐ 대체로 그렇지 않다(1) ☐ 전혀 그렇지 않다(0)

2. 문제 해결 능력이 강하다
(problem-centered)

어려움으로부터 도망가려 하지 않는다. 오히려 어려움과 역경을 문제 해결을 위한 기회로 삼는다.

☐ 그렇다(3) ☐ 대체로 그렇다(2)
☐ 대체로 그렇지 않다(1) ☐ 전혀 그렇지 않다(0)

3. 수단과 목적을 구분한다
(discrimination between ends and means)

목적으로 수단을 정당화하지 않으며, 수단이 목적 자체가 될 수도 있다고 생각한다. 즉, 과정이 결과보다 더 중요할 수 있다는 자세를 갖는다.

☐ 그렇다(3) ☐ 대체로 그렇다(2)
☐ 대체로 그렇지 않다(1) ☐ 전혀 그렇지 않다(0)

4. 사생활을 즐긴다
(detachment : need for privacy)

남들과 함께 하는 시간보다는 혼자 있는 시간에 종종 더 편안함을 느낀다.

☐ 그렇다(3) ☐ 대체로 그렇다(2)
☐ 대체로 그렇지 않다(1) ☐ 전혀 그렇지 않다(0)

5. 환경과 문화에 영향을 받지 않는다
(autonomy : independent of culture and environment)

주위 환경에 의해 쉽게 바뀌지 않는다. 자신의 경험과 판단에 더 의존한다.

☐ 그렇다(3) ☐ 대체로 그렇다(2)
☐ 대체로 그렇지 않다(1) ☐ 전혀 그렇지 않다(0)

6. 사회적인 압력에 굴하지 않는다
(resistance to enculturation)

항상 사회에 순응하며 살진 않는다. 겉으로는 평범해 보이지만, 속으로는 반사회적이거나 부적응자의 심리를 갖고 있기도 하다.

☐ 그렇다(3) ☐ 대체로 그렇다(2)
☐ 대체로 그렇지 않다(1) ☐ 전혀 그렇지 않다(0)

7. 민주적인 가치를 존중한다
(democratic behavior)

인종, 문화, 개인의 다양성에 열린 자세를 취한다.

☐ 그렇다(3) ☐ 대체로 그렇다(2)
☐ 대체로 그렇지 않다(1) ☐ 전혀 그렇지 않다(0)

8. 인간적이다
(Gemeinschaftsgefuhl : social interest)

사회적 관심, 동정심, 인간미를 지니고 있다.

☐ 그렇다(3) ☐ 대체로 그렇다(2)
☐ 대체로 그렇지 않다(1) ☐ 전혀 그렇지 않다(0)

9. 인간관계를 깊이 한다
(intimate personal relations)

수많은 사람들과 피상적인 관계를 맺기보다는 가족이나 소수의 친구들과 깊은 관계를 유지하는 것을 선호한다.

☐ 그렇다(3) ☐ 대체로 그렇다(2)
☐ 대체로 그렇지 않다(1) ☐ 전혀 그렇지 않다(0)

10. 공격적이지 않은 유머를 즐긴다
(sense of humor)

자기 자신을 조롱하는 듯한 유머를 즐겨 사용한다. 남을 비웃거나 모욕하는 유머는 삼가한다.

☐ 그렇다(3) ☐ 대체로 그렇다(2)
☐ 대체로 그렇지 않다(1) ☐ 전혀 그렇지 않다(0)

11. 자신과 남을 있는 그대로 받아들인다
(acceptance of self and others)

남들이 자신을 바라보는 시선이나 태도에 연연해하지 않고 자신을 있는 그대로 바라본다. 남에게도 마찬가지. 남을 가르치거나 바꾸려 하지 않고, 자신에게 해가 되지 않는 한, 있는 그대로 내버려 둔다.

☐ 그렇다(3) ☐ 대체로 그렇다(2)
☐ 대체로 그렇지 않다(1) ☐ 전혀 그렇지 않다(0)

12. 자연스러움과 간결함을 좋아한다
(spontaneity and simplicity)

인공적으로 꾸미는 것보다는 있는 그대로, 자연스럽게 표현하는 것을 더 좋아한다.

☐ 그렇다(3) ☐ 대체로 그렇다(2)
☐ 대체로 그렇지 않다(1) ☐ 전혀 그렇지 않다(0)

13. 풍부한 감성이 있다
(freshness of appreciation)

주위의 사물을, 평범한 것일지라도, 놀라움으로 바라볼 수 있다.

☐ 그렇다(3) ☐ 대체로 그렇다(2)
☐ 대체로 그렇지 않다(1) ☐ 전혀 그렇지 않다(0)

14. 창의적이다
(creativeness)

창의적이고 독창적이며 발명가적 기질이 있다.

☐ 그렇다(3) ☐ 대체로 그렇다(2)
☐ 대체로 그렇지 않다(1) ☐ 전혀 그렇지 않다(0)

15. 초월적인 것을 경험하려 한다
(peak experience, mystic experience)

(학문, 종교, 철학, 스포츠 등) 경험의 정점에 다다르기를 좋아한다. 경험의 순간이 최고조에 달했을 때 초월적인 기쁨과 자유를 느낀다.

☐ 그렇다(3) ☐ 대체로 그렇다(2)
☐ 대체로 그렇지 않다(1) ☐ 전혀 그렇지 않다(0)

다음 물음에 답해 보자.

(1) 나의 총점은?

(2) 수강생들의 평균 총점은?

(3) 답하면서 내가 가장 부족한 점이라고 느낀 것은 무엇인가?

(4) 답하면서 나도 이런 점에서 창조적이라고 생각한 항목은 어떤 것인가?

창조적 사고를 위한 태도

우리에겐 누구나 창조성이 있다. 어렸을 때를 생각해 보자. 모래만 있으면 성을 만들고 도시도 건설할 수 있었다. 인형 몇 개만 가지고도 수많은 이야기를 만들어 냈다. 또한 우리는 유치원에서 종이에 그림을 그려 접고 오려서 만든 자기 작품들에 얼마나 뿌듯해했던가. 손가락 사이로 빠져나가던 찰흙의 질감을 느끼며 만들어 낸 형태는 또 얼마나 사랑스러웠던가. 음계조차 모르던 때에서 악보를 보고 한 곡을 완주하게 될 경지에 이르렀을 때 부모님으로부터 칭찬이 아니어도 스스로 자랑스러워하지 않았던가.

내가 스스로 '난 참 창조적이야!'라고 느낀 때를 기억해 보자.

그러나 우리는 자기 안에 있는 창조의 능력과 그 즐거움을 잊고 살아간다. 하물며 그것을 끄집어 내는 것조차 부끄러워한다. 전공과는 거리가 멀지만 필자는 취미 활동을 위해 미술학원에 방문한 적이 있었다. 입시가 아닌 목적으로 운영되는 미술학원이 아닌 곳을 찾기도 쉽지는 않았다. 요행히 발견한 곳에 들어갔는데 마침 원장 선생이 책갈피를 만들고 있었다.

밑그림을 그리고, 열을 가하면 부푸는 펜으로 장식하면 된다고 하면서 손바닥 길이의 종이를 주었다. 필자는 난감해졌다. 결국 거기서 만들지 못하고 집에 돌아왔는데 계속 '왜 난 만들지 못했을까' 고민했고 나만의 책갈피를 만들고 싶은 욕구가 점점 강해졌다. 그렇게 며칠 끙끙 앓다가 결국 부푸는 펜을 사서 책갈피를 만들었다.

과거의 경험 중 창조적이지 못했던 자기 태도를 성찰하고 그 구체적인 사례를 발표해 보자.

필자가 미술학원 원장 앞에서 책갈피를 만들지 못했던 이유를 지금 생각해 보면, 필자의 마음속에 자기검열 의식이나 평가에 대한 염려가 크게 자리 잡고 있기 때문이라고 여겨진다. 이러한 자기검열과 평가는 내적 척도로 마음속에 존재하여 자기계발을 위한 목표의식을 자극하기도 한다. '나도 이 정도의 글을 쓸 수 있도록 더욱 정진해야겠다.'라는 생각을 하거나 '이런 훌륭한 작품을 남길 수 있는 예술가가 되어야겠다.'라는 의지를 다질 수도 있다. 그러나 훌륭한 인물이나 위대한 작품은 '거인'들이고, 우리는 '난쟁이'에 지나지 않지만, 우리는 '거인' 이후의 사람들이다. 그래서 우리는 비록 거인보

남들 앞에 서는 두려움을 없애는 방법

- 위대하고 훌륭한 것들과 비교하지 않기
- 남들도 나와 같이 두려워한다는 것을 인정하기

다 키는 작지만 거인의 어깨 위에서 더 먼 곳까지 볼 수 있는 특권을 갖는다. 단, 거인 위에 오를 수 있는 난쟁이만이 그럴 수 있을 뿐, 거인을 자기 위에 태우는 어리석은 난쟁이는 거인의 무게로 인해 그대로 질식하고 압사 당하는 숙명을 갖는다. 거인처럼 완벽해지려다가는 자포자기에 이르고 말 것이란 얘기이다.

훌륭하고 위대한 존재만이 검열의식이나 평가에 작용하는 것은 아니다. 남들이 자기를 평가한다는 생각 자체가 우리를 얽매고 자신감을 옭죈다. 대부분의 사람들은 시험관 앞에서 두려워하고 많은 사람 앞에 나서면 불안해한다. 불교에서도 두려움과 자유의 관계에 대해 얘기한 바 있는데, 생명 상실의 두려움, 생기 상실의 두려움, 명예 상실의 두려움, 마음 흔들림의 두려움, 대중 앞에서 말하기의 두려움 등이 우리의 자유로움을 방해한다고 하였다. 대중 앞에서 말하기의 두려움은 생명 상실의 두려움만큼 본원적인 것이니 유독 자신만이 다른 사람들 앞에서 부끄러워한다고 괴로워하지는 말자. 교수로서 학생들을 가르치면서도, 보잘것없는 내 정체가 드러나 바보가 되지 않을까, 혹시 말을 하다가 그르치는 실수에 평정심을 잃지 않을까 두렵다. 부끄러운 고백을 했으니 이제 여러분이 답할 차례이다. "나만 그런 줄 알았어요."라고. 타인의 평가에 대한 두려움을 완전히 없앨 수는 없겠지만 적어도 그 두려움으로 인한 불안은 인류의 숙제라 할 만큼 보편적인 것이다.

창조적 사고를 방해하는 생각들

이렇게 자기검열의 불안감을 완화시킨다고 하여도 창조적 사고의 빗장은 상당히 많다. 바로 우리의 창조적 사고를 방해하는 생각들이나 환경적 조건들이다. 이 가운데 언어화될 수 있는 것만 몇 가지 예를 들면 다음과 같다.

_ 상식적으로 생각해 보자.
_ 그건 너무 불확실해.
_ 말이 되는 소리를 해라.
_ 그냥 웃자고 하는 얘기지?
_ 시간 낭비는 하지 말자.
_ 네 생각은 틀렸어.
_ 난 창조적인 것과는 거리가 먼 사람이야.
_ 내가 이런 말을 하면 다른 사람들이 날 어떻게 생각할까?

다음 물음에 답해 보자.

(1) 이 말들 가운데 자신이 자주 사용하는 말이나 스스로에 대한 생각들은 어떤 것이 있는지 살펴보자.

(2) 제시한 사례 이외에 창조적 사고의 발산적인 진행에 장애가 되었던 타인의 말이나 자신의 생각들은 어떤 것이 있었을까 이야기해 보자.

(3) 이 말에 대해, 혹은 위 말을 무력화시키기 위해 할 수 있는 말이나 생각을 적어 보자.

예) 상식적으로 생각해 보자. ☒
↳ 상식으로 된다면 문제가 생기지도 않았겠지.
내가 이런 말을 하면 다른 사람들이 날 어떻게 생각할까? ☒
↳ 여기 있는 아무도 날 평가하려 하진 않아. 내가 가장 그런 생각을 많이 할 뿐이지.

창조적 사고를 위한 태도

창조적 능력은 태도의 측면과도 밀접히 연관된다. 자기와 타인의 창조성을 부정하는 말과 태도가 만연한 상황에서 창조성이 꽃필 수 없음은 자명하다. 내 안의 창조성, 타인의 창조성을 인정하는 순간 비로소 창조적 사고가 시작될 수 있다. 자, 변화와 새로움을 받아들일 마음의 준비를 하고, 참신한 아이디어나 가능성들을 불안해하지 말고 기꺼이 즐기려 해 보자. 머리 모양과 옷 입는 방식도 대학생다움의 틀이나 유행을 벗어나 유연하게 바꿔 보자. 대상에서 뭔가 문제점을 느끼고 개선하려고 하기보다는 우선 좋은 점을 느끼고 누려 보자. 내 삶의 작은 변화에 기뻐하고 감동하며 남들의 창의적 변화의 노력에 진심으로 박수를 쳐 보자.

어느 중학교 한문시험에 "'백문百聞이 불여일견不如一見'이라는 한자말의 뜻을 적으시오."라는 문제가 출제되었다. 한 학생이 "백 번 묻는 놈은 개만도 못하다."라고 답을 적었다. 한문 선생님은 그 학생의 창의력을 가상스럽게 생각하여 반만 맞은 걸로 평가해 주었다. 실화다.

_ 이외수 ≪하악하악≫ 중에서

2

창조적 사고의 방법

왜 우리는 점점 더 많이 알게 되고 나이 들수록 현명해진다고 믿는 가운데 창조성을 잃어만 갈까? 정보를 처리하기에 최적화된 사고 도식을 활용할 수 있게 된 우리들은 사물이나 현상을 더 이상 관찰하지 않고 호기심을 갖지 않도록 게을러졌다. (혹시 새 하늘, 새 땅의 낯선 여행지에 가더라도 '사람 사는 곳이 다 그렇고 그렇지, 뭐.'라는 생각을 하지 않았나?)

또 습관화된 사고에 의해 틀 지워진 상식의 카테고리들은 그 경계를 넘나들 수 있을 만한 창조성을 굳건히 막고 있다. 그래서 우리는 한 영역의 아이디어를 다른 영역에 쉽게 적용하지 못한다. (교양 과목에서의 아이디어가 전공 연구에 유용하다는 생각을 해 보았는가?)

무엇보다 우리는 허다한 일상의 잡무를 처리하기 위해 소요되는 정신적 에너지의 낭비와 집중도를 현저히 떨어뜨리는 다매체 기기들에 둘러싸여 살면서 창조적인 아이디어가 샘솟

창조적 사고를 가로막는 장애들

- 사고 도식에 의해 자동화된 생각
- ________________
- ________________

는 몰입flow의 시간과 기회를 잃어간다. (바탕화면의 인터넷 버튼 한번 누르면 얼마나 많은 시간을 허비하고 그 속에서 헤매게 되는가?)

여기에서는 우리의 굳은 사고 도식을 유연하게 바꾸고, 견고한 상식적 경계를 넘나들며, 창조적 몰입을 위해 어떤 방법이 필요할지 알아보고 따라해 보도록 한다.

익숙한 것을 낯설게 보기

어린 시절, 우리는 모두 창조적인 예술가였다. 새로이 보는 사물들, 난생 처음으로 해 보는 놀이들, 처음 보는 풍경들은 너무 신기하고 즐거웠고, 단편적인 경험들을 조합하여 맘대로 구상해 본 세계에서 우리 모두는 창조주였다. 크레파스로 파란 동그라미를 그려놓곤 코끼리 천 마리가 빠진 호수라 자신 있게 우겨댔고, 벽에 갈긴 오줌조차 작은 예술가에겐 뿌듯한 걸작이었다. 그리고 세계는 호기심과 탐구의 대상이었다. 움직이는 내 몸과 나를 둘러싼 하늘과 땅, 매일 접하는 물, 꽃, 바람, 돌과 같은 사물, 심지어는 자신의 훌륭한 작품이라 생각했던 똥에 대해서까지 끊임없이 궁금해했고, 알지 않으면 죽을 것 같아 엄마가 넌더리를 낼 정도로 질문을 해댔다. 날마다 새날이고, 매일 아침 눈을 뜨는 것은 새로운 탄생이었다.

창조적 예술가의 특성

예술가는 이런 창조적 열정을 오랜 동안 간직한 사람들이다. 흘러넘치는 창조적 영감을 지닌 음악가, 바흐Johann Sebastian Bach에게 한 제자가 질문했다. "선생님, 어떻게 그토록 많은 음정을 생각해 내실 수 있습니까?" 이에 바흐는, "그건 전혀 힘든 일이 아니지. 아침에 일어났을 때 새로운 음정에 맞춰 덩실덩실 춤추지 않도록 참는 것이 훨씬 더 힘들어."라고 답했다.(Nachmanovitch, 2008 : 7) 과학자들도 어린 시절의 호기심을 간직한 경우가 많다. 아인슈타인이 시간과 공간이라는 아이들의 관심사에 매달린 것처럼 말이다.

> 정상적인 어른이라면 시공간 문제 따위로 골치를 앓지 않습니다. 그런 문제는 어린 시절에 다 거치고 지나죠. 하지만 전 워낙 늦게 성장한 탓에 어른이 다 되어서야 시간과 공간에 대해 호기심을 갖기 시작했습니다.
>
> _ A. 아인슈타인

자동화된 두뇌의 게으름과 타성

이미 성인이 되었다고 생각하는 우리에게 세상은 전혀 낯설지 않으며 어릴 때처럼 우리에게 지적인 자극을 제공하지도 않는다. 그런데 과연 우리가 더 많이 알고 똑똑해져서 그런 것일까? 그렇지는 않다. 우리의 두뇌가 자동화되어서 세상이 익숙하다고 믿는 것일 뿐이다. 우리의 두뇌는 스스로 게을러질 수 있을 만큼은 충분히 영리하다. 이를테면, 두뇌는 스키마schema와 같이 자동화되고 관습화된 도식을 만들어 놓고, 외부의 자극에서 비롯되는 생각을 정리하고 느낌을 갈무리한다. 매우 효과적인 방식이다. 그러나 한 번 공들여 만들어 놓고 유사한 상황에서 계속 써먹으려 하는 스키마는 두뇌가 얼마나 게으르고 타성에 젖어 있는지 보여주기도 한다. 아무리 새로운 경험과 자극이라도 기존의 도식에 우격다짐으로 껴 놓고서 우리는 뭘 봐도, 뭘 해도 '그저 그런 것'이라고 여기게 된다.

최근의 경험 중 가장 신선하고 새로운 충격을 주었던 것은 무엇인지 생각해 보자.

그러나 상황은 '그저 그런 것'일 뿐인데도 계속 새로운 문제가 생기게 마련이다. 이전에 문제를 해결했던 사고 도식을 적용하거나 관습대로 처리한다면 절대 풀리지 않는 그런 문제들 말이다. 이러한 문제들은 우리가 특정 상황을 똑같은 방식대로 보는 한 절대로 그 해법을 찾을 수 없다. 같은 상황에서 해결될 수 있는 것은 애초에 문제도 되지 않았을 것이기 때문이다.

창조적 두뇌 활동을 위한 제안들

- 뇌를 지루하게 하라.
- 딴짓을 열심히 하라.
- 놀이에 몰두하라.

그렇다면 기존의 낡은 생각의 틀을 깨고 상황과 대상을 보고 느끼는 새로운 방식은 무엇일까? 창조성과 관련된 수많은 책들은 이와 관련하여 여러 방법을 제시한다. 심지어는 한 책에서 정반대의 두 가지 방식을 제시하기도 한다. 모기 겐이치로(2007)는 뇌를 지루하게 하면 두뇌가 자유로이 활동하여 번뜩이는 창조적 아이디어를 낳는다고 하기도 하고, 딴짓을 열심히 하면 우연히 외부로부터 오는 자극으로 인해 창조적 번뜩임을 얻을 수 있다고 하기도 한다. 바이올리니스트이자 창조성 이론가인 스티븐 나흐마노비치는 본인의 예술적 영감의 원천이 놀이에 있다고 하였다.(Nachmanovitch, 2008) '뻔'하게 살지 않으려면 '펀fun'해야 한다는 것이다. 그에 따르면, 아이들이 놀이 자체에 몰두하는 것과 같은 삼매경三昧境 속에 '마르지 않는 창조의 샘'이 있다.

위에서 설명한 세 가지 방법의 공통점은 무엇인가 생각해 보자.

뇌를 지루하게 하기, 딴짓을 열심히 하기, 정신없이 놀기 등은 상황과 대상을 새롭게 수용하기 위한 방법이다. 그런데 이러한 방법들은 모두 달라 보인다. 이를테면, 뇌를 지루하게 하려면 산책이 필요하고, 외부로부터 찾아오는 우연한 창조성을 맞으려면 뭔가 다른 일을 열심히 해야 한다. 또 재미와 열정을 가지고 놀이에 몰입하는 것은 뇌를 지루하게 하는 따분한 일과는 거리가 멀어 보인다. 그럼에도 불구하고 이러한 방법들의 공통점을 찾을 수 있다. 그것은 바로 '공백blank'이다. 두뇌가 이전의 사고 도식을 적용하는 것을 지겹게 만들어 재미있는 짓을 하도록 하는 것은 뇌가 놀 만한 공백을 만드는 것이고, 딴짓을 열심히 하는 것도 하나의 문제를 똑같은 방식으로만 고민하면서 뇌를 쥐어짜는 일을 그만두게 하는 것이다. 그리고 정신없이 노는 것도 일상적 자기, 관습화되고 자동화된 인식 방식을 놓아버리고 잃어버리는 '몰아沒我'의 체험이다.

이와 같은 '공백'이 필요한 이유는 바로 창조적 비약을 위해서이다. 왼편의 그림을 보자.

"이 그림은 무엇을 그린 것일까?"

이 질문에 여러분은 쉽게 답할 수 있다. 보이는 대로 말해 보자. 다시 한 번 질문한다.

"이 그림은 무엇을 그린 것일까?"

그러면 여러분은 앞에 했던 답을 되풀이할 것이다. 그러나 다시 한 번 질문한다.

"정말 이 그림은 그것을 그린 것일까?"

이 질문을 받고서 여러분은 혹시 내가 '틀린' 답을 한 것이 아닐까 염려가 들 것이다. 그러나 여러분의 답은 '틀린' 것은 아니다. 답은 여러 가지일 수도 있는 것이다. 삶의 모든 문제에는 여러 답이 있는 것처럼 말이다. 그럼 다른 질문을 해 보자.

"오리일까, 토끼일까?"

이 질문을 받고서야 대부분의 사람들은 비로소 '아하!'라고 반응할 것이다. 오리를 토끼로, 혹은 토끼를 오리로 볼 수 있다는 것은 일종의 패러다임의 전환이다. 한번 오리로 본 사람은 두 번째 질문에서도 아무 생각 없이 '오리'라고 답하기 마련이다. 토끼를 보기 위해선 오리라는 생각을 놓아버려야 한다. 이렇게 두뇌 활동의 공백을 통해 '오리'가 '토끼'가 될 수 있음을 깨닫는 '아하! 체험'(모기 겐이치로, 2007 : 4)이 바로 창조적 번뜩임이며 창조적 비약이다.

최근에 스스로 번뜩이는 생각을 했던 사례를 들고, 그런 생각을 할 당시에 어떤 상태에 있었는지 말해 보자.

앞의 '오리/토끼 그림'을 다른 방식으로 이해하기 위해 지겨운 질문을 되풀이했다. 다음 이야기를 보며 우리 삶에서 질문이 하는 역할을 다시금 확인해 보자.

어느 날 부호들이 만나서 '인간과 부호의 역할'에 대해 회의했다.

물음표(?)가 먼저 말했다.

"모름지기 인간들은 물음으로 하여 모든 지식을 얻을 수 있는 거야. 나(?)를 잘 쓰지 않는 사람치고 잘되는 사람이 없지."

느낌표(!)가 이에 질 수 없다는 듯이 나섰다.

"느낌이 없는 인간의 세상살이는 얼마나 적막한가. 나(!)를 많이 쓰는 사람일수록 생동감 있는 삶의 소유자다."

마침표(.)가 또한 지려고 하지 않았다.

"세상에 마침이 없는 것뿐이라면 얼마나 엉망이겠어. 나(.)야말로 천상천하 유아독존의 부호이지."

쉼표(,)가 마지막으로 나왔다. [하략]

_ 정채봉 〈나는 너다〉 중에서

(1) 이 이야기를 읽고 창조적인 삶에서 물음표[질문]가 가지는 의의를 말해 보자.

(2) 마지막으로 나온 쉼표가 무엇이라고 말했을지 상상해 보자.

(3) 이 회의에서 배심원이 있다면 어떤 부호일지 상정해 보고, 그 배심원이 어떤 말을 했을지 구상해 보자.

물음표를 따라 일상적 세계와 사물을 낯설게 보기 위한 훈련을 해 보자. 가장 효과적으로 이 훈련을 할 수 있는 방법은 바로 시 읽기이다. 물론 수학능력시험의 문제지를 풀 듯 정답을 찾아내는 방식은 아니다. 시인이 시에서 다룬 제재를 내가 일상에서 다루는 방식과 시인이 표현한 방식을 비교해 보면서 시인이 상상한 경로를 따라 생각해 보자. 그러면 나의 고정관념이나 사물을 이해하는 스키마와는 다른 사유의 길과 대상에 대한 새로운 느낌을 만나게 될 것이다.

두근두근 상기된 하늘
바다는 마침내
둥글고 빛나는 알 하나를 낳았네
저 광대무변 깊은 우주
태초 이래 어김없는 새벽마다
이 붉은 알은 태어나고 태어나 삼라만상 찬란히 부화하였구나!

_ 조향미 〈일출〉

은유의 인식론적 기능
이질적인 범주를 뒤섞어서 사물의 새로운 점을 발견하게 한다.

시의 은유는 사물을 낯설게 보게 하는 대표적인 기법이다. 위 시에서 시인은 '해'를 '붉은 알'로 은유하였다. 은유metaphor는 라틴어로 위로meta- 나르다phor라는 의미를 갖는다. 그런데 무엇의 '위'일까? 그것은 바로 우리 머릿속에 존재하는 상식적 범주라는 '담장'이다. 해는 항성이고 지구는 위성이며 자전하는 지구의 운동에 따라 해는 매일 뜨고 지는 것처럼 보인다는 것, 그리고 알은 난생 동물이 낳는 생명체라는 게 우리의 상식이다. 또 상식적 범주에서 해가 뜨는 것과 알이 태어나는 것은 전혀 관계가 없는 현상이다. 그런데 시인은 해가 뜨는 것이 알이 나오는 것이 같다고 했다. 상식적 범주의 뒤섞음이다. 이처럼 시인은 대상이 속한 이질적인 두 범주를 뒤섞으면서도 두 사물 사이의 공통점을 발견하여 대상에 대한 새로운 의미를 창출하며, 대상에 대한 참신한 인식을 부여했다.

다른 시에서 은유적 표현을 찾아 인식적 효과를 말해 보자.

네트워크식 사고 in '스마트 월드'

이 방법은 스스로 창조성이 없다고 믿는 사람도 쉽게 활용할 수 있다. 인간은 충분히 똑똑한 세계를 만들어왔다. 그래서 창조성은 자기 머리에서 이루어지는 것만이 아니라 이미 있는 것들을 활용할 때에도 발현될 수 있다. 구텐베르크의 인쇄술은 메달과 동전을 만들던 기술을 인쇄기에 적용해서 된 것이라고 한다. 또, 재즈 역사에서 터닝 포인트를 만든 데이브 브루백의 앨범 ≪타임 아웃≫은 터키 여행 중 들은 민속음악의 비트를 활용해 '음악 역사상 가장 도전적인 박자 기호'라는 평을 들으며 기존의 재즈에 창조적 도약을 이루기도 하였다.(Ogle, 2008 : 17) 이러한 사례들은 이미 '똑똑한 세상'에서 네트워크식으로 사고할 때의 효과에 대해 잘 말해 준다.

인류의 지능과 지혜는 이미 외부에 떠넘겨져 있다. 그 덕분에 우리는 직접 머리를 쥐어짤 필요 없이도 까다롭고 시간이 오래 걸리는 일을 전기 스위치를 켜듯 쉽게 해 낼 수 있다. 인간 정신에 대한 기본 가정을 바꾸었다는 평을 듣는 앤디 클라크는 다음과 같이 말했다. "우리는 지능을 덜 쓰고도 성공할 수 있도록 환경을 구조화하는 데 지능을 사용한다. 우리의 뇌가 세상을 똑똑하게 만들어 놓으면 우리 자신은 좀 우둔해져도 안심할 수 있다." 그리고 이렇게 우리의 두뇌 바깥에서 일어나기도 하는 생각에 대해 '사고의 확장Outing the Mind'이라는 용어를 사용한다.(Ogle, 2008 : 33)

다음 피카소의 사례를 보며 어떻게 '스마트 월드'에서 네트워크식 사고가 이루어지는지 감을 잡아 보도록 하자. 피카소의 '스마트 월드'는 아프리카의 가면들과 주술 의식에 쓰는 물건들이다. 이것들은 트로카데로 박물관에 처박혀 있었다. 이 박물관은 한마디로 루브르 박물관의 창고였다. 여기에는 아프리카나 남태평양 등지의 프랑스 식민지에서 가져온 장식품, 무기, 악기, 가면 등 기묘한 고물들이 먼지 이불을 덮고 있었다. 스물다섯 살의 화가 피카소는 그곳을 정처 없이 배회하고 있었다. 그는 트로카데로 박물관에서의 체험을 다음과 같이 기술하였다.

㉠ 트로카데로 박물관에 들어갔더니 구역질이 났다. 벼룩시장, 냄새, 나는 완벽하게 혼자였다. 벗어나고 싶었다. 하지만 떠나지 않았다. 그곳에 머물렀다.

㉡ 난 아주 중요한 것을 깨달았다. 가면들은 여타의 조각과는 달랐다. 아니, 전혀 달랐다. 그것들은 마술적이었다. 그 흑인 가면들은 모든 것에 맞서는 미지의 위협적인 영적 존재에

대한 중개자였다. …… 난 주술물들을 보고 또 보았다. 그리고 이해하게 됐다. 나 역시 모든 것과 맞서고 있음을. 나 또한 모든 것이 미지의 것이라고, 적이라고 생각하고 있음을! 모든 것, 여인네, 아이들, 동물들, 담배, 놀이 등의 세세한 것만이 아니라 모든 것에! 난 아프리카 사람들에게 가면이 어떤 의미인지를 깨달았다. …… 주물들은 무기였다. 사람들이 영적인 존재에 휘둘리지 않고 독립할 수 있도록 도와주는 도구였다. 영적 존재에 형태를 부여할 수 있으면 우리는 그것으로부터 자유로워진다. …… 난 내가 왜 화가가 됐는지 깨달았다.

㉢ 아프리카 무명작가들이 만든 조각 작품의 뛰어난 아름다움을 갑작스레 깨달았을 때 내게서 최고의 미술적 재능이 꽃피었다. 열정적이면서도 엄격한 논리를 갖춘 이 신성한 작품은 인간의 상상력이 창조할 수 있는 가장 강력하고 아름다운 산물이다.

피카소 〈아비뇽의 아가씨들〉(1907)

트로카데로 박물관의 체험을 바탕으로 〈아비뇽의 아가씨들〉이라는 작품을 그리게 됨으로써 피카소는 미술사에 있어서 미술의 주목적이 아름답게, 그리고 실제가 가장 근사近似한 환영을 창조해 내는 것이라는 통념을 날려 버렸다. 또한 사람의 얼굴과 몸도 골상학이나 해부학에 기초해 최대한 똑같이 재현해야 한다는 강박관념도 벗어났다. 피카소는 어떻게 자신의 화풍을 넘는 동시에 미술사에 혁명과 같은 변화를 가져올 수 있었을까?

우선 피카소는 ㉠과 같이 스마트 월드를 우연히 접하고 떠나지 않고 머물렀다. 이러한 머무름은 자기 예술을 급진적으로 재조직할 새로운 충격을 지닌, 기묘하고 독특한 세계 앞에 자신의 재능을 복속시키기 위한 준비이다. 그리고 깨달았다. 아프리카 미술에는 그들의 미학과 논리가 있다는 것을

(ㄴ). 그리고 그렇게 충격으로 다가온 아프리카 미술은 피카소에게 '함께 사고할 공간'을 열어 주었다. 즉, 아프리카 미술의 에너지, 형태, 목적 등이 피카소의 내부에 깃들어 있던 것을 끌어내기 시작한 것이다. 이처럼 강력한 새 아이디어 공간을 만난 피카소는 그 속으로 완전히 들어가 이 이상하고도 따르지 않을 수 없는 논리로 하여금 자기 대신 사고하도록 하였다.

피카소가 수행했던 네트워크식 사고와 같이 한 영역의 아이디어를 다른 곳에 적용하여 창조성을 적용한 사례들을 더 찾아보자.

창조적 생각을 이끌어 내는 몰입

개의 몸에 기생하는 진드기가 있다. 미친 듯이 제 몸을 긁어대는 개를 붙잡아서 털 속을 헤쳐보라. 진드기는 머리를 개의 연한 살에 박고 피를 빨아먹고 산다. 머리와 가슴이 붙어 있는데 어디까지가 배인지 꼬리인지도 분명치 않다. 수컷의 몸길이는 2.5밀리미터, 암컷은 7.5밀리미터쯤으로 핀셋으로 살살 집어 내지 않으면 몸이 끊어져 버린다. 한번 박은 진드기의 머리는 돌아나올 줄 모른다. 죽어도 안으로 파고들어가 죽는다.

나는 그 광경을 "몰두"라고 부르려 한다.

_ 성석제 〈몰두〉

진드기처럼 어떤 것에 미친 듯이 몰두해 본 적이 있는가? 진드기가 몰두하면 개의 피를 빨 수 있듯이, 어떤 문제에 몰입하면 반드시 그 해법을 찾을 수 있다. 해결할 수 있으니 문제로 주어진 것이고, 문제는 풀리기 마련이다. 문제가 해결되지 않는 것은 단지 내가 그에 대해 몰입하지 않아서 그런 것일 수도 있다.

몰입을 위해서는 만사萬事를 재껴 놓을 수 있는 용기도 필요하다. 해결해야 할 문제를 닭의 알이라 생각해 보자. 닭도 알의 부화를 위해 24시간 알 위에 앉아 있는 것만은 아니다. 물도 마셔야 하고, 마당의 지렁이도 쪼아 먹으러 나와야 한다. 하지만 어미닭은 끊임없이 알을 생각하며 다시 와 품어 결국 알을 부화시킨다. 이처럼 한 문제를 오랜 동안 이리저리 고민하여 다른 생각들이 충만한 의식 안으로 비집고 들어올 수 없는 상태가 바로 몰입이다.

몰입은 우리를 행복하게 해 주기도 한다. 몰입flow 이론의 창시자인 칙센마이히는 삶이 고조되는 순간, 마치 자유롭게 하늘을 날아가는 듯한 느낌이 들거나 물 흐르는 것처럼 편안하고 자연스럽게 행동이 나오는 상태를 몰입이라고 하였다. 또한 그는 삶을 훌륭하게 가꿔주는 것은 충족감이 아니라 어딘가에 깊이 빠져드는 몰입이라고 한다. 이 몰입에 뒤이은 행복감은 스스로 만들어 낸 것으로서 우리의 의식을 저 높은 곳으로 고양시키기도 한다.

돌이켜보면, 여러분들에게도 행복한 몰입의 경험이 있을 것이다. 그러한 경험을 떠올리는 것을 돕기 위해 필자의 경험을 소개하도록 하겠다. 장면 하나. 중학교 때 중간고사 기간이었다. 그 때, 파충류를 먹는 외계인이 등장하는 미니시리즈를 텔레비전에서 방영하였다. 너무 보고 싶은 마음과 시험공부를 해야 한다는 마음이 외계인과 지구인의 전쟁처럼 치열하게 벌어졌다. 그러나 나는 갈등하면서도 공부했다. 점수는 안 좋았다.

시험 기간 중, 어느 토요일, 미니시리즈 재방송을 이어서 해주었다. 나는 책을 접고 온 신경과 마음을 집중하여 미니시리즈의 세계로 몰입하였다. 그런데 점수가 의외로 좋았다. 그 몰입을 마치고 난 뒤, 시험공부에도 몰입하였으며 텔레비전에 심취했던 그 마음과 그 태도로 시험 시간에도 집중하였던 까닭이다. 그 때부터 난 직감적으로 몰입의 중요성을 알고, 놀 땐 아주 신나게 공부할 때도 (이미 놀았으니~) 집중할 수 있었다.

장면 둘. 필자가 박사 논문을 쓰는 중에 안 풀리는 문제가 있었다. 이 문제를 풀지 않으면 박사 논문의 논리를 세울 수 없는 절박한 것이었다. 나는 앉으나 서나 누우나 그 문제만 고민했다. 책을 보거나 산책을 하거나 대화를 나눌 때도 문제에 대한 고민은 거멀못처럼 나의 생각을 붙들어 매었다. 멀뚱한 표정으로 앉아 있는 나를 사람들이 종종 흔들어보기도 할 정도였다.

몰입의 기적은 어느 날 아침 갑자기 일어났다. 그러나 '갑자기'가 아닐지도 모른다. 전날 밤에도 그 문제를 머릿속에 그리면서 혼자서 중얼거리다가 어느 새 잠이 들었었다. 아침에 일어나 이를 닦다가 문득 문제를 해결할 수 있는 방안이 떠올랐다. 그 순간의 기쁨은 아직도 내 인생 최고의 행복한 감정으로 남아 있다.

갑자기 찾아오는 아이디어

역사적인 발견도 갑작스럽게 찾아온 우연한 영감으로 이루어진 경우가 많다. 이러한 현상을 전문적으로 세렌디피티(serendipity)라고 하기도 한다.

후유증으로 생긴 버릇도 있다. 몰입을 강제하고 문제 해결을 절박하게 하기 위해 일정이 빡빡한 도전적인 과제를 좋아하게 되었다. 여기까지는 괜찮은데 일부러 총력을 기울여 집중하기 위해 일을 가능한 뒤로 미뤄두는 것은 문제이다. 촉박한 시간 내에 몰입하여 문제를 해결했을 때의 짜릿함을 느끼기 위함이다. 강제로 몰입 환경을 만들기보다는 몰입의 습관을 들이는 것이 나의 과제로 남아 있다.

또 다른 버릇 중 하나는 내가 자는 동안 뇌를 일하게 하는 것이다. 잠을 통해 논문의 돌파구를 찾은 이후로, 나는 잘 자고 난 아침의 깨달음을 믿게 되었다. 그래서 나는 자기 전에 풀리지 않는 문제를 숙제로 뇌에게 던져 놓거나, 뒤죽박죽 정보들을 알아서 정리하는 동안 구조화가 이루어지도록 잠자리에서 이것저것 많이 읽는다. 그러면 아침에 정말로 좋은 생각이 문득 떠오르곤 한다.

불면증과의 차이점
몰입은 문제 자체와 관련되고 불면증은 문제와 관련된 걱정에서 비롯된다.

하루 동안에 겪는 수많은 경험적 자극과 깨어 있는 동안 입력된 정보들은 우리가 자는 동안 정리된다. 의식은 자고 있으나 두뇌 활동은 쉬지 않는 것이다. 그래서 나는 문제에 몰입하는 기간 동안 잠을 충분히 자야 한다는 원칙을 갖고 있다. 자는 시간에도 몰입이 이루어져 끙끙대던 문제의 해법이 저절로 떠오르기도 하기 때문이다.

몰입은 어렵고 힘든 일이 아니다. 칙센마이히는 몰입의 상태를 스키 타기에 비유했다. 스키를 타고 산비탈을 질주할 때, 온 신경은 순수하게 스키 타는 것 자체에 쏠려 있다. 몸의 움직임, 스키의 위치, 얼굴을 스치며 지나가는 공기, 지나가는 길의 장애물에 집중한다. 조금이라도 마음이 흐트러지면 눈 속에 고꾸라지거나 다른 사람과 부딪치기 십상이다. 이 때, 다른 생각이 비집고 들어올 틈이 없다. 완전한 몰입이다.

몰입의 경험을 즐기며 행복감을 느끼는 한 학자의 고백을 듣고 내 삶에도 몰입의 순간들을 많이 가지고자 하는 의욕을 품어 보기 바란다.

행복의 절정

몰입은 즐거움과 특별한 감정을 동반하는 놀라운 경험이다. 몰입 상태에 이르면 즐거움과 쾌감이 증폭되어 온몸을 감싸게 되는데, 특히 일주일 이상 몰입이 유지되면 쾌감에 도취되어 있는 듯한 느낌에 사로잡힌다.

무엇보다 주어진 문제를 머릿속에 품고 있기를 몇 주간 지속하다 보면 열애하는 것 같은 감정 상태에 이르게 된다. 평소와는 달리 몸이 약간 흥분되어 들떠 있고, 풀려고 하는 문제와 관련된 문헌을 읽거나 단어만 들어도 흥분이 된다.

물론 문제 해결에 대한 진전이 없고 새로운 아이디어가 떠오르지 않으면 지루함을 느낄 때도 있지만, 그 뒤에 새로운 돌파구나 아이디어가 떠오르면 더욱 강렬한 흥분을 느끼게 된다. 이 순간 문제 해결 활동은 흥미진진한 게임이 된다. (……)

하루하루, 순간순간이 감격으로 채워지고 가슴 깊은 곳에서 무어라 설명하기 어려운 고요한 행복감이 밀려온다. 이런 감정은 특히 새벽에 더 잘 나타난다. 새벽에 혼자 일어나서 주어진 문제에 몰입하다 보면 세상은 모두 잠들어 조용한데, 이 광활한 우주에 이 문제와 이 문제를 생각하는 나, 오로지 둘만 존재한다는 느낌이 들곤 한다. 자신이 도달할 수 있는 최대의 집중 상태에서 문제를 해결하기 위하여 최선을 다하고 있다는 충만감이 전해지는 것이다.

이때는 내가 그토록 바라던 최대의 지적 능력이 발휘되고 있고, 자아실현을 하고 있다는, 더할 나위 없는 만족감이 느껴진다. 이보다 더 좋을 수 없다는 느낌이 들며, 평소 자신의 능력보다 훨씬 높은 지적 능력이 발휘되고 있다는 사실 때문에 감격에 가까운 만족감을 얻는다. 태어나서 처음으로 맛보는 듯한 벅찬 행복감이 가슴속 깊은 곳에서 밀려온다.

_ 황농문, 2007 : 121-122

(1) 가장 최근 몰입을 경험한 때는 언제인가?

(2) 그 때의 기분을 떠올려 이야기해 보자.

활동

1. 〈보기〉의 가상 국가에서는 언어학자들에게 필요한 개념을 단 한마디 말로 정의하는 신어新語를 만들어 내게 하며 신어 사전을 통해 신어를 보급하는 정책을 시행하고 있다. 이 정책이 국민의 창조적, 비판적 사고를 제약한다는 점에서 비판해 보자.

보기

"신어新語의 목적이 사고의 폭을 줄이는 것이란 걸 알고 있나? 결국 우리는 '사상죄思想罪'도 문자 그대로 불가능하게 만들 거야. 왜냐하면 그걸 표현할 말이 없어질 테니까? [중략] 2050년까지는, 아마 그 전이 되겠지만, 구어舊語에 대한 지식은 모두 사라질 걸세. 모든 과거의 문학도 없어지고 초서, 셰익스피어, 밀턴, 바이런, 이들은 다만 신어역新語譯으로만 남을 거네. 그것도 다른 말로 바뀐다는 정도를 지나, 원래의 의미와 반대되는 것으로 변할 거야. 당의 문학까지 변할 거야. 슬로건까지 변할 거야. 자유의 개념이 없어졌는데 '자유는 예속'이란 슬로건이 있을 수 있겠나? 모든 사상적 분위기도 변할 걸세. 실상, 우리가 지금 이해하고 있는 것 같은 생각이란 없어져 버릴 걸세."

_ 조지 오웰 ≪1984≫ 중에서

2. 〈보기〉의 글을 읽고 창조성이 발현되기 위한 사회적 조건을 말해 보자.

보기

한국의 과학 후진성을 극복하고 선진국으로 진입시키기 위해 옥황상제는 한국에 다섯 명의 노벨상 수상자를 보내기로 했다. 그 첫 번째 주자는 퀴리 부인이었다. 퀴리 부인은 대학을 졸업하고 취직에 매달렸다. 그러자 주위 사람들이 취직은 무슨 취직이냐며 선이나 봐서 시집이나 가라고 권유했다. 하지만 얼굴도 평범하고, 키도 작고, 몸매도 안 되는 퀴리 부인은 취직도 결혼도 모두 성사시키지 못했다. 결국 퀴리 부인은 혼자 외롭게 지내다가 자신의 뛰어난 아이디어와 창의적인 생각을 실현하지 못하는 좌절감을 맛보았다.

옥황상제는 이번에는 탁월한 발명가인 에디슨을 파견했다. 하지만 발명특허를 내려고 해도 초등학교조차 나오지 않았다는 이유로 대기업은 에디슨을 거들떠보지도 않았다. 에디슨은 엄청난 수모를 당하며 좌절했다.

다시 천재 수학자인 아인슈타인을 보냈다. 수학에는 엄청난 실력을 보였지만 다른 과목은 거의 낙제를 면치 못한 아인슈타인은 결국 대학 문턱에도 못 가고 무위도식하는 여생을 보냈다. 전 과목을 다 잘하는 공부 선수가 되어야만 하는 한국사회에서 오로지 한 과목만을 잘한 특이한 천재 아인슈타인 역시 결국 좌절의 고배를 마셨다.

네 번째로 한국에 파견된 과학자는 갈릴레오였다. 그는 주변의 수많은 핍박과 온갖 횡포에도 불구하고 "그래도 지구는 돈다"는 자신의 주장을 강력하게 하는 것은 물론, 한국의 과학현실에 대해 크게 비판하다가 연구비 지원이 끊기는 상황에 처했다.

옥황상제는 마지막 희망으로 천재 물리학자 뉴턴을 파견했다. 뉴턴은 대학원에 들어가 학위논문을 제출하기까지 이른다. 그런데 지도교수뿐만 아니라 논문 심사 교수들은 뉴턴의 논문 아이디어를 이해하지 못했다. 그는 졸업도 못하고 집에서 빈둥거리며 사과나무만 쳐다보고 있다.

_ 유영만, 2008 : 122-123

3. 〈보기〉와 같은 방식으로 전상서前上書를 써 보자.

보기

하느님 전상서 :

지렁이의 피부를 색동으로 만들어 주실 수는 없으신가요. 하는 일에 비해 너무 홀대를 받으면서 살고 있다는 생각이 들어서요.

_ 이외수 ≪하악하악≫ 중에서

하느님 전상서

(선생님) 전상서

4. 다음 시의 빈 곳에 들어갈 말을 만들어 보자.

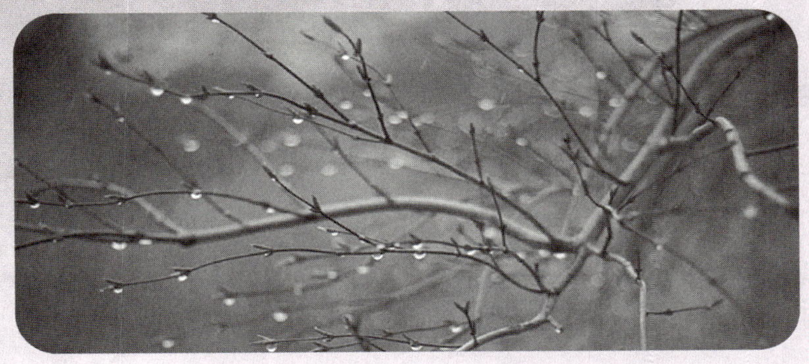

봄비는
왕벚나무 가지에 자꾸 입을 갖다댄다

_ 안도현 〈봄비〉 중에서

5. 〈보기〉는 융이 말하는 자기실현을 행한 사람의 특성을 소개한 글이다. 주변인 중에 〈보기〉에 가까운 사람이 있다면 소개하고 어떤 점에서 그러한지 말해 보자.

보기

자기실현은 간단히 말해서 농부로 하여금 농부로, 서양인으로 하여금 서양인으로, 한국인으로 하여금 한국인으로 만드는 과정이다. 자기실현이 되면 될수록 그는 지극히 "평범한 사람의 모습"을 갖출 것이다.

그렇다고 반드시 원만하고 선하다고 다른 사람들로부터 칭찬받는 존재가 되는 것은 아니다. 그가 속하고 있는 사회의 윤리관에 비추어 그는 때로는 이기적이라는 평을 받고, 때로는 냉정하다는 평을 받고, 때로는 일관성이 없다고 비난을 받을지도 모른다. 때로는 무한한 정열로 이웃을 돕고, 때로는 권력의 도가니에서 싸우고, 금욕과 정욕에 사로 잡히며 고민하고, 때로는 질투와 증오의 감정으로 허덕일 것이다.

다만 그의 머리에는 집단적 투사에 의하여 생기는 명성이라는 후광(사회에서의 이상적인 모습에 대한 추구)이 없고, 굳이 스스로 그 후광을 만들고자 하지도 않는다. 그러나 만일 누가 그것을 만들어 씌어주면 그는 또 구태여 거부하지 않고 그것을 받아들일 것이다. 왜냐하면 그것이 인생에서 대수로운 것이 아니기 때문이다.

그는 "평범하나 분수를 아는 사람"이다. 그는 "그가 가야 할 바를 마음속에 묻고, 그것이 그가 가야 할 길이라면 그렇게 간다." 그것 때문에 그가 대인관계에서나 세속적인 이권에 반해서 손해를 보게 된다고 할지라도.

이런 의미에서 그는 '진정으로 고독한 사람'일 수 있다. 또한 그는 세속적인 의미에서 진정으로 무능력한 사람일 수 있다. 그러나 그는 "자기와의 일치라는 점에서 진정으로 가장 강한 사람"이다. 그러나 강하다 약하다 하는 생각을 그는 가지지 않는다.

6. 현재 시중에는 창조성과 관련된 수많은 책이 나와 있다. 이러한 책들을 참조하여 창조성을 함양하고 훈련할 만한 방법을 소개해 보자.(모둠 활동)

2. 자기 표현의 글쓰기

사진 속 인물은 자신의 모습을 사진에 담고 있다. 이 사진 이미지의 느낌은 무엇인가? 그런 느낌이 어디에서 올까? 그녀의 옷과 머리 스타일, 눈빛과 표정, 사진기를 들고 있는 손, 구도와 색감 등의 '언어'를 가진 사진 이미지는 그녀에 대해 우리에게 많은 이야기를 해 준다. 내 사진도 한번 찍어 보자. 단, '얼짱' 각도에서 어색하게 웃는 얼굴 말고, 거울 속 나라는 한 인간을 마주 대하는 마음을 담아서.

1 윤선도를 읽는다

인사人事를 노래하는 윤선도의 시

모든 글쓰기는 나를 드러낸다. 일기, 편지, 자기소개서, 자서전 등이 나를 드러내는 것은 물론이려니와 시나 소설도 나를 드러낸다. 여기서는 고산孤山 윤선도尹善道의 시작품들을 둘러보면서 글쓰기가 어떻게 나를 드러내는지 살펴보도록 하자.

고산 윤선도 (1587~1671)

조선 중기의 문신, 시조 작가. 자는 약이約而. 호는 고산孤山, 해옹海翁. 치열한 당쟁으로 일생을 거의 벽지의 유배지에서 보냈으며, 경사經史, 의약, 복서卜筮, 음양지리에 해박하고, 특히 시조에 뛰어났다.

윤선도의 시작품들을 인사人事를 전면에 내세워서 노래한 것들과 자연自然을 전면에 내세워서 노래한 것들로 나누어 본다면, 윤선도 자신을 드러낸 것을 좀 더 쉽게 확인할 수 있는 작품들은 아무래도 인사를 전면에 내세워 노래한 것들이 될 것이다.

吾事固非時	내 일이 진실로 때에 맞지 아니한 줄을
汝知吾不知	너는 아는데 나는 몰랐구나
讀書不及汝	글을 읽고도 너만 못하니
可謂天生癡	천치라고 이를 만도 하겠다

_ 〈희증노방인〉

〈희증노방인戱贈路傍人〉에는 윤선도 자신이 남들이 보기에 천치같이 때를 무시하고 일을 감행하고 난 뒤의 감회가 직접적으로 드러나 있다.

이 작품은 윤선도가 31세(1617년, 광해군 9년) 때 함경도 경원慶源으로 유배되었을 적에 지은 한시이다. 윤선도는 전 해에 예조판서 이이첨李爾瞻이 권세를 잡고 마음대로 휘두르고 있는 사정을 낱낱이 들어 탄핵하는 소疏를 올렸는데, 이 때문에 경원으로 귀양을 가게 되었다. 이 작품은 이러한 사정과 관련되어 있다. 여기서 '너'로 지칭되고 있는 인물은 윤선도가 경원으로 귀양 가던 중에 만난 홍원洪原의 기생인 조생趙生을 가리킨다. 그러니까 윤선도는 홍원의 기생인 조생으로부터 의리만을 생각하고 때에 적절치 못한 상소를 올려서 이 지경이 된 것 아니냐는 나무람을 받고 보니 스스로 생각해도 천치인 것 같다는 말이다.

〈희증노방인〉에서 윤선도가 자신을 '천치'라고 여기는 이유는 무엇인가?

견회遣懷의 뜻은 무엇일까?
사전의 설명을 참조하여 '견회'를 우리말로 풀어 보자.

遣 보낼 견
㉠ 보내다, 떠나 보내다
㉡ 파견하다(派遣--)
㉢ (감정 따위를)풀다, 놓아 주다
㉣ 떨쳐버리다
㉤ (벼슬에서)내쫓다
㉥ (시집을)보내다
㉦ (아내를)버리다
㉧ 하여금
㉨ 부장품副葬品
㉩ 견전제(遣奠祭(발인 때, 문 앞에서 지내는 제사)

懷 품을 회
㉠ 품다
㉡ 임신하다
㉢ 생각하다
㉣ 싸다, 둘러싸다
㉤ 따르다
㉥ 위로하다(慰勞--)
㉦ 달래다
㉧ 보내다, 보내어 위로하다(慰勞--)
㉨ 길들이다, 따르게 하다
㉩ 편안하다(便安--)
㉪ 이르다, 다다르다
㉫ 품, 가슴
㉬ 마음, 생각
㉭ 기분

[
슬프나 즐거오나 올타 ᄒᆞ나 외다 ᄒᆞ나
내 몸의 ᄒᆡ올 일만 닫고 닫글 뿐이언뎡
그 밧긔 녀나믄 일이야 분별ᄒᆞᆯ 줄 이시랴
]

슬프나 즐거우나 옳다 하나 그르다 하나
내 몸이 할 일만 닦고 닦을 뿐인데
그 밖에 여남은 일이야 분별할 줄 있으랴

[
내 일 망녕된 줄을 내라 ᄒᆞ야 모ᄅᆞᆯ 손가
이 ᄆᆞᄋᆞᆷ 어리기도 님 위ᄒᆞᆫ 타시로쇠
아ᄆᆡ 아ᄆᆞ리 닐러도 님이 혜여 보쇼셔
]

내 일 망령된 줄 나라 하여 모를 손가
이 마음 어리석기도 임 위한 탓이구나 하니
아무가 아무리 일러도 임이 생각해 보소서

[
추성楸城 진호루鎭胡樓 밧긔 우러 녜ᄂᆞᆫ 뎌 시내야
므슴 호리라 주야晝夜의 흐르ᄂᆞᆫ다
님 향向ᄒᆞᆫ 내 뜯을 조차 그칠 뉘ᄅᆞᆯ 모로ᄂᆞ다
]

추성 진호루 밖에 울며 가는 저 시냇물아
무얼 하려고 주야에 흐르는가
임 향한 내 뜻도 그칠 때를 모르는구나

[
뫼ᄒᆞᆫ 길고 길고 믈은 멀고 멀고
어버이 그린 뜯은 만코 만코 하고 하고
어듸셔 외기러기ᄂᆞᆫ 울고 울고 가ᄂᆞ니
]

산은 길고 길고 물은 멀고 멀고
어버이 그리는 뜻은 많고 많고 하고 하고
어디서 외기러기는 울고 울고 가느니

어버이 그릴 줄을 처엄븟터 아란마ᄂᆞᆫ
님군 향向ᄒᆞᆫ 뜯도 하ᄂᆞᆯ히 삼겨시니
진실眞實로 님군을 니ᄌᆞ면 긔 불효不孝ㅣᆫ가 녀기롸

어버이 그릴 줄을 처음부터 알겠냐마는
임금 향한 뜻도 하늘이 만드셨으니
진실로 임금을 잊으면 그것이 불효인가 여기노라

_〈견회요〉

이 작품은 윤선도가 함경도 경원에 유배되어 있던 시절인 32세(1618년, 광해군 10년) 때 지은 시조이다. 〈견회요遣懷謠〉라는 작품명에서도 짐작할 수 있듯이 윤선도 자신의 마음을 풀어내고 있는데, 대체로 나라를 걱정하고 부모를 그리워하는 마음을 나타낸 것들이다. 당시의 실제 상황을 알면 왜 그러한 표현을 했는지 소상하게 이해할 수 있겠지만 설령 구체적인 상황을 모른다 해도 윤선도 자신의 그러한 마음은 이미 작품의 문면에 직접 드러나 있다.

〈견회요〉에 나타난 윤선도의 생각을 각 수에 따라 정리해 보자.

〈견회〉 해설

이 작품에는 세상을 떠난 어린 아들에 대한 언급은 겨우 두 줄, "내지화거아乃知化去兒 알겠도다. 세상을 떠나가 버린 아들은 / 시아팔년객是我八年客 나의 팔 년 동안의 손님이었음을."에 불과하다. 그리고 나머지는 온통 길에서 만난 한 마리 개에 대한 이야기뿐이다. 그리하여 언뜻 보기에 이 작품은 길에서 만난 한 마리 개에 대한 것이라 여겨지지만, 사실은 여덟 살에 세상을 떠난 어린 아들을 어떻게 이해할 것인가 하는 문제를 다루고 있는 것이다. 그리고 돌이켜 생각해 보면 이 작품에서 개를 언급한 것은 그 자체가 말하고자 하는 바는 아니지만 윤선도 자신의 심회心懷를 드러내는 데 긴요한 매개물媒介物이 되고 있는 것이다.

途中逢一犬　길에서 한 마리 개를 만났는데
尾長而色白　꼬리는 길고 빛깔은 희었다.
兩日隨我馬　이틀 동안 내 말을 뒤따라오면서
下馬繞我舃　말에서 내리면 내 신발 둘레를 돌곤 하였다.
麾之終不懋　불러도 끝내 오려고는 하지 않고
掉尾如有索　꼬리를 흔들며 찾는 게 있는 듯하였다.
奴婢欣投飯　종들은 좋아라 밥을 던져주고는
爭思逐兎策　다투어 생각하기는 토끼 쫓을 궁리였다.
今朝忽不見　오늘 아침 문득 보이지 않자
一行深歎惜　모두들 몹시 애석해하였다.
來何不待招　오는데 어찌 부르기를 기다리지 아니하고
去何不待斥　가는데 어찌 쫓기를 기다리지 아니하는가?
造物於人世　조물주는 인간세상에서
百事渾戲劇　온갖 일이 모두 다 희극이로다.
得之不足喜　얻었다고 기뻐할 것도 없고
失之不足嘖　잃었다고 법석 떨 것도 없다.
人之生與死　사람의 삶과 죽음도
與此何殊跡　이와 더불어 무엇이 다르랴?
乃知化去兒　알겠도다. 세상을 떠나가 버린 아들은
是我八年客　나의 팔 년 동안의 손님이었음을.
因此頓有悟　이로 말미암아 문득 깨달음 있으니
塡胸氣始釋　가슴 메우던 기운이 비로소 풀리는구나.
無乃舊仙侶　아니 어쩌면 옛날의 신선 친구가
哀我悲懷迫　나의 슬픈 마음 절박함을 애달파함인가?
爲之遣此物　그래서 이 강아지를 보내어
以開迷惑膈　미혹된 가슴 열어 주었구나.
路傍沙水明　길가에 모래와 물 깨끗하고
我意還有適　내 마음은 다시 편안해진다.

_ 〈견회〉

이 작품은 윤선도가 53세(1639년, 인조 17년) 때 경상도 영덕으로 유배되었다가 풀려나서 고향으로 돌아오는 길에, 서자 미尾가 병을 앓다가 여덟 살로 세상을 떠났다는 소식을 듣고 몹시 슬퍼하면서 지은 한시이다.

윤선도는 병자호란(1636년, 50세)이 일어나자 사비를 들여서 전선戰船을 만들어 급히 강화도로 달려갔으나 강화도는 이미 함락된 뒤였다. 배를 돌려 다시 해남에 돌아오자 임금이 항복하고 청나라와 화의和議가 정해졌다는 소식을 듣게 되었다. 그리하여 윤선도는 장차 제주도에 들어가 살고자 하여 가던 길에 보길도를 발견하였는데 물외物外의 가경佳境이었다. 그리하여 여기서 세상을 잊고 살았다.

52세(1638년, 인조 16년) 때에는 대동찰방大同察訪을 제수받았으나 병을 일컬어 부임하지 않았다. 그러자 윤선도를 미워하던 이들이 윤선도가 병자호란 뒤에 서울로 달려가 임금에게 문안하지 않았다는 죄목으로 탄핵을 하였다. 결국 윤선도는 경상도 영덕으로 유배되었다가 이듬해 2월에 풀려났는데, 고향으로 돌아오는 길에 어린 아들 미가 세상을 떠났다는 소식을 들은 것이다.

윤선도가 세상을 잊고 지낸 보길도

〈견회〉와 윤선도를 이해하기 위해 다음 물음에 답해 보자.

(1) 윤선도가 이 시를 지었을 당시의 처지를 정리해 보자.

(2) 윤선도가 미혹된 마음[迷惑膈]이라고 하였던 생각은 무엇일까?

(3) '가버린 개'와 '세상을 떠난 아들'의 공통점은 무엇인가?

(4) 윤선도가 응어리진 슬픈 마음을 해소하게 된 계기가 되는 깨달음이 나타난 구절을 찾아보자.

(5) 이 시를 읽고 시의 내용이 자신의 경험과 유사하여 공감하거나 윤선도와 공명共鳴할 수 있었다면 어떤 점에서 그러한지 말해 보자.

只歎妾命薄　다만 소첩의 운명 기박함을 한탄할 뿐
不怨君恩疎　임금님 은혜 소루하다 원망하진 않습니다.
誰識老宮女　누가 알겠습니까? 이 늙은 궁녀도
嘗辭共玉輿　일찍이 옥여玉輿 함께 타길 사양했던 일을.

_ 〈차반첩여이수운사수(次班婕妤二首韻四首)〉 제1수

〈차반첩여이수운사수〉에는 '옥여(임금이 타는 수레)'를 소재로 하여 임금과 함께 하지 못한 아쉬움을 간접적으로 표현하고 있다.

이 작품은 윤선도가 64세(1650년, 효종 1년) 때 지은 한시이다. 당시에 윤선도는 주로 보길도의 부용동芙蓉洞에서 지내고 있었다. 윤선도가 왕자의 사부師傅로 있으면서 가르쳤던 봉림대군鳳林大君이 효종孝宗으로 즉위하여 윤선도를 부르고자 하였으나 윤선도를 꺼리는 이들이 갖가지 이유를 들어서 윤선도를 탄핵하는 바람에 윤선도는 서울에 올라오지 못하고 은인자중隱忍自重의 은거 생활을 해야만 했다. 이 작품에서 우리는 그러한 처지에 있는 윤선도의 심정을 충분히 짐작할 수 있다.

그러나 문면으로만 보면 이 작품은 윤선도 자신에 대해서는 일체 언급하지 않고 있다. 단지 한漢나라 성제成帝의 후궁이었던 반첩여班婕妤가 성제의 총애를 잃고 난 뒤에 자신을 추스르는 말을 들려주고 있을 뿐이다. 처음에 성제는 반첩여를 총애하였다. 그런데 나중에는 성제의 총애가 조비연趙飛燕에게로 옮겨 가자 반첩여는 자신의 처지를 가을이 되어 쓸모없게 된 부채에 비유한 〈원가행怨歌行〉을 지었다고 한다.

그런데 윤선도의 작품에서 반첩여가 한 말들은 윤선도의 허구적 상상력에서 나온 말들이란 점도 주목할 만하다. 이렇게 윤선도 자신에 대한 언급도 아니고, 더구나 허구적으로 설정한 상황을 언급한 것에 지나지 않음에도 불구하고 이 작품에는 여전히 윤선도 자신의 심정이 드러나 있는 것이다.

자연自然을 노래하는 윤선도의 시

앞에서 살펴본 작품들은 주로 인사人事를 전면에 내세워 노래한 것들이다. 그러면 이번에는 자연自然을 전면에 내세워 노래한 작품들에서는 윤선도 자신이 어떻게 드러나는지 살펴보기로 하자.

고어로 쓰인 시조를 읽는 법
소리 내어 읽고 자신이 낸 소리를 들어 그 뜻을 짐작해 보자.

산슈간 바회 아래 ᄠᅱ집을 짓노라 ᄒᆞ니
그 몰론 ᄂᆞᆷ들은 웃ᄂᆞᆫ다 ᄒᆞᆫ다마ᄂᆞᆫ
어리고 햐암의 ᄠᅳᆺᄃᆡᄂᆞᆫ 내 분인가 ᄒᆞ노라

산과 시내 사이 바위 아래에 띠집을 지으려 하니
나의 뜻을 모르는 사람은 비웃는다 하지마는
어리석고 시골뜨기인 내 마음에는 이것이 분수에 맞는 것이라
생각하노라

보리밥 풋ᄂᆞᄆᆞᆯ을 알마초 머근 후에
바횟굿 믉ᄀᆞ의 슬ᄏᆞ지 노니노라
그나믄 녀나믄 일이야 부ᄅᆞᆯ 줄이 이시랴

보리밥 풋나물을 알맞게 먹은 후에
바위 끝이나 물가에서 마음껏 놀고 있노라
그나마 여남은 일이야 부러워할 줄 있으랴

잔 들고 혼자 안자 먼 뫼흘 ᄇᆞ라보니
그리던 님이 오다 반가옴이 이리ᄒᆞ랴
말ᄉᆞᆷ도 우움도 아녀도 ᄆᆞᆫ내 됴하ᄒᆞ노라

잔 들고 혼자 앉아 먼 산을 바라보니
그리던 님이 온다(하는데) 반가움이 이리하랴
말씀도 웃음도 아니 하여도 못내 좋아하노라

누고셔 삼공도곤 낫다ᄒᆞ더니 만승이 이만ᄒᆞ랴
이제로 헤어든 소부허유ㅣ 냑돗더라
아마도 임천한흥을 비길 곳이 업세라

누군가 삼공보다 낫다 하더니 만승(천자)이라도 이만하랴
이제 헤아려 보니 소부 허유가 영리하도다
아마도 자연 속에서 노니는 즐거움은 비길 데가 없으리라

내 셩이 게으르더니 하ᄂᆞᆯ히 아ᄅᆞ실샤
인간만사ᄅᆞᆯ ᄒᆞᆫ 일도 아니 맛뎌
다만당 ᄃᆞ토리 업슨 강산을 딕희라 ᄒᆞ시도다

내 천성이 게으른 것은 하늘이 아셔서
인간만사를 하나도 맡기지 않으셔
다만 다툴 이 없는 강산을 지키라 하시도다

강산이 됴타 ᄒᆞᆫ들 내 분으로 누얻ᄂᆞ냐
님군 은혜ᄅᆞᆯ 이제 더옥 아노이다
아므리 갑고쟈 ᄒᆞ야도 ᄒᆡ올 일이 업세라

강산이 좋다고 한들 내 분수로 누웠느냐
임금의 은혜를 이제 더욱 아노이다
아무리 갚고자 하여도 할 수 있는 일이 없구나

_ 〈만흥(漫興)〉

이 작품은 윤선도가 56세(1642년, 인조 20년) 때 지은 시조이다. 당시에 윤선도는 영덕 유배에서 풀려난 뒤 집안일을 아들

!

윤선도가 자연 속의 삶을 어떻게 생각하는지 살펴보자.

인미仁美에게 맡기고 자신은 수정동水晶洞, 문소동聞簫洞, 금쇄동金鎖洞 등에 머물면서 산수자연을 소요하며 지내고 가묘의 큰 제사가 아니면 일찍이 집으로 돌아가는 일이 없었다. 이 작품에는 이렇게 산수자연을 소요하며 사는 윤선도 자신의 생활상이 고스란히 담겨 있다.

眼在靑山耳在琴　눈은 청산靑山에 있고 귀는 거문고에 있으니
世間何事到吾心　세상의 무슨 일이 내 마음에 이르랴
滿腔浩氣無人識　창자 가득한 호기浩氣를 알아 줄 이 없으니
一曲狂歌獨自吟　한 곡조 미친 노래 홀로 읊조리노라

_ 〈낙서재우음(樂書齋偶吟)〉

윤선도 문학의 배경이 된 보길도의 부용동

이 작품은 윤선도가 56세(1642년, 인조 20년) 때 10월 16일에 잠시 보길도에 놀러갔다가 지은 한시이다. 낙서재樂書齋는 보길도의 부용동에 지어 놓은 집 이름이다. 이 작품에는 윤선도의 생활상 가운데 극히 일부분만 언급되어 있다. 그러나 세상에서 알아주지 않는 호기가 있음을 알아차리는 데 어려움은 없다.

구즌 비 개단 말가 흐리던 구룸 걷단 말가
압 내희 기픈 소히 다 묽앗다 ᄒᆞᄂᆞᆫ다
진실眞實로 묽디옴 묽아시면 갇긴 시서 오리라

궂은비가 개었단 말인가 흐리던 구름이 걷혔단 말인가
앞 내의 깊은 소가 다 맑았다고 하는구나
진실로 맑디 맑았으면 나의 갓끈을 씻어오리라

_ 〈우후요〉

이 작품은 윤선도가 32세(1618년, 광해군 10년) 때 함경도 경원에서 유배 생활을 하던 중에 지은 시조이다. 겉으로 보아서는 비, 구름, 냇물, 갓끈 등을 노래하고 있다. 그러나 정작 말하고자 하는 바는 갓끈을 씻는다는 데 있다. 물이 흐리면 발을 씻고 물이 맑으면 갓끈을 씻는다는 말은 굴원屈原의 〈어부사漁父辭〉에 나오는 말이다. 그러니까 윤선도의 〈우후요雨後謠〉는 언뜻 자연 내지 자연 생활을 노래하고 있는 것 같으면서도 실제로는 윤선도 자신의 정치적 입장을 드러내는 데 목적이 있었던 것이다.

> 〈우후요〉에 나타난 윤선도의 정치적 입장은 무엇인가?

월출산이 놉더니마ᄂᆞᆫ 믜운 거시 안개로다
천왕 제일봉을 일시예 ᄀᆞ리와다
두어라 ᄒᆡ 퍼딘 휘면 안개 아니 거드랴

월출산이 높더니만 미운 것이 안개로다
천왕 제일봉을 일시에 가리운다
두어라 해 퍼진 후면 안개 아니 걷히랴

_ 〈조무요〉

이 작품은 윤선도가 56세(1642년, 인조 20년) 때 금쇄동 등에 머물면서 지은 시조이다. 문면만을 보면 월출산, 안개, 천왕 제일봉, 해 등 자연 내지 기상 현상을 노래하고 있다. 그런데 미운 것이 안개라는 말에 주목하면 이 역시 윤선도 자신의 정치적 입장을 담고 있는 노래임을 알아차릴 수 있다.

> 〈조두요〉가 정치 현실에 대한 비판이라고 할 때, '안개', '천왕 제일봉', '해'가 상징하는 것은 무엇일지 생각해 보자.

비오ᄂᆞᆫᄃᆡ 들희 가랴 사립 닷고 쇼 머겨라
마희 ᄆᆡ양이랴 잠기 연장 다ᄉᆞ려라
쉬다가 개ᄂᆞᆫ 날 보아 ᄉᆞ래 긴 밧 가라라

비 오는 데 들에 가랴 사립 닫고 소 먹여라
장마가 매양이랴 쟁기 연장 손질해라
쉬다가 개는 날 봐서 이랑 긴 밭을 갈아라

심심은 ᄒᆞ다마ᄂᆞᆫ 일업술ᄉᆞᆫ 마히로다
답답은 ᄒᆞ다마ᄂᆞᆫ 한가閑暇홀ᄉᆞᆫ 밤이로다
아ᄒᆡ야 일즉 자다가 동東트거든 닐거라

심심은 하다마는 일이 없는 장마로다
답답은 하다마는 한가한 밤이로다
아이야 일찍 자다가 동 트거든 일러라

_ 〈하우요〉

석양夕陽 남은 후에 산기山氣ᄂᆞᆫ 됴타마ᄂᆞᆫ
황혼黃昏이 갓가오니 물색物色이 어둡ᄂᆞᆫ다
아ᄒᆡ야 범 므셔온ᄃᆡ 나ᄃᆞᆫ니디 마라라

석양이 남은 후에 산 기운은 좋다마는
황혼이 가까워오니 물색이 어둡구나
아이야 호랑이가 무서우니 나다니지 말아라

_ 〈일모요〉

!

〈하우요〉, 〈일모요〉, 〈야심요〉의 종장에 나타난 윤선도의 처세관을 생각해 보자.

ᄇᆞ람 분다 지게 다다라 밤들거다 블 아사라
벼개예 히즈려 슬ᄏᆞ지 쉬여 보쟈
아ᄒᆡ야 새야 오거든 내 ᄌᆞᆷ와 ᄊᆡ와스라

바람 분다 지게문 닫아라 밤 들거든 불 지펴라
베개에 누워 실컷 쉬어보자
아이야 새가 오거든 내 잠 좀 깨워주라

_ 〈야심요〉

이 작품들 역시 윤선도가 56세(1642년, 인조 20년) 때 금쇄동 등에 머물면서 지은 시조들이다. 그런데 〈조무요朝霧謠〉에서 윤선도 자신의 정치적 입장을 금방 알아차릴 수 있었던 것과는 달리 이 〈하우요夏雨謠〉, 〈일모요日暮謠〉, 〈야심요夜深謠〉 등에서는 그런 낌새가 별로 없다. 그저 소박한 자연 생활을 노래하고 있는 듯하다. 따라서 어찌 보면 윤선도 자신의 자연 생활이라기보다는 윤선도가 관찰한 시골 사람들의 자연 생활을 노래한 것으로 여겨지기도 한다.

그런데 좀 더 주의 깊게 살펴보면 소박한 자연 생활을 빌어서 윤선도 자신의 시국관 또는 처세술을 드러내고 있음을 알 수 있다. "쉬다가 개ᄂᆞᆫ 날 보아 ᄉᆞ래 긴 밧 가라라.", "아ᄒᆡ야 일즉 자다가 東트거든 닐거라.", "아ᄒᆡ야 범 므셔온ᄃᆡ 나ᄃᆞᆫ니디 마라라.", "ᄇᆞ람 분다 지게 다다라 밤들거다 블 아사라.", "아ᄒᆡ야 새야 오거든 내 ᄌᆞᆷ와 ᄭᆡ와스라." 등이 그것이다. 요컨대 지금은 시국이 어지러우니 조심하면서 나름대로 준비하고 있다가 기회가 오면 일을 하자는 것이다.

윤선도와 만났다고 가정하고 그와 나눌 수 있는 대화를 다음 조건에 맞게 구성해 보자.

- 윤선도와 묻고 답하는 형식을 취할 것. 단, 일방적인 인터뷰 형식이 아니라 자신의 생각을 드러낼 것
- 윤선도와 생각이 같은 지점이나 다른 지점 등이 나타나 있을 것

2 독창적 자기표현의 방법

닮으면서 달라지는 문학의 역사

〈오류선생전〉과 〈백운거사전〉

〈오류선생전〉은 도연명이 쓴 자전으로, 다섯 그루의 버드나무를 심어 놓고 스스로를 오류五柳 선생이라 하며, 시속에 물들지 않는 삶을 자찬自讚하였다. 〈백운거사전〉은 이규보가 젊었을 때에 은거하면서 〈오류선생전〉을 본떠 시와 술을 벗하여 안빈낙도하는 자신을 그린 자서전적 전기다.

문학사는 어떤 점에서 독창적인 자기표현의 방법을 개발해 온 역사라 할 수 있다. 시대가 달라지면서 새롭게 나타나는 다양한 장르들이 그 증거라 할 수 있다. 따라서 우리들이 자기표현을 독창적으로 하기 위해서는 우선적으로 지금까지 개발된 다양한 장르적 관습을 활용하는 것이 필요하다. 닮으면서 달라지는 것이다. 이를테면 이규보李奎報는 〈백운거사전白雲居士傳〉을 지었는데, 그것은 도연명陶潛의 〈오류선생전五柳先生傳〉을 활용한 것이었다. 다시 말해서 〈오류선생전〉을 닮으면서 달라지도록 한 결과가 〈백운거사전〉인 것이다.

언뜻 보아도 두 작품은 닮은 데가 있으며, 또한 닮은 가운데서도 나름대로 새로워진 측면이 있다. 이러한 과정을 통하여 독창적인 자기표현의 갖가지 방법들이 개발되는 것이리라. 도연명의 〈오류선생전〉과 이규보의 〈백운거사전〉을 인용해 보면 다음과 같다.

선생은 어디메 사람인지를 알 수가 없다. 또한 그 성자姓字도 자세치 않다. 집 가에 다섯 그루 버드나무가 있어서 그로 말미암아 호號를 삼았다. 한정閑靖하여 말이 적고, 영리榮利를 생각지 않았다. 즐겨 독서하나 심히 알기를 구하지 않고, 매양 뜻에 맞을 때마다 문득 흔연히 식사를 잊어버리곤 하였다. 성품이 술을 즐기나 집이 가난하여 언제고 얻을 수는 없었다. 친구가 이 같은 줄을 알고 혹 술을 마련하여 부르면 와서 문득 다 마셔버렸다. 한정은 반드시 취하는 데 있으니, 취하여 물러갈 때는 가거나 머무는 데 미련을 두지 않았다. 둘러친 벽이 쓸쓸하여 바람이나 해를 가리지 못했고, 짧은 옷은 구멍이 나서 기웠으며, 밥그릇이 자주 비었어도 태연하였다. 항상 문장文章을 지어서 스스로 즐기었고, 자못 자신의 뜻을 보일 뿐 득실得失을 마음에 두지 아니하였다. 이렇게 평생을 살았다.

찬贊에 이르기를, "검루黔婁가 한 말이 있다. 빈천에 근심하지 아니하고, 부귀에 허둥대지 않는다고. 그 말을 캐어 보면 이 사람과 같은 무리이겠다. 술을 마시며 시를 읊어서 그 뜻을 즐겁게 하니 무회씨無懷氏의 백성인가 갈천씨葛天氏의 백성인가?" 하였다.

_ 〈오류선생전(五柳先生傳)〉

〈오류선생전〉과 〈백운거사전〉을 비교하여 다음 활동을 해 보자.

백운거사白雲居士는 선생이 스스로 지은 호이다. 그 이름을 숨기고 그의 호를 드러냈고, 그가 스스로 호를 지은 취지에 대해서는 선생이 쓴 ≪백운어록白雲語錄≫에 갖추어 기재되어 있다. 집안에는 자주 식량이 떨어져서 끼니를 잇지 못하였으나, 거사居士는 스스로 유쾌히 지냈다. 성격이 소탈하여 단속할 줄을 모르며, 육합六合을 좁게 여기고 천지天地를 비좁게 생각하였다. 일찍이 술을 마시면 스스로 혼미하였으며, 그를 초청하는 이가 있으면 곧 즐겁게 나아가서 잔뜩 취해가지고 돌아왔으니, 아마도 옛날 도연명陶淵明의 부류인 듯하였다. 거문고를 타고 술을 마시며 이렇게 스스로 세월을 보냈다. 이는 그의 사실대로의 기록이다. 거사는 취하면 시를 읊으며 스스로 전傳을 짓고 스스로 찬贊을 지었다.

찬贊에 이르기를, "뜻이 본래 천지의 밖에 있으니, 하늘과 땅도 그를 얽매지 못하리로다. 장차 대기大氣의 모체母體와 함께 자연과 공허空虛의 세계에 노니리로다." 하였다.

(1) 닮은 점은 무엇인가?

(2) 닮은 가운데서도 나름대로 새로워진 측면은 무엇인가?

(3) 각자 자신만의 호를 자유롭게 지은 후, 〈~선생전〉, 〈~거사전〉 등의 이름으로 짧은 자기소개를 해 보자.

여기서 한 가지 주의할 사실은 독창적인 자기표현의 방법이 빛나기 위해서는 그것이 자신에 대한 성찰과 진단에 기여할 수 있어야 한다는 것이다. 그렇지 않으면 겉만 번드르르한 허영이 될 수도 있기 때문이다.

독창적 자기소개의 사례들

표현 매체의 변화
음성언어 → 문자언어 → 영상언어

독창적인 자기표현을 위해서는 다양한 장르적 관습을 활용하는 것과 함께 다양한 표현 매체를 활용하는 데 눈을 돌릴 필요가 있다. 문학사의 전개를 표현 매체에 초점을 맞추어서 크게 보면 처음에는 음성언어를 사용하다가 문자언어를 개발하여 사용하는 방향으로 전개되어 왔고, 오늘날은 다시 영상언어를 개발하여 사용하는 쪽으로 나아가고 있는 상황이다.

이제 학생이 작성한 자기소개서의 사례를 들어 어떻게 자신을 표현할 것인가를 구체적으로 점검해 보기로 한다. 학생의 글 (1)의 자기소개서는 그 동안 흔히 볼 수 있는 방식으로 작성된 것이다. 곧 문자언어를 위주로 하여 작성된 자기소개서에 해당한다. 자기소개서를 작성함에 있어 자신의 일생을 가능한 영웅의 일생에 맞추어 서술하라는 주문을 했는데, 자기서사를 객관화하여 진단하고 드러낼 수 있도록 하기 위한 것이었다.

학생의 글 (2)의 자기소개서는 문자 언어와 영상 언어를 적절히 결합시키되 영상언어가 주도하도록 작성하라는 요구에 따라 작성한 것이다. 문자와 영상이 어울림으로써 앞의 소개서와는 또 다른 효과를 내고 있음을 알 수 있을 것이다.

● **학생의 글 (1) : 영웅 서사 구조에 따른 자기소개서**

'나'에 대해 이야기하기

나는 요즘 일주일에 사흘씩 긴 시간 전철을 탄다.
전철을 타고 목적지로 가는 동안 나는 신문, 혹은 부담스럽지 않은 책을 읽곤 했었다.
그런데 요즘은 사람, 그들이 만들어 내는 풍경을 본다.
어느 순간 그들의 모습이 이야기로 다가왔기 때문이다.
정겨운 부부를 보며, 만취한 사람들을 보며, 아이들을 보며,
나는 그렇게 지하철에서의 시간을 보낸다.
'문학이 인간에 대한 관심에서 시작되는 것'이라는 명제가 참이라고 할 때,
이러한 내 행위도, 그들의 모습도, 그 자체로 문학일 수 있다는 생각을 해 본다.

꿈, 태어남

한적한 오솔길을 걷는 부부가 있었다. 바람에 꽃비가 잠시 내리더니, 부부 앞으로 반짝이는 꽃잎 하나가 다가왔다. 꽃잎을 따라 부부는 맑은 물가에 다다른다. 꽃잎이 살포시 내려앉은 곳을 보니, 물 속에 가락지 한 쌍이 있었다. 남편은 그 가락지를 아내에게 끼워주었다.

그로부터 태기가 있었다. 밤하늘의 둥근 달을 보며, '우리 아가도 달님처럼 동그랗고, 밝고, 어여쁘게 해주세요.'라고 빌었다. 그렇게 달이 열 번 바뀌고 아기가 태어났다. 온 식구들이 한걸음에 달려와 기뻐했으나, 정작 아기는 태어나고 한동안 잠만 잤다. 모두들 아기의 잠이 깨기를 기다렸다. 순간, 아기가 눈을 떴다. "돈 벌었구나." 아기의 눈에 쌍꺼풀이 있음을 알아차린 이모가 처음 내뱉은 말이다. 기쁨을 감출 수 없었던 조부께서는 산부인과와 담당의사 성명을 출생신고서에 기입해, 호적등본으로 후대에까지 전하게 하였다.

신동이라 일컬음

예선은 무럭무럭 자랐다. 증조모님께는 넘치는 사랑을, 조부님께는 예도를, 조모님께는 주도를 배웠다. 고모와 삼촌의 전공분야에 따라 당시에는 흔치 않았던 조기교육까지 받았다. 네 살 되던 해에 한글을 깨우치니, 신동이라 아니할 수 없었다. 동화책 읽는 소리가 집안 곳곳에 퍼졌다. 그런 예선을 보며 집안 어른들은 흐뭇해하였다.

사람은 서울로 보내야 한다는 옛적의 말씀에 따라, 예선은 다섯 살 되던 해에 조부모님의 곁을 떠나 부모님과 함께 서울로 향했다. 그곳에서 아이는 미술과 음악을 공부하게 되었다. 예선은 피아니스트를 꿈꾸게 되었다. 각종 콩쿠르에서 입상하며 재능을 보였음은 물론이었다. 유치원과 초등학교, 중학교에 다니던 열다섯 무렵까지 예선에게 피아노는 곧 자신이었다. 부모님의 소망처럼 예선은 밝은 아이였고, 어떤 시련도 빗겨갈 것만 같았다.

시련, 그 첫 번째

고등학교 진학을 앞둔 어느 날 예선은 피아노학원 선생님과 어머니의 대화를 엿듣게 되었다. 대화의 내용인즉, 예고 진학에 따른 교수 레슨비에 관한 것이었다. 실로 어마어마한 레슨비였다. 예선은 어쩐지 자신을, 그리고 피아노를 돈으로 사고판다는 느낌이 들었고 순간 굳어 버렸다. 선생님에 대한 신뢰도 사라졌고, 당시 열광하던 베토벤도 어쩐지 선생님과 다르지 않은 부류라는 생각에 이르렀다. 예선은 그만두기로 마음을 먹었다. 이후 예선은 피아노를 치지 않았다.

그렇지만 결코 쉽지만은 않은 선택이었다. 예선은 때때로 피아노 앞에 멍하니 앉아 있거나, 건반을 덮은 뒤에 소리 나지 않는 피아노를 치곤했었다. 그럴수록 예선은 더 밝고, 더 씩씩하게 보였다.

시련, 그 두 번째

예선은 춘천에 있는 한림대학에 진학하였다. 전액 장학금 지원, 게다가 기숙사 생활에 대한 동경을 지니고 있었기 때문이었다. 그렇지만 서울의 다른 대학들에 등록을 포기했다는 사실을 부모님께는 비밀로 하였다. 말 잘 듣는 착한 딸이 저지른 가장 큰 반항이자 만행이 아닐 수 없다.

각설하고, 대학 생활은 예선의 생각과는

괴리가 있었다. 다양하게 보고, 듣고, 느낄 수 있을 것이라는 기대감은 얼마 지나지 않아 허물어졌다. 수업에 들어가지 않고 기숙사 방에 틀어박혀 책을 읽기 일쑤였고, 집에 가기 위해 기숙사를 뛰쳐나가기를 여러 차례 했었다. 예선은 위태로워 보였고, 실로 힘겨웠다. 밝은 태양 아래 있어도 눈앞이 캄캄했고, 낭떠러지를 앞에 두고 있는 것만 같았다.

길을 보다

예선은 2000년 가을, 한 분의 선생님을 만나게 된다. 선생님은 예선에게 구비문학을 알게 해 주었다. 게다가 살아가는 모습까지도 닮고 싶은 분이었다. 구비문학에 대해 알아갈 수록 예선의 가슴은 콩닥콩닥 뛰었고, 밥을 먹지 않아도 배가 불렀었다. 선생님은 딸처럼, 손녀처럼 예선을 대해주셨다. 그러던 어느 날, 예선을 부르시더니 계속 공부를 해 보지 않겠냐고 하셨다. 하지만 예선은 선뜻 대답을 하지 못했다. 예선의 뜻대로 결정한 피아노며 대학 진학에 따른 아픔을 겪었기 때문에 결정 자체가 두려웠다.

그 해 12월, 예선은 강원도 평창으로 구비문학 현장답사를 떠나게 되었다. 발목까지 쌓인 눈길을 걷고 고개를 넘어 작은 마을을 만날 수 있었다. 꽁꽁 얼어버린 손을 호호불어 녹여 주신 할아버지와 할머니, 그리고 그분들이 만들어 내신 이야기판과 소리판에 예선은 함께 하게 되었다. 활자로 접하던 이야기며 소리를 실제 판에서 만났을 때의 감동이란 설명하기 어려운 그 무엇이었다. 눈길을 걸어 숙소로 돌아가며 예선은 생각한다. 일생을 두고 하겠다고, 이야기와 함께 하겠다고, 소복하게 쌓인 눈길에 발자국을 만들며 그렇게 생각을 정리했다.

그 뒤로 예선은 선생님을 따라 여러 판을 찾아다니게 되었다. 주말이면 거의 현장으로 향했고, 방학 때면 길게는 열흘씩 판을 찾아 나섰다. 몸은 힘들었으나 지치지 않았다. 선생님을 따라 그렇게 걷고 또 걸으면 언젠가 길이 될 것이라는 믿음이 생겨났다.

빛을 보다

예선은 대학원에 진학하여 더 공부하기로 결심하였다. 그런데 선생님은 서울에 있는 신동흔 선생님께 가서 더 넓고 더 깊게 배우라고 하셨다. 평소와 달리 단호하고 매서운 선생님의 모습에 예선은 눈물만 흘렸다. 그렇게 예선은 대학원에 진학을 하였다.

대학원은 예선에게 낯선 환경이었다. 적응하지 못하고 방황하기를 얼마간 하고난 예선은 작은 빛줄기 하나를 보게 되었다. 당시 예선은 자신도 감지하지 못하는 사이 재창조와 관련한 일을 하고 있었다. 스스로 원해서 시작한 일은 아니겠으나, 예선은 하고 싶고 할 수 있는 일이라는 생각을 하게 되었다. 재창조에서 예선은 운명과도 같은 무언가를 느끼게 되었다. 이후로 예선은 문화콘텐츠 작업이며 동화출판 작업 등을 하게 되었다. 각각의 일들은 작은 빛줄기가 되었고 지금은 조금 더 밝고 또렷한 빛이 되어 예선을 이끌어주고 있다.

공부해서 무엇을 하고 싶니?

스스로 써내려간 '나'에 대한 조금은 독특한 소개서를 읽고 보니 문득 이런 의문이 들었다. '공부해서 무엇을 하고 싶니?' 사실인즉, 요즘 많이 듣는 질문이기도 하다.

나는 느끼는 것들을 표현하면서 살고 싶다. 그게 학문적인 글쓰기이든, 혹은 콘텐츠 결과물이든, 혹은 동화책이든 말이다. 인류학, 민속학, 심리학, 게다가 문학치료학에 대해서도 잘 알아야 평생을 두고 하겠다던 이야기, 특히 살아온 이야기에 대해 제대로 할 수 있겠다는 생각을 요즘 절실하게 하고 있다. 때문에 지금 나에게는 공부해서 무엇을 하고 싶은가가 중요한 것이 아니라, 무엇을 어떻게 공부할 것인가가 보다 중요한 관심사라고 할 수 있겠다. 무엇을 하던 그것이 궁극적으로는 이야기와 닿아 있기 때문이다.

영웅소설 속 주인공의 서사는 승리하는 것으로 마무리를 짓는데, '나'의 삶은 아직 진행하고 있으므로 결말에 대한 암시를 하는 정도로 정리를 해야 할 듯하다. 어떤 방식이라도 이야기와 함께할 수만 있다면, 나는 참 행복할 것 같다.

● **학생의 글 (2) : '나'의 영웅성 드러내기 — 사진으로 이야기하기**

사진 하나,

지하철을 기다리며 나는 늘 반대편 플랫폼을, 반대편 선로를 바라본다.
그리고 '빨리 시간이 지나 반대편에서 집으로 향하는 지하철을 타고 싶다'는 생각을 한다.
나의 모든 것은 언제나 그렇게 집으로 향해 있는 것 같다.

사진 둘,

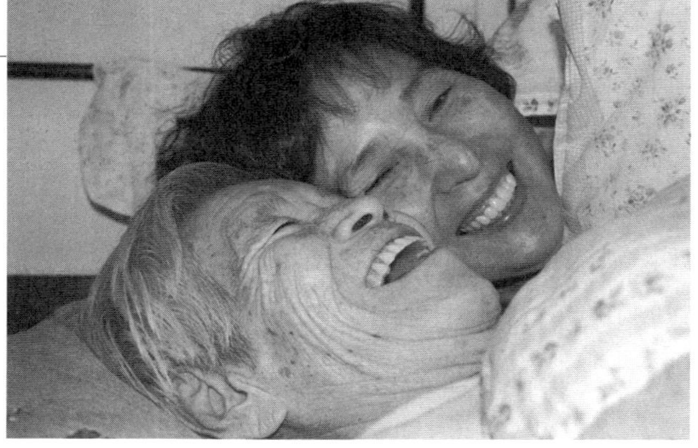

할머니와 엄마, 그리고 가족들이 만들어 내는 이런 모습에 나는 참 행복하다.
그래서 끊임없이 집으로, 집으로, 되뇌는 듯하다.

사진 셋,

어렸을 적, 손목시계를 채워주며 아빠는 "시간은 꼭 지켜야 하는 거야. 약속하자." 하셨다. 시간에 대한 강박증은 아빠와 새끼손가락 걸어 약속한 그날 이후부터 시작된 듯하다.

사진 넷,

교통체증도 거리를 두고 바라보면
그저 아름답게만 보인다.
나를 이성으로 느끼는 남자들에게 나는
늘 적당한 거리를 유지했다.

사진 다섯,

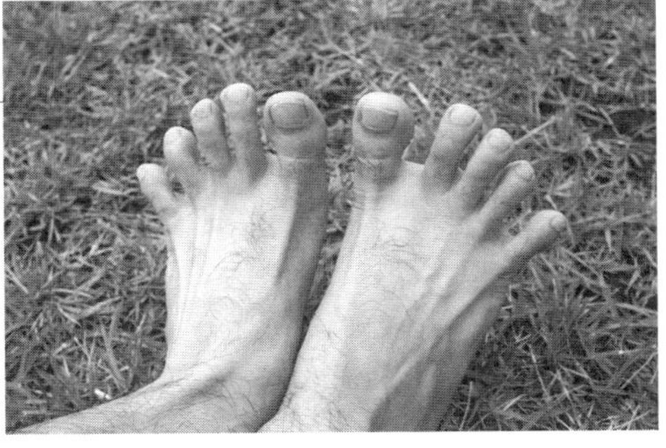

굵고 검은 털이 난 남자의 발을 나는 '흉측하다'고 여겼었다. 그러나 세상에서 단 한 사람, 그의 발은 그렇지 않았다.

사진 여섯,

'어떻게 하면 우리의 관계에 영원성을 부여할 수 있을까?'
사진 속의 '그', 사진 밖의 '나', '우리'가 풀어야 할 과제이다.
그렇다면, 무엇이 답이 될 수 있을까?
해답은 이미 나왔다.
같은 곳을 보려는 것. 같은 생각을 하려는 것. 상대를 자기 자신이라 여기는 것.

사진 일곱,

외할머니를 태운 꽃상여가 외가를 나간 이후, 상여를 보면 외할머니 생각이 난다.
언젠가 맑은 물은 건너 외할머니께 꽃신을 신겨 드리는 꿈을 꾸었는데,
그 때부터 외할머니가 어딘가에서 나를 돌봐주신다는 느낌이 들었다.
지난 일요일, 〈양주 상여와 회다지 소리〉 공연을 볼 때도 그러했다.
내가 지니게 되는 '끌림'이라는 것, 결코 우연은 아닌 듯하다.

사진 여덟,

전시장, 공연장, 무조건 좋아하는 공간들이다.
자유롭고 다양하게 사유할 수 있는 공간, 그런 공간을 '나'는 끊임없이 갈망한다.

사진 아홉,

무엇 때문이라고 설명할 수는 없지만, 나는 이야기판을 좋아한다.
이야기단과 더불어 삶을 꾸릴 수 있다는 것, 가장 큰 선물이다.

사진 열,

'나'의 특질을 가장 집약적으로 보여주는 '나'의 일부, 손톱이다.
악기를 하는 사람들의 습성이기도 하지만 피아노를 그만두고도 나는 매일 손톱을 깎는다.
'나'라는 사람이 지닌 특질은 짧은 손톱과 닮아 있는 듯하다.

1. 글은 자기를 표현할 뿐 아니라 자신의 삶을 성찰하게 한다. 이러한 맥락에서 다음 활동을 하여 보자.

(1) 자신이 예전에 썼던 글을 찾아 읽어 보고, 그 때의 모습과 지금의 모습을 견주어 보자.

(2) (1)을 바탕으로 자신이 예전보다 성숙한 점이 있다면 어떠한 점이 있는지, 그리고 앞으로 어떠한 삶을 살아갈 것인지에 대하여 자기 고백의 글을 써 보자.

2. 아래의 인물화를 보고 다음 활동을 해 보자.

_ 〈최익현상〉, 채용신, 1905, 국립중앙박물관

(1) 위 그림 속 주인공의 성격은 어떠했을지, 그 인생은 어떠했을지 상상해 보자.

(2) 다음은 이 그림에 대한 평이다. 자신의 상상과 비교해 보자.

> 갸름하지만 날카롭고, 허술한 듯하지만 억센 기운이 감도는 이런 초상을 나는 본 적이 없다.
>
> _ 최열, 2004 : 201

활동*

3. 오늘날은 다양한 매체로 자기표현을 해야 할 경우가 있다. 다음 조건에 맞게 자기표현을 해 보자.

[
- 문자 언어와 영상 언어의 특성을 살려 쓴다.
- 내적인 성찰을 바탕으로 창의성 있게 쓴다.
]

3. 이야기의 이해와 창조

이 사진은 '찰나의 거장'이라는 칭호를 받는 앙리 카르티에 브레송(1908~2004)의 작품이다. 아이가 흐뭇한 표정을 짓는 찰나의 순간 전후에 어떤 이야기가 담겨 있을지 상상해 보자.

1 이야기 이해하기

이야기와 삶

이야기의 기능
경험하고 상상하는 것들에 생명력을 부여함

이야기story는 세상 모든 존재에 생명력을 부여한다. 우리가 경험하고 상상하는 수많은 것들은 갖가지 종류의 크고 작은 이야기로 엮어짐으로써 생명력을 얻는다.

한 예로, 꿈 많았던 학창 시절을 한번 떠올려 보자. 학교, 선생님, 친구들……, 그들과 함께 했던 갖가지 추억들이 떠오를 것이다. 친구들하고 '땡땡이'를 치다가 호랑이 선생님한테 걸려서 눈물 빠지게 혼난 일, 낯선 수학 여행지에서 밤에 벌어진 황당한 사건들(예컨대 술이나 춤판 같은) 등등……. 이렇게 과거를 회상할 때, 지난 삶을 되새길 때 우리가 떠올리는 것이 무엇인가 하면 바로 '이야기'들이다. 우리도 모르는 사이에 우리 삶은 그 자취를 이야기의 형태로 남기고 있는 것이다. 그 이야기에 얽힌 친구들이나 선생님은 그 모습이 생생히 살아남아 그리움의 대상이 된다.

나의 일, 경험한 일뿐만이 아니다. 사람들이 가지고 있는 무궁무진한 상상력 또한 인상적인 이야기로 엮어질 때 마음속 깊이 각인되어 두고두고 생명력을 발휘한다. 어릴 때 어른한테 듣거나 책에서 읽은 전설이나 민담 같은 것이 좋은 예다. 우리나라 사람 가운데 '선녀와 나무꾼'이나 '해와 달이 된 오누이', '온달과 평강공주', '콩쥐 팥쥐', '흥부 놀부' 같은 이야기를 모르는 사람은 아무도 없을 것이다. 이들은 상상을 통해 꾸며진 이야기지만, 원형적인 스토리를 갖추고 있음으로 해서 사람들의 마음속에 생생하게 기억되면서 언제든 되살아나고 있다.

내 마음속에 생생하게 남아 있는 원형적인 이야기는 무엇인가?

이야기는 그 영역이 넓고 형태가 다양하다. 서로 특성을 달리하는 수많은 종류의 이야기들이 어울려 있다. 사실을 전하는 이야기가 있는가 하면 꾸며낸 이야기가 있고, 일시적으로 떠도는 이야기가 있는 한편으로 오랜 세월을 두고 대대로 이어지는 이야기가 있다. 말로 된 이야기와 글로 된 이야기가 있으며, 영상 매체 등을 통해 시청각 형태로 발현되는 이야기가 있다.

이야기의 다양한 종류를 개략적으로 정리해 보면 다음과 같다.

	사실적인 형태	허구적인 형태
말로 된 것	경험담(생애담), 실화(말), 일화, 가십gossip, 사화(역사 이야기) 등	신화, 전설, 민담, 우화, 만담, 풍문rumor, 우스개joke, humor 등
글로 된 것	수기, 전기, 일기, 수필, 실화(글), 르포, 실록, 역사, 회고록 등	문헌설화, 동화, 소설, 콩트, 판타지, 희곡, 서사시, 시나리오 등
시청각 형태	다큐멘터리, 재연 드라마, 리얼리티 프로그램, 방송 리포트report 등	만화, 텔레비전 드라마, 연극, 영화, 애니메이션, 뮤직비디오, 컴퓨터게임, 포스터, 뮤지컬, 발레, 오페라 등

이야기가 사는 곳

- 대화
- 책
- 인터넷 공간
- 텔레비전 등 대중매체
- 현장의 문화 공간
- 일상의 삶의 공간

우리의 일상생활은 갖가지 이야기로 점철돼 있다. 사람들이 서로 만나면 대화를 나누게 되는데 그 속에 흥미롭고 신기한 '이야기(스토리)'가 빠질 수 없다. 전통적으로 이야기 소통의 통로 구실을 해 온 서적의 경우에도 동화나 소설 같은 문학서 외에 역사서나 수필집 등 여러 종류의 책 속에 이야기가 깃들어 있다.

현대인의 새로운 생활의 장이 된 인터넷에 있어서도 이야기는 당당한 주역을 이루고 있다. 매일 무수하게 올라오는 뉴스와 각종 게시물(게시판 글, 방명록 글 등) 속에 이야기가 홍수를 이루고 있으며, 각종 영상물이나 게임 안에도 이야기가 깃들어 있다. 인터넷에 접속하는 시점은 곧 새로운 이야기와 만나는 순간이라고 해도 과언이 아니다.

한편, 현대의 대표적인 대중매체인 텔레비전의 경우에도 곳곳에 이야기가 담겨 있다. 드라마와 코미디, 다큐멘터리, 뮤직비디오, 광고, 각종 쇼 프로그램 등에 두루 스토리가 개입되어 있다. 현장의 문화 공간 또한 예외가 아니다. 연극이나 영화, 뮤지컬, 기타 각종 공연물의 바탕에 스토리가 흐르고 있다. 거리를 지나며 만나는 수많은 광고와 포스터에도, 시장에서 매매되는 갖가지 상품 속에도 이야기는 깃들어 있다.

현대의 문화생활 속에 '이야기'가 깃들어 있는 최신의 사례를 찾아서 그 특징을 말해 보자.

이야기의 힘

세상이 갖가지 이야기로 가득 차 있는 데는, 그리고 나날이 새로운 이야기가 산출되고 있는 데는 이유가 있다. 이야기가 굉장한 힘을 가지고 있기 때문이다. 이야기가 세상 모든 존재에 생명력을 불어넣는다고 말했거니와, 이야기의 호소력과 영향력은 놀라운 데가 있다. 이야기(스토리)가 가장 효과적인 전달과 소통의 방법이라고 하는 것이 전문가들의 일치된 견해다.

이야기의 힘을 잘 보여주는 사례들을 살펴본다. 먼저 자기 자신을 나타내는 이야기의 사례다.

스킵이 전한 '테니스화 이야기'의 어떤 요소가 주주들로 하여금 미소를 짓게 했는지 말해 보자.

'어떻게 해야 저들을 내 편으로 만들지?'

스킵은 못 미더운 눈초리로 자신을 쳐다보는 주주들을 바라보았다. 그리고 '그들에게 어떤 확신을 심어줘야 리더로서 나를 받아들일 수 있을까'에 대해 심각하게 고민했다. 사실 그는 아주 불리한 입장에 놓여 있었다. 서른 다섯의 나이에도 불구하고 열세 살 난 개구쟁이 소년처럼 어려 보이는 외모와, 재벌 3세라는 그의 신분은 주주들에게 신뢰를 주지 못할 것이 뻔했다.

주주들에게 비춰진 그는 부모를 잘 만난 덕에 어디서 나이 서른이 되도록 신나게 놀다가, 갑자기 낙하산(?)을 타고 내려와 아무런 수고도 없이 머리를 차지하겠다는 파렴치한이었던 것이다. 주주들은 스킵을 리더로 받아들이겠다는 것보다 더 끔찍한 재난은 없을 거라고 생각했다. 스킵 자신도 주주들의 그런 생각을 짐작할 수 있었다. 이 난관을 헤쳐나가기 위해, 스킵은 자신이 겪었던 에피소드 하나를 말하기로 마음먹었다.

저의 첫번째 직업은 선박 건조회사에서 전기 배선도를 설계하는 일이었습니다. 모든 일이 다 그렇지만, 배선도를 그리는 일은 특히 정확해야 하죠. 유리 섬유가 틀에 부어지기 전에 전선이 제 위치에 정확히 놓이지 않으면, 단 한번의 실수로 몇 백만 달러의 손해를 볼 수도 있으니까요. 스물다섯의 나이에 이미 학사 학위를 두 개나 딴 저는 늘 선박 속에서 살다시피 했습니다. 그러다 보니 솔직히 자만에 차, 배선도 설계에 약간 부주의해졌구요.

그런데 어느 날, 이른 새벽에 시간당 6달러짜리 일꾼이 저에게 전화를 걸어 "이 배선도 정확하게 그린 거 맞습니까?”라고 물었습니다. 저는 몹시 화가 났습니다. 학사 학위를 2개나 가진 제가 그린 배선도가 시간당 6달러짜리 일꾼에게 정확성을 의심받고 있었으니까요. “물론 정확하고말고! 걱정 말고 유리 섬유나 제대로 붓기나 하시오!”

한 시간쯤 뒤에 그 일꾼의 감독이 제게 전화를 해서 다시 잠을 깨우더니 물었습니다. “이 배선도가 정말 맞습니까? 확실합니까? 혹시 다른 것과 바뀌진 않았습니까?” 저의 인내심은 바닥을 드러내고 있었습니다. “한 시간 전에도 정확하다고 말했고, 그 사실은 지금도 변함없소.”

결국에는 사장이 전화를 걸어와, 저는 침대를 박차고 현장으로 달려갔습니다. 현장에 도착하자마자 저는 저에게 맨 처음 전화를 했던 그 일꾼을 만나야 했습니다. 제 배선도의 정확성에 시비를 건 그 일꾼을 도저히 용서할 수가 없었기 때문이었죠. 그는 머리를 한쪽으로 기울인 채 제가 그린 배선도를 보면서 앉아 있었습니다. 치밀어 오르는 화를 억누르면서 저는 그에게 배선도를 설명하기 시작했습니다. 하지만 몇 마디도 하기 전에, 목소리가 작아지더니 제 머리도 한쪽으로 기울어지기 시작했습니다. 그리고 제 얼굴은 벌겋게 달아오르기 시작했습니다. 배선도의 잘못된 부분을 마침내 발견한 것이죠. 그런 바로…, 왼손잡이인 제가 우현과 좌현을 바꿔 그렸던 겁니다! 그래서 거울에 비친 것처럼 선박이 정확히 대칭이었습니다. 고맙게도 그 시간당 6달러짜리 일꾼이 너무 늦기 전에 제 실수를 바로잡아 주었던 것입니다.

다음날, 상자 하나가 제 책상 위에 놓여 있었습니다. 그 안에는 색깔이 다른 테니스화 한 켤레가 들어 있더군요. 그 일꾼이 다시는 이런 실수를 저지르지 말라고 제게 주었지 뭡니까. 그 후, 배선도를 그릴 때면 저는 혼동이 일어나지 않도록 빨간 신발은 좌현에 놓고, 초록색 신발은 우현에 놓습니다. 그러나 이 테니스화가 우현과 좌현에 대한 혼동만을 바로잡아 준 건 아닙니다. 어떤 일이 일어나고 있는지 정확하게 파악하고 있다고 생각할 때조차, 다른 사람들의 말에 귀기울여야 한다는 사실을 잊지 않도록 해주었습니다.

빨간색과 초록색 테니스화가 한 짝씩 들어 있는 신발 상자를 스킵이 번쩍 집어들자, 주주들의 얼굴에는 미소가 번졌다. '저 젊은 벼락 출세자가 교만에 관한 교훈을 배웠다면, 회사 운영에 대해서도 몇 가지 배웠겠지……'

맞습니다. 전 부자인 데다가 아주 젊죠. 게다가 얼마 전에는 당신들 회사의 경영을 장악할 만큼의 주식을 사들이기까지 했습니다. 하지만 걱정하지 마십시오. 저는 혼자 잘난 체하는 사람이 절대 아닙니다. 저를 믿어주세요.

물론 스킵이 이렇게 말할 수도 있었다. 의미만 따져 보자면, 그가 말했던 테니스화 이야기와 동일한 메시지를 전하고 있다. 하지만 테니스화 이야기에 담긴 호소력과 '믿어주세요.'라고 직접적으로 말할 때의 그것은 그야말로 '하늘과 땅 차이'이다.

_ 아네트 시몬스, 2001 : 21-24

한 편의 재미있고 인상적인 이야기는 어떠한 장황하고 논리 정연한 언술보다 더 많은 것을 효과적으로 전하여 상대의 마음을 움직인다.

흔히 이야기가 사람들의 감성을 자극함으로 해서 효과를 발휘한다고 하는데, 이 설명은 충분한 것이라 하기 어렵다. 이야기 속에는 감성과 논리가 한데 어우러져 있다. 그것은 구체적이고 총체적이며, 다차원적이다. 인간과 삶을 본 모습 그대로 담아 낸다. 좋은 이야기는 인간과 삶을 진실하고 정확하게, 함축적이면서 의미심장하게 모방한다. 그리하여 인간과 삶에 대하여 마음을 열게 한다.

이야기의 힘 ❶

감성과 논리를 결합한 이야기는 마음을 움직인다.

이야기의 힘을 보여주는 사례는 현대 대중문화 속에서도 얼마든지 찾을 수 있다. 캐릭터를 통해 그 단면을 살펴보기로 한다.

이야기의 힘 ❷
이야기 속 캐릭터를 살아 있게 만든다.

위에 네 개의 캐릭터가 있다. 이 가운데 우리 마음을 이끌어서 정서적 반응을 일으키는 캐릭터는 어떠한 것일까? 사람에 따라 다소간의 차이는 있겠지만, 위의 두 캐릭터에 비해 아래의 두 캐릭터(둘리와 뮬란)가 더 친근하게 다가오며 많은 상상과 정감을 불러일으킬 것이다. 이러한 반응은 캐릭터의 표상 대상이나 미적 완성도에 의한 것이 아니다. 표상의 대상으로 치면 현실 사회 속에 실재하면서 우리 삶을 돕는 소방관이 더 가까울 수 있고, 그림 자체의 매력으로 보면 두 번째 캐릭터가 뒤의 것들에 못지않다. 그럼에도 이들과 달리 '둘리'나 '뮬란' 캐릭터가 살아 다가오는 것은 그 형상에 이야기가 어울려 있기 때문이다. 사람들은 둘리를 보는 순간 그가 '도우너'나 '마이콜' 등과 어울려 사고를 치며 길동 아저씨를 골려먹는 이야기를 떠올리면서 즐거움을 느끼게 된다. 뮬란 또한 마찬가지다. 조금 낯설고 이상한 외모를 지닌 캐릭터이지만, 그가 아버지를 대신해 오랑캐와의 전쟁에 나서 죽을 고비를 넘기며 분투하는 이야기를 떠올리면서 사람들은 그와 깊은 정서적 교감을 나누게 된다. 요컨대, 이들 캐릭터는 '이야기'를 통해서 고유한 정체성과 생명력을 부여받고 있다. 이야기는 캐릭터를 의미 있게 살려내는 핵심 요소가 된다.

다른 예를 통해 부연해 본다.

앞의 것은 서울 광진구에서, 뒤의 것은 충북 단양군에서 지역의 상징으로 사용하는 캐릭터들이다. 이들 캐릭터에 대해서는 무엇을 나타낸 것인지 아는 사람도 있고 그렇지 못한 사람도 있을 것이다. 그 내용을 모르는 사람들이라면 아마도 "저게 뭐야?" 하면서 무심히 지나치게 될 것이다. 앞의 캐릭터에 대해서는 "왕자하고 공주인가? 귀엽네." 하는 정도로, 뒤의 캐릭터에 대해서는 "이건 뭐야? 이상하게 생겼군." 하는 정도로 넘어갈 것이다. 하지만 이들이 우리가 잘 아는 이야기의 주인공이라는 사실을 아는 순간, 곧 이들이 온달과 평강공주를 나타낸 것이라는 것을 아는 순간 사람들의 반응은 달라지게 된다. 바보 온달에 얽힌 '이야기'를 떠올리면서 캐릭터와 정서적 소통을 시작하게 되는 것이다. "저게 온달과 평강공주란 말이지! 재밌는걸!" 이런 반응과 함께 캐릭터에 대한 평가도 달라진다. 예컨대, 좀 낯설고 이상한 모습이라고 여겼던 뒤의 캐릭터가 온달에 더 잘 어울린다고 생각하면서, "온달이 지금 뭘 들고 있는 거야? 온달이 평강공주랑 살면서 버섯을 따 먹었나?" 하는 식으로 이야기에 얽힌 즐거운 상상으로 접어들게 되는 것이다. 이야기에 힘입어 캐릭터가 살아나는 순간이다.

최근에는 문화 예술뿐만 아니라 기업 경영에 있어서도 스토리를 통한 마케팅에 대한 관심이 증대되고 있다. 기업이나 상품의 이미지를 높이기 위한 다양한 형태의 스토리텔링 마케팅 기법이 개발되고 있다. 상품 광고에 다양한 스토리를 적용하고 있고, 창업이나 상품에 얽힌 유래담이나 일화, 소비자들의 경험담과 입소문(루머) 등을 홍보의 수단으로 적극 활용하고 있다. 그러한 이야기들이 발휘하는 효과는 일반적 상상을 넘어선다.

이야기의 힘 ❸
상품을 사게 하고 기업, 단체의 이미지를 만든다.

다음은 어느 주류 회사에서 새로운 제품을 홍보하면서 사용했던 스토리의 사례다.

〈백세주 이야기〉

옛날 한 선비가 길을 가던 중
어떤 젊은 청년이 늙은 노인을 때리고 있는 것을 보고
"너는 어린 것이 어찌 노인을 때리는가" 하고 꾸짖자
그 청년이 대답하기를
"이 아이는 내가 여든 살에 본 자식인데
그 술을 먹지 않아 나보다 먼저 늙었소이다" 하였다
선비가 그 청년에게 절하고 그 술이 무엇이냐고 물은즉
구기자와 여러 약초가 들어간 구기백세주라 하였다.

이 회사는 새로운 제품을 홍보함에 있어 각 음식점마다 그릇 받침용으로 광고지를 제공하였는데, 거기 젊은 청년이 늙은 노인의 종아리를 회초리로 때리는 그림과 함께 위 이야기를 적어놓았다. 먹을수록 젊어진다고 하는 '젊어지는 샘물' 화소話素를 적용한 이야기인데, 그 효과가 적지 않았다. 이야기 자체는 설화적 과장이 심한 것이지만, 해당 제품이 '몸에 좋다'고 하는 인식을 심어주는 데는 이만큼 효과적일 수 없었다. 사람들은 이야기를 즐겁게 받아들이면서(이야기이니까!) "이 술이 정말 몸에 그리 좋단 말이야? 한번 먹어볼까?" 하면서 구매에 나섰던 것이다. 이 술이 '건강을 증진한다'는 식으로 직설적으로 광고했을 경우와 비교해 보면 — 만약 그리했다면 소비자를 설득하기는커녕 판단을 오도하는 과장 광고로 치부

되었을 공산이 크다 — '이야기'가 얼마나 효과적으로 사람들의 마음을 움직이는지 잘 알 수 있다.

이야기를 통한 마케팅의 사례는 우리 주변 가까운 곳에서도 많이 찾아볼 수 있다. 2005년에 어린이대공원의 코끼리가 탈출하여 건국대학교 주변의 음식점을 습격한 일이 세간의 화제가 되었는데, 그 음식점은 뒤에 그 이야기를 마케팅에 활용함으로써 널리 유명세를 누렸다.

코끼리 습격받은 음식점 '대박' [연합뉴스 2005-05-21]

(서울=연합뉴스) 임화섭 기자 = 어린이대공원 코끼리 난동으로 피해를 입었던 음식점이 코끼리 덕에 유명해져 호황을 맞고 있다.

한 달 전 코끼리 3마리가 난입해 난장판이 됐던 서울 광진구 모진동 음식점 '미가'가 간판을 '코끼리 들어온 집 미가'로 바꾸고 성업중이다.

21일 음식점 주인 금택훈(45 · 여) 씨에 따르면 이 식당은 원래 '미가'라는 간판을 내걸고 영업해 왔으나 지난달 20일 어린이대공원에서 탈출한 코끼리 6마리 중 3마리가 이 식당에 난입해 스동을 벌인 이후 상호를 이렇게 바꾸고 가게 간판에 코끼리 3마리를 그려넣었다.

당시 코끼리들은 음식점 안에 있던 당근 등을 집어먹으면서 탁자, 오토바이, 유리창 등을 마구 부숴 피해가 컸으나 공연사로부터 받은 피해보상금에 돈을 더 보태 리모델링 작업을 하고 상호를 바꾼 뒤 유명세를 타면서 손님이 더욱 늘어났다고 금씨는 설명했다.

현재 가게 내부에는 금씨의 시아버지가 선물한 조그만 코끼리 조각품이 놓여 있으며 메뉴 중에는 7천 원짜리 백반인 '코끼리 정식'도 있다.

금씨는 "전화위복을 가져다 준 코끼리들의 사진을 식당 벽에 걸어 놓고 기념할 생각"이라고 말했다.

이 식당의 벽에는 실제로 코끼리가 음식점에 들어올 당시의 사진들이 여러 장 걸려 있다. 식당을 찾는 손님들은 아직까지도 당시의 사건을 떠올리며 즐거운 이야기꽃을 피우곤 한다. 이야기가 어떻게 사람들의 마음을 잡아끌면서 즐거움을 전해주는지를 잘 보여주는 사례라 할 만하다.

기업체나 가게만이 아니다. 학교를 포함한 여러 기관 단체에 있어서도 이야기를 통한 정체성 표출과 이미지 개선 활동은 중대한 과제로 떠오르고 있다. 단 한 편의 이야기가 이미지를 결정적으로 높이기도 하고 해치기도 한다.

실향민 이순덕 씨, 4억 건물 기증 이어 건대에 2억 또 전달[동아일보 2006-01-18]

"학생들 덕분에 돈을 벌었으니 베풀어야지."

70대 실향민인 이순덕(79 · 사진) 할머니가 17일 건국대에 2억 원을 추가로 기증했다. 그는 지난해 1월에도 이 학교에 4억 6000만 원 상당의 건물을 기증했다.

이 씨는 "가정 형편이 어려운 학생을 위해 써 달라"고 말했다.

그가 이날 기증한 돈은 통일이 되면 북에 두고 온 2명의 여동생을 위해 쓰려고 남겨 두었던 것.

황해도 연백에서 태어난 이 씨는 6 · 25전쟁 때 강화도로 내려왔으며 1960년대 초부터 건국대 후문 앞에서 40여 년간 담배장사를 하며 돈을 모았다.

이 씨는 지난해 1월 14일 "학생들에게서 번 돈을 학생들에게 되돌려 주고 싶다"며 평생 담배를 팔아 번 돈으로 마련한 2층 건물을 건국대에 기증했다.

5년 전부터 파킨슨병을 앓던 이 씨는 "통일이 되면 두 여동생이 함께 살 집 한 채를 마련해 주려고 마지막까지 남겨 둔 재산이었다"며 "몸이 마비될 정도로 건강이 악화된 상태에서 통일이 되기만을 기다릴 수 없어 마지막 남은 재산을 내놓기로 했다"고 말했다.

건국대는 할머니가 2억 원을 기증한 것을 기념하기 위해 교내 산학협동관 3층 소강당을 '이순덕 기념 강의실'로 이름 짓고 18일 명명식을 열기로 했다. 또 통일이 돼 이 씨의 여동생 2명과 연락이 닿을 경우 이번에 기부한 2억 원에 대한 법정이자를 매달 보내주기로 이 씨와 약속했다.

신문과 방송에 널리 보도되어 화제가 되었던 이야기다. 이 이야기의 주인공 이순덕 할머니가 건국대학교에 기부한 재산은 6억여 원이지만, 실질적 파급 효과는 그 몇 배, 몇십 배에 달한다. 학교의 이름이 대중매체에 널리 노출된 데 따른 홍보 효과만이 아니다. 그것은 다양한 방식으로 학교의 이미지와 연결된다. "건대 학생들이 할머니한테 잘 했나봐. 그러니까 이렇게 재산을 다 기부하셨겠지." "건대 학생들이 원래 착하잖아!" "요즘 건대에 좋은 일 참 많더라." 이런 식으로 상상이 이어지고 이야기가 연결되면서 학교 이미지가 높아지는 효과가 나타난다. 모 대학에서 재벌 총수가 수백억 발전기금을 출연한 후 명예박사 학위를 받으려다 학생들한테 저지당하여 수많은 뒷말과 후유증을 남겼던 일과 비교하면, 이러한 미담이 미치는 긍정적 효과가 얼마나 큰지 쉽게 가늠할 수 있을 것이다. 혹시라도 이것이 한때의 일로 스쳐갈 뿐이라고 생각할지 모르지만, 그렇지가 않다. 인상적인 이야기는 사람들의 마음속 깊이 새겨지는 것이어서 그 효과가 생각보다 멀고 깊게 이어진다.

이 모든 것이 '남의 일'이 아니다. 우리 자신이 곧 이야기적 삶의 주체다. 생활 주변에서 좋은 이야기를 발견해 내고, 상상을 통해 새로운 이야기를 만들어 내며, 스스로 이야기의 주인공이 되는 행위를 통하여 우리 모두는 당당히 이 세상의 주역이 될 수 있다. 지금 나 자신이 펼쳐 내고 있는 이야기적 삶은 어떤 모습을 하고 있는지, 관심 깊게 돌아볼 일이다.

이야기의 힘 ❹
마음속 깊이 새겨져 우리의 삶을 의미 있게 한다.

이야기의 원리와 구조

이야기의 기본 요소
- 사건
- 인물
- 시공간적 배경

이야기(서사; 스토리)를 이루는 기본 요소가 무엇인가 하면, '사건'이다. 행위에 따른 상황의 변동이 사건 성립의 기본 요소가 된다. 행위가 없고 사건이 없는 이야기를 상정하기 어렵다. 그런데 그 사건은 또 다른 요소를 수반하게 되어 있다. '누구'에 의하여 '언제 어디서' 이루어진 사건인가의 문제다. 흔히 말하는 '인물'과 '배경'이다. 이들이 사건과 더불어 이야기의 기본 요소가 된다. 정리하면, 일정한 배경 속에서 특정 인물(주체)에 의해 펼쳐지는 모종의 사건을 풀어 내는 언술이 이야기(서사; 스토리)라고 할 수 있다.

하지만 인물과 배경이 설정되고 사건이 펼쳐지면 곧 이야기로 성립되는 것은 아니다. 그것들이 지나치게 단순하거나 일상적이어서는 이야기가 될 수 없다. 펼쳐지는 사건에, 또는 인물이나 배경에 무언가 특별한 자질이 있어야만 비로소 이야기로서 의의를 발현할 수 있다.

> 지난 몇 세기 동안 지구상에 수많은 사람들이 살다가 죽었다. 오늘날도 수많은 사람들이 살고 있다. 앞으로도 또 다른 수많은 사람들이 태어나 이 세상을 살게 될 것이다.

위의 언술에는 인물과 배경, 사건이 없지 않다. 이 세상이라는 넓은 공간과, 한둘이 아닌 수많은 사람들이라는 행위 주체가 있으며, 사람이 태어나서 삶을 영위하다가 죽는다고 하는 크나큰 일이 담겨 있다. 하지만 위의 언술은 이야기가 될 수 없다. 그 내용이 지나치게 일반적이고 평범하여 특별한 점이 없기 때문이다.

어떤 언술을 이야기(스토리)로 살아나게 하는 특별한 자질이란 어떤 것일까? 쉽게 말하면 거기 사람들의 관심을 끌 만한 낯섦이 있어야 한다. 그를 통해 사람들의 정서적 반응을, 재미와 긴장, 감동과 놀라움 같은 것을 불러일으킬 수 있어야 한다. 그러한 '특별함'은 인물과 사건, 배경 등의 제 요소에서 다양한 방식으로 설정될 수 있다. 예컨대 '세상에 사람이 살다/죽다'라는 평범한 언술은 다음과 같은 방식으로 특별한 언술이 될 수 있다.

_ 마법사가 살다
_ 무인도에서 살다
_ 죽었다가 살아나다

언술을 특별하게 만드는 조건

- 놀랍고 신기한 존재물
- 상상과 호기심을 불러일으키는 사건

위 언술들은 아주 단순한 것이지만, 특별한 요소를 갖추고 있다. 마법사의 존재는 그 자체로 관심과 놀라움의 대상이 되면서 이어질 사건을 기대하게 한다. 누군가가 무인도에 산다는 것 또한 마찬가지다. 어떻게 생존하면서 어떤 행동 양태를 보일 것인가에 대한 관심과 상상을 촉발한다. 누군가가 죽었다가 살아났다는 것도 그러하다. 어떻게 살아난 것일까, 죽었을 때 어떠했을까 하는 등의 호기심을 일으키며 사람들의 마음을 이끈다.

이처럼 사람들의 관심을 환기하여 정서적 반응을 일으키는 서사 요소들을 일컬어서 화소話素(motif)라 한다. 이러한 화소들이 서로 연결됨으로써 이야기가 성립되게 된다. 가령, 다음과 같은 식이다.

옛날 어느 나라에 무시무시한 힘을 가진 마법사가 있었다. 그 힘을 두려워한 사람들은 천신만고 끝에 그 마법사를 절해고도 무인도에 유폐시키는 데 성공했다. 마법사는 무인도를 벗어나려 발버둥을 치다가 끝내 숨을 거두고 말았다. 사람들이 세상에 대한 위협이 사라졌다고 안도했으나, 오산이었다. 마법사는 죽음의 세계에서 악의 힘의 단련을 받으며 몇 배 무서운 존재로 거듭났다. 그가 자신을 쫓아낸 나라에 나타난 순간, 세상 가득 잿빛 어둠이 내렸다. ……

서사 구조의 구분

- 순차적 구조
  이야기의 시간적 진행에 따른 서사 요소의 유기적 짜임이다.
- 병립적 구조
  이야기의 바탕에 깔려 있는 대립적 의미의 상관관계이다.

여러 화소들이 연결되어 한 편의 이야기를 이루는 데는 일정한 원리가 있다. 그 중 핵심적인 사항이 무엇인가 하면, 이야기 요소들이 일정한 구조構造를 형성한다는 것이다. 이야기의 구조를 일컬어 서사 구조라고 하는데, 크게 순차적 구조와 병립적 구조로 나뉜다. 순차적 구조는 '결핍–결핍의 해소', '금기–위반–위반의 결과', '운명의 탐지–도피 시도–운명 극복' 등과 같이 이야기의 시간적 진행에 따른 서사 요소의 유기적 짜임을 의미한다. 그리고 병립적 구조는 진행 순서와 상관없이 이야기의 바탕에 깔려 있는 '생生/사死', '선善/악惡', '천天/지地', '남男/녀女', '귀貴/천賤', '화禍/복福' 등의 대립요소가 형성하는 상관관계를 일컫는다. 한 편의 이야기는 순차적 구조와 병립적 구조를 통해 서사적 재미와 의미를 구현하게 된다.

민담 folktale

민간에 전해오는 흥미로운 옛날이야기

이야기(스토리) 가운데도 가장 전형적인 형태라 할 수 있는 민담民譚을 통해 이야기의 서사 구조를 구체적으로 살펴보기로 한다. 세계적으로 유사한 이야기가 널리 전승돼 온 뱀신랑 유형의 민담을 본다.

A. 예전에 세 자매가 짝 없이 처녀로 살고 있었다.
B. 그 이웃집에 사는 할머니가 구렁이 아들을 낳았다.
C. 위의 두 딸이 징그럽다고 피했으나 셋째 딸은 신선비라며 칭찬하였다.
D. 막내딸은 구렁이에게 시집을 갔다.
E. 구렁이가 목욕을 하고는 훌륭한 신랑으로 변신하였다.
F. 신선비가 아내에게 뱀 허물을 잘 간직하라고 하였다.
G. 동생을 시기한 언니들이 몰래 뱀 허물을 태웠다.
H. 신선비가 집을 떠나 돌아오지 않았다.
I. 아내가 길을 떠나 신선비 사는 집을 찾아 묵으면서 노래로 사정을 호소하였다.
J. 신선비가 아내를 받아들여, 함께 행복하게 살았다.

위 내용은 우리나라에 널리 전해지는 〈구렁덩덩 신선비〉 이야기의 짜임새를 화소를 중심으로 하여 정리한 것이다. 이야기 주인공인 셋째 딸에 초점을 맞출 때, 이 설화의 순차 구조는 어렵지 않게 파악된다. 짝이 없이 사는 '결핍'의 상황(A)으로부터 해결의 실마리를 찾아서(B~C) 결혼에 성공하여 '결핍의 해소'가 이루어지는 것(D~E)이 하나의 흐름(시퀀스)을 이룬다. 이어서 금기(F)를 위반(G)한 결과로 시련에 처했다가(H), 그 결과로부터의 도피(I)를 시도하여 결핍의 완전한 해소(J)에 이르는 흐름을 통해 서사 구조가 완결된다. 곧 이 설화의 순차적 구조는 다음과 같이 요약할 수 있다.

설화의 시퀀스 sequence
긴밀한 관련 속에 연속되는 사건의 흐름이다.

시퀀스 1 : 결핍 – 해결의 시도 – 결핍의 해소(임시)

↓

시퀀스 2 : 금기 – 위반 – 위반의 결과 – 해결의 시도 – 해결과 결핍의 해소(완전)

이상에서 드러난 바와 같이 이 설화는 한 평범한 여성이 시련을 거치면서 훌륭한 배필과 행복한 삶을 성취하는 과정을 보여주고 있다. 좋은 배필과 행복한 삶에 대한 소박한 꿈을 담아내고 있는 서사 구조가 된다.

〈구렁덩덩 신선비〉의 병립적 구조

- 신선비와 세 딸
  ↳ 남/녀, 성/속
- 막내딸과 두 언니
  ↳ 선/악, 유능/무능, 행/불행
- 신선비
  ↳ 표면/이면,
  징그러움/훌륭함

한편, 이 설화의 바탕에는 몇 가지 대립 요소가 맞물려서 병립적 구조를 형성하고 있다. 신선비와 세 딸이 '남/녀' 및 '성聖/속俗'의 대립 관계를 이루며, 막내딸과 두 언니도 '선/악'(또는 유능/무능)으로서의 대립 관계를 맺고 있다. 거기에 신선비가 그 자체 '표면(징그러움)/이면(훌륭함)'의 양면성을 지니고 있다는 점이 중요한 변수로 작용하고 있다.

이러한 여러 요소가 서사적 흐름과 맞물리는 가운데 이 설화는 또 다른 차원의 의미를 드러낸다. 막내딸이 두 언니와 달리 표면의 모습 대신 이면의 본성을 선택하는 데서, 감춰진 미덕의 가치를 중시하는 세계관이 표출된다. 막내딸만이 신선비의 진정한 모습을 보았거니와, 대상의 진가를 인식한 사람이 그것을 가지게 되는 것은 당연한 이치이다. 막내딸과 두 언니의 다툼을 통해서는 선과 악의 대립 갈등으로서의 인간의 삶이 문제시되기도 한다.

그런가 하면 신선비가 금기를 내리고 또한 일방적으로 길을 떠나는 데서 세속에 대한 신성의 우위, 또는 여성에 대한 남성의 우위가 문젯거리로 부각되고 있다. 이와 같은 여러 대립요소들이 복합적으로 작용하는 가운데 주인공의 '행幸/불행不幸'이 엇갈리는 것이 이 설화의 구조적 특성이 된다. 이렇게 병립적 구조를 분석함으로써 우리는 행복에 대한 소박한 꿈을 성취하기 위해서는 이러한 갖가지 요소를 감당해 나가야 한다는 인식이 이 설화 속에 새겨져 있음을 알 수 있다.(강등학 외, 2000 : 182-184)

이야기를 엮어나감에 있어서는 인물과 사건, 시공간 배경과 사물 등의 제 요소에 대립항을 적절히 배치하고 그것의 순차적 연관 관계를 정교하게 설정함으로써 서사적 완전성을 갖추는 것이 필요하다. 그러한 구성을 통해 인간과 삶에 얽힌 의미를 함축적으로 형상화하는 것이 이야기 창조의 기본 원리가 된다. 위에서는 허구적 요소가 짙은 설화를 대상으로 그 구조를 살펴보았으나, 사실에 바탕을 둔 이야기의 경우에도 그 원리는 다르지 않다. 삶 속에서 무언가 낯설고 특별한, 많은 의미를 함축하고 있는 요소를 잘 찾아내어 그것을 유기적으로 조직할 때 좋은 이야기가 성립되어 삶의 유의미한 반영이 이루어지는 것이다.

어떻게 하면 이야기를 잘 지어낼 수 있을까?

문제는 이야기 구조를 꿰뚫어보는 일이 만만치 않으며, 그 원리와 구조를 실제적인 이야기 창조에 적용하는 일은 더욱 어렵다는 사실이다. 그러한 재능을 타고났거나 또는 살아오면서 능력을 얻은 사람도 있지만, 그렇지 못한(또는, 스스로 그렇지 못하다고 여기는) 사람들이 또한 많다. 특별한 비법은 따로 없다. 좋은 이야기를 널리 접하고 다양하게 분석해 보는 과정을 통해 이야기와 친해질 필요가 있다. 이야기와 친해지면 자연스럽게 이야기 창조의 길이 열리게 되어 있다.

좋은 이야기를 찾는 방법은 무엇일까?

세상의 수많은 이야기들 속에서 좋은 이야기를 찾는 방법으로는 검증된 이야기를 찾아보는 것이 현명한 선택이라 할 수 있다. 시공간의 한계를 넘어 수많은 사람들에 의해 수용되고 재생되어 온 이야기들 말이다. 신화나 전설, 민담, 우화 같은 전통 설화가 그러하며, 명작으로 인정받는 동화와 소설 등도 이에 해당한다. 작품성을 인정받은 연극이나 영화 같은 것도 좋은 자료가 된다. 어떤 이야기가 사람들한테 널리 인정받으며 시공간을 넘어서 생명력을 발휘하는 것은 거기 특별한

신화와 민담
이야기의 이치를 깨닫게 하는 유용한 자료라 할 수 있다.

무엇인가가 있기 때문이다.

이들 가운데도 다시 골라 본다면, 구체적 묘사나 연출 등을 통해 이야기를 특별하게 가공함으로써 작품성을 확보하게 되는 소설이나 영화 쪽보다 이야기 자체로 승부하는 설화 쪽에 대한 관심과 경험이 유용하지 않을까 한다. 이야기의 원리와 의미 구조를 간명하고도 정확하게 드러내 보이는 것이 바로 신화와 민담 같은 원형적 설화라 할 수 있다. 국내외의 다양한 신화와 민담을 폭넓게 경험하면서 그 구조를 파악하고 의미를 음미해 나가다 보면 자연스레 이야기의 이치를 하나하나 깨달을 수 있게 될 것이다.

이야기의 이치를 제대로 깨우치는 데는 단지 이야기를 수용하고 분석하는 것만으로는 부족하다. 이야기는 직접 해 보아야만 자기 것이 된다. 같은 이야기를 열 번 이상 듣고서도 금세 잊어버리기 십상이지만, 다른 사람에게 한두 번이라도 들려준 이야기는 쉽게 잊히지 않는다. 무엇보다도, 이야기를 직접 구연하는 과정에서 알게 모르게 이야기의 묘리를 깨닫게 된다. 왜 서사의 흐름이 그렇게 이어지는지, 거기 어떤 의미가 담겨 있는지를 감지하게 된다는 것이다. 이야기의 구조와 의미를 경험적으로 체득하는 과정이거니와, 이는 새로운 이야기의 창조를 위한 밑거름이 된다.

자기가 알고 있는 '잘 짜여진 이야기'를 하나 구연하고 그 의미를 설명해 보자.

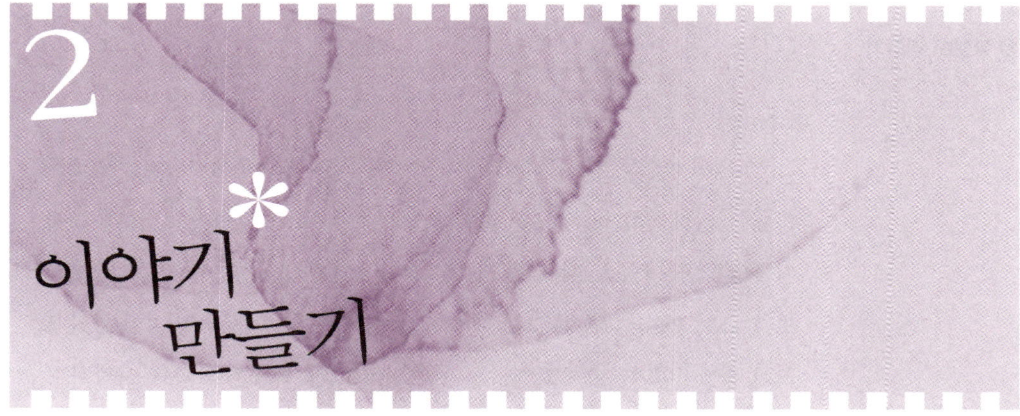

삶 속에서 이야기 찾아내기

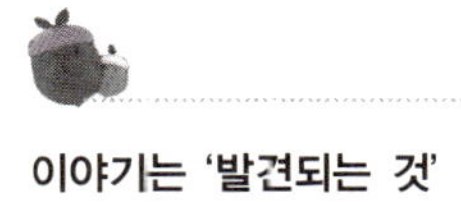

이야기는 '발견되는 것'

이야기를 엮어냄에 있어 처음부터 상상에 의한 허구적 창조를 무리하게 시도할 일이 아니다. 상상 외에 실제 생활 속에서 수많은 재미있고 특별한 이야기를 찾아낼 수 있다. 어찌 보면, 세상에 존재하는 이야기의 대다수는 '꾸며내는 것'이라기보다 발견하는 것이라고 말할 수 있다. 나 자신의 삶 속에서 남다른 이야깃거리가 될 만한 요소를 찾아내어 가다듬음으로써 세상에 없는 새로운 이야기를 산출할 수 있다.

그 누구라도 어린 시절의 삶 속에서 좋은 추억으로 남아 있는 이야깃거리를 갖고 있지 않은 사람은 없을 것이다. 그것을 잘 추스려 엮으면 그 자체 재미있는 이야기가 된다. 예컨대 다음과 같은 식이다.

● 학생의 이야기

어 내가 열 살 때, 음 여대생이 하숙을 했어요. 근데 제 기억으로는 그때는 키가 굉장히 크고 얼굴이 하얐던 여대생이 있었어요. 근데 그때 겨울방학이 되었을 때 저희 집에 그 외삼촌이 놀러를 오셨는데, 제가 보기에도 그때 외삼촌이 그때 대학교 한 삼학년인가 굉장히 인물이 좋았던 그런 형型이었거든요. 그런데 그 여대생이 아마 외삼촌을 좀 짝사랑하지 않았나 싶거든요. 그래 저는 몰랐었는데 맨날 저를 불러다가 뭐 재밌는 얘기두 해주고 굉장히 제게 호감을 주는 거예요. [청중: 웃음] 그래가지고 그때는, 속눈썹이 굉장히 길었던 걸로 기억이 되는데, 눈이 크고. 사람들이 가면서

"아 정말 속눈썹이 길고 예쁘구나. 얼굴도 어쩜 이렇게 하야니?"

대학생들은 다 그런가 보구나 했고. 그 또 맨날 내 손을 잡고 맨날 같이 자자고 그러고. 혼자 있으면 심심하다고. 그래서 절 또 좋아하는 줄 알았어요. [청중: 웃음] 어린 나이에 그때 뭐 예쁜 여대생 언니가 나를 굉장히 귀여워해 가지고 좋아하는구나.

어떤 날은 예쁜 털조끼를 뜨고 있는 거예요. 제 생각에 아마 그걸 저를 줄 줄 알고 굉장히 기대를 하고 '언제 갖다 줄까' 했었는데, 앞판을 다 뜨더니만 그거를 봉투에 이렇게 넣어서 쪽지에다가 '이 조끼가 완성되기를 원하느냐'고 이렇게 써가지고, [웃으면서] 외삼촌한테 갖다 주래요. [청중: 웃음] 그래서 제가 그 어릴 때는 별 생각 없이 그걸 갖다 줄까 해서 외삼촌한테 줬더니,

"아 이거는 그냥 갖다 주라"고 그래요.

생각에, 보니까 굉장히 예쁘게 떠진 거예요. [웃으며] 그거를 어떻게 이렇게 떴냐 하면서 제가 이렇게 조물조물하다가 실을 몇 개를 풀었어요. 그런데 이렇게 풀다가 보니까 안 되겠어. 어떻게 해야 할지 몰라서 다 풀었어요. [청중: 웃음] 그래서 그냥 그걸 뜬 거를 거의 다 풀어버린 거예요. 그래서 정말 미안하고 했는데, 그거 도로 넣어가지고

"외삼촌이 이렇게 줬다"고. [청중: 놀람과 웃음]

제가, 제가 풀었다고 그러면 그동안 참 귀여워했는데, 나한테 얼마나 실망할까 그래 가지고,

"외삼촌이 이렇게 그냥 줬다"고 해가지고 줬더니, 그거를 그 사람이 탁 풀어가지고 딱 보더니만 딱 뒤돌아서서 눈물을 탁 머금는데, 아 그때도 저는 속눈썹이 길어서 그런지 우는 것두 예쁘다고 [청중: 웃음] 생각을 했어요. 열 살 때니깐 철도 되게 없을 때죠.

근데 그 다음에 외삼촌이 그 다음다음날인가 부산으로 그냥 내려가 버리셨어요. 별 얘기도 없이. 그래 그 다음에는 한 달인가 있다가 그 여대생이 방학두 안 끝났는데 집에 내려가겠다고, 짐을 싸서 내려갔거든요.

그래서 내려갔는데, 지금 커서 생각해 보니까, 얼마나 상처를 받았을까 그런 생각이 들어요. 때때로 파란 색으루 짠 조끼를 볼 때마다 내가 함부로 풀어 버린 그 실, 굉장히 안타깝다는 생각이 들기도 해요. [청중: 웃음]

위 이야기는 어린 시절의 기억 속에서 소재를 찾아내 이야기로 엮어 전한 것이다. 철없는 어린 마음에 무심코 행한 일이 한 여대생에게 아픔을 준 사연인데, 상황이 절묘하고 생생하여 듣는 사람들한테 큰 반향을 일으켰다. 이야기를 한 화자도 어린 시절의 모습으로 되돌아가 깊은 감회를 나타냈다. 삶의 한 단면이 아련히 살아나는 순간이었다.

그냥 스쳐 지나갈 수 있는 일들은 이렇게 이야기로 재구성되어 전해지는 순간 생명력을 얻어 온전한 나의 이야기가 된다. 그리하여 나의 삶을 풍부하게 하며, 다른 사람들에게 즐거움을 준다. 돌아보면 누구라도 이러한 이야깃거리들은 다양하게 찾을 수 있을 것이다. 찾아서 잘 가다듬어 엮고 널리 소통할 일이다. 그리 하는 것과 하지 않는 것의 차이는 이루 말할 수 없이 크다.

이야기는 나날의 생활 곳곳에 깃들어 있다.

꼭 지난 시절에 얽힌 일만이 아니고 나 자신에 관한 일만이 아니다. 하루하루의 일상적 삶의 과정 속에서 겪고 보는 여러 가지 일들이 이야깃거리가 되며, 주변의 여러 사람들이 펼쳐 보이는 삶의 역정과 일화들이 좋은 이야깃거리가 될 수 있다. 마음을 먹고서 세상의 다양한 사람들이 펼쳐내는 갖가지 세상살이의 모습을 유심히 살펴보면 도처에서 이야기를 발견하게 될 것이다.

다음은 2004년 10월 박새봄이라는 대학생이 길을 가다가 본 모습을 자신의 미니홈피에 올린 이후 미담으로 세상에 널리 퍼져 수많은 사람들에게 따뜻한 감동을 전한 사연이다. 사진의 주인공인 '길지빈' 양은 지금까지도 많은 사람들의 마음에 아름다운 모습으로 기억되어 있다. 아마도 이 장면을 보고 그냥 무심코 지나쳤다거나 또는 사진을 찍고 글을 올리는 일을 하지 않았다면, 그 아름다운 감동은 묻혀 버리고 말았을

별다방에서 독해 문제랑 씨름하다가
2시간 만에 넉다운 되서
점심을 먹으러 나왔다
파리 바게트 앞을 지나가는데
어떤 언니가 구걸 하는 아저씨 앞에서
쭈그려 앉아 있는 걸 봤다

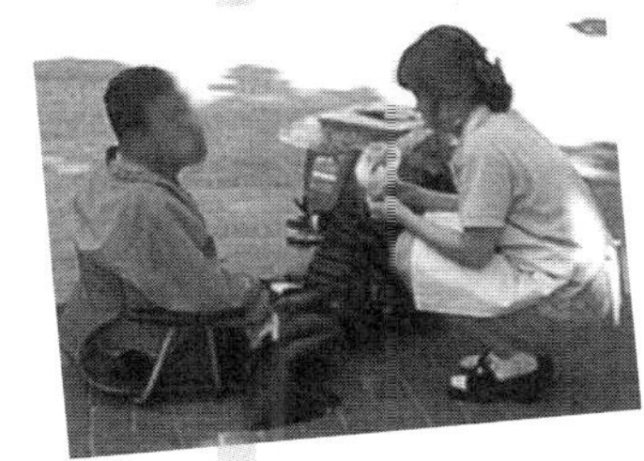

저 사람 앞에서 머 하는 거야 하고 가만히 봤더니
파리 바게트 종업원 언니가
아저씨한테 빵을 주고 있는 모습.
팔 다리 아무것도 못 쓰는 아저씨에게
한 입 크기로 떼어서 먹여주고 있는 걸 보고
마음이 뭉클.
언니, 복 받을 거에요

것이다. 다행히, 관심을 가지고 세상을 지켜보고 거기에서 소중한 무언가를 발견하여 글로 남긴 한 대학생의 행위를 통해 그 감동은 이렇게 크게 살아날 수가 있었던 것이다.

살펴보면 세상에는 수많은 사연들이 곳곳에 깃들어 있다. 그것을 마음 기울여서 살피고 갈무리하여 전하면 이렇게 여러 사람이 관심을 가질 만한 이야기가 된다. 그리고 그 이야기들은 단순한 이야기에 그치는 것이 아니라, 관심 방향에 따라 얼마든 다른 형태로 변형될 수 있다. 시나 소설의 소재로 삼을 수 있고, 연극이나 드라마 또는 다큐멘터리 — 예컨대 '인간극장' 같은 — 등으로 발전시킬 수 있다. 중요한 것은 눈을 크게 뜨고 귀를 크게 열어 이야깃거리를 발견하는 일이다. 그리고 그것을 표현함으로써 자기 것으로 삼고 다른 이들과 공유하는 일이다.

생활 속 사연의 적용 영역

- 인터넷 게시물
- 시, 소설, 수필
- 다큐멘터리
- 연극, 영화, 드라마

있는 이야기 변형하기

작품을 만드는 과정에 많은 시간이 걸리는데다 한번 완성하면 수정하기 쉽지 않은 소설이나 영화 등과 달리 이야기는 짧은 시간에 많은 작품을 만들 수 있고 자유롭게 수정할 수 있다는 특징을 지닌다. 스스로 엮어 낸 이야기뿐만 아니라 다른 사람이 전해 준 이야기도 여러 가지 형태로 변형할 수 있다. 인물을 바꾸어볼 수 있고 배경을 고쳐볼 수 있으며 사건을 다양한 방식으로 변형할 수 있다. 그렇게 함으로써 또 다른 재미있고 의미 있는 이야기를 산출할 수 있다. 흔히 말하는 패러디parody인데, 이야기의 영역이야말로 패러디의 원천이고 보고寶庫라 할 수 있다. 무한히 많은 형태의 이야기 패러디가 가능하다.

패러디

남의 문체나 운율을 익살스럽게 또는 조롱 삼아 흉내낸 시문

주인공이 아닌 다른 인물의 입장에서 이야기를 새로 구성해 보자.

- 콩쥐 팥쥐 (팥쥐의 입장에서)
- 장화홍련 이야기 (계모의 입장에서)
- 흥부놀부 이야기 (흥부 아내의 입장에서)
- 영화 〈배트맨〉 (조커의 입장에서)
- 영화 〈괴물〉 (괴물의 입장에서)

나는 늑대야. 이름은 알렉산더 울프. 그냥 알이라고 부르기도 해.

나는 도대체 모르겠어. 커다랗고 고약한 늑대 이야기가 어떻게 처음 생겨났는지. 하지만 그건 모두 거짓말이야. 아마 우리가 먹는 음식 때문에 그런 얘기가 생긴 것 같아. 하지만 우리 늑대가 토끼나 양이나 돼지같이 귀엽고 조그만 동물을 먹는 건, 우리 잘못이 아니야. 원래 우리는 그런 동물을 먹게끔 되어 있거든. 치즈버거를 먹는다고 해서 너희를 커다랗고 고약한 사람이라고 한다면, 그래 말이 되니? 하지만 내가 지금 얘기하고 싶은 건, 커다랗고 고약한 늑대 이야기는 새빨간 거짓말이라는 거야. 진짜 이야기는 재채기와 설탕 한 컵에서 시작되었지.

아주 오래전에, 내가 우리 할머니 생일 케이크를 만들 때란다. 나는 아주 심한 감기에 걸려 있었지. 그때 마침 설탕이 다 떨어졌어. 그래서 나는 이웃집에 가서 설탕을 얻어 오기로 했어. 이웃집은 바로 돼지네 집이었지. 그런데 이 돼지는 머리가 좋지 않았어. 글쎄, 자기 집을 지푸라기로 지었지 뭐야. 그게 말이나 되는 얘기야? 제정신이라면 누가 지푸라기로 집을 짓겠어? 내가 문을 두드리자, 문이 그만 떨어지고 말았어. 그렇다고 남의 집에 불쑥 들어갈 수는 없잖아? 그래서 주인을 불렀지.

"아기 돼지야, 아기 돼지야, 안에 있니?"

아무 대답이 없었어. 나는 그냥 집으로 돌아가려 했지. 우리 할머니 생일 케이크에 넣을 설탕을 얻지 못한 채로 말이야. 바로 그때 내 코가 근질거리기 시작했어. 재채기가 날 것 같더라고. 나는 코를 벌름거리며 숨을 들이마셨어. 그리고는 요란하게 재채기를 했지. 그랬더니 어떻게 됐는지 아니? 그 망할 지푸라기 집이 몽땅 무너지고 말았어. 그리고 지푸라기 더미 한복판에 첫 번째 아기 돼지가 있는 거야. 완전히 죽은 채로 말이야. 그 녀석은 처음부터 집에 있었던 거지. 짚더미 속에 먹음직스러운 햄이 있는데, 그냥 가는 건 어리석은 일 같았어. 그래서 내가 그걸 다 먹어버렸지. 눈앞에 커다란 치즈버거가 있다고 생각해 봐. 너희도 그걸 그냥 내버려두진 못할 걸.

나는 기분이 좀 좋아졌어. 하지만 여전히 설탕은 못 얻었잖아. 그래서 나는 그 옆집으로 갔어. 그 집은 첫 번째 아기 돼지의 형네 집이었지. 이 돼지는 동생보다는 조금 낫지만 그래도 머리가 나빴어. 나뭇가지로 집을 지었더라고. 나는 나뭇가지로 만든 집의 초인종을 눌렀어. 아무 대답이 없었지. 그래서 주인을 불렀어.

"돼지 씨, 돼지 씨, 안에 있소?"

돼지가 안에서 소리쳤어.

"꺼져 버려, 이 늑대야. 넌 못 들어와. 난 지금 턱수염을 깎는 중이라고."

내가 막 문 손잡이를 잡았을 때, 또 재채기가 나오려는 거야. 나는 코를 벌름거리며 숨을 들이마셨어. 입을 막으려고 했지. 하지만 바로 그때 요란하게 재채기가 터져 나왔어. 믿어지지 않겠지만, 이 집도 동생네 집처럼 무너지고 말았어. 먼지가 가라앉은 다음에 보니까, 두 번째 아기 돼지가 있더라고. 역시 완전히 죽은 채로 말이야. 늑대의 명예를 걸고 하는 말인데, 이건 틀림없는 사실이야. 너희도 알지? 음식을 바깥에 그냥 놔두면 상하고 만다는 사실. 내가 할 수 있는 일은 단 한 가지, 그걸 먹어 치우는 것뿐이었어.

돼지를 두 마리나 먹고 나니까 배가 너무 불렀어. 하지만 감기는 많이 나은 것 같았지. 그래도 우리 할머니 생일 케이크에 넣을 설탕은 못 얻었잖아. 나는 다시 그 옆집으로 갔어. 이 집은 죽은 두 아기 돼지의 형네 집이었지. 이 돼지는 삼형제 중에서 가장 머리가 좋았어. 벽돌로 집을 지었더라고. 나는 벽돌집 문을 두드렸어. 아무 대답이 없었지. 그래서 주인을 불렀어.

"돼지 씨, 돼지 씨, 안에 있소?"

그러자 그 버릇없는 녀석이 뭐라고 했는지 아니?

"꺼져 버려, 늑대야. 다시는 날 괴롭히지 마."

그런 버릇없는 놈이 어디 있어? 그 녀석은 아마 설탕을 한 자루 가지고 있을 거야. 그런데도 우리 할머니 생일 케이크에 넣을 설탕 한 컵도 안 주겠다니. 욕심 많은 돼지 같으니라고!

나는 그냥 집으로 돌아갈 생각이었어. 케이크 대신 멋진 생일 카드나 만들어야겠다고 생각했지. 그런데 그때 또 재채기가 나오려는 거야. 나는 코를 벌름거리며 숨을 들이마셨어. 그리고 다시 한번 재채기를 했지. 그러자 세 번째 아기 돼지가 고함을 질렀어.

"흥! 너희 할머니, 다리나 부러져라!"

나는 평소에는 꽤 침착하단다. 하지만 누가 우리 할머니에 대해 그런 식으로 얘기하면, 미치고 말지. 내가 막 돼지네 집 문을 부수려고 할 때, 경찰들이 달려왔어. 나는 코를 벌름거리고 숨을 들이마시고 재채기를 하면서 야단법석을 떨고 있었지. 나머지는 너희가 알고 있는 대로야.

신문기자들은 내가 돼지 두 마리를 먹어 치웠다는 걸 알아냈어. 그들은 감기에 걸린 늑대가 설탕 한 컵을 얻으러 왔다는 이야기는 독자의 흥미를 끌지 못할 거라고 생각했지. 그래서 "코를 벌름거리며 숨을 들이마신 다음, 입김을 세게 불어 집을 부숴버렸다"는 이야기를 꾸며낸 거야. 나를 커다랗고 고약한 늑대로 만들었지.

이렇게 된 거야. 이게 바로 진짜 이야기지. 나는 누명을 썼다고. 하지만 너희는 나한테 설탕 한 컵쯤은 꾸어 줄 수 있겠지?

_ 존 셰스카 ≪늑대가 들려주는 아기돼지 삼형제 이야기≫

세간에 널리 화제를 일으킨 바 있는 패러디 동화 작품이다. 누구나 잘 알고 있고 그 전개나 결말에 의심을 가지지 않았던 이야기이지만, 의문을 갖고 시각을 바꾸어 보면 새로운 이야기가 성립된다. 위 이야기는 늑대의 시각에서 이야기를 재구성함으로써, 세상사란 보는 관점에 따라 상대적인 인식이 가능한 것이라고 하는 이치를 전하고 있다. 하나의 새롭고 흥미로운 이야기가 성립된 상황이다.

패러디의 두 양상

- 일회적이고 말초적 재미에 치중하는 소모적인 패러디
- 새로운 의미와 깊은 재미를 창조하는 생산적인 패러디

최근 인터넷을 중심으로 패러디가 널리 성행하고 있는데, 만화나 사진, 동영상 등을 활용한 사례가 많은 것이 특징이다. 멀티미디어 시대의 특징을 잘 보여주는 현상이라 할 수 있겠

다. 아쉬운 것은 그 이야기들이 지나치게 엽기적이고 말초적인 재미에 치중하여 한번 보고 지나치는 정도 이상의 의의를 제대로 발휘하는 사례가 거의 없다고 하는 사실이다. 새로운 이야기를 의미 있게 창조해내는 차원의 생산적인 패러디 작업에 관심을 기울일 필요가 있다고 하겠다.

새로운 이야기 창작하기

이야기 창조의 궁극적 도달점은 상상을 통한 새로운 이야기 만들기라 할 수 있다. 인간의 상상이 끝이 없는 만큼 상상을 통한 이야기 창조의 세계 또한 무한히 넓고 다양하다. 이야기의 묘리를 터득하고 나면, 좋은 이야기를 얼마든지 만들어 낼 수 있다. 그리고 그것은 특별한 재주가 있는 사람들에게만 해당되는 일이 아니다. 전문적 수련을 필요로 하는 소설이나 영화 등과는 달리 일정한 소재와 감각만 뒷받침되면 누구라도 쉽게 만들어 낼 수 있는 것이 이야기다.

새로운 이야기의 창작은 순전한 상상으로부터 시작할 수도 있지만, 우리 주변에 있는 여러 사건이나 사물에서 실마리를 찾아서 상상으로 이어나가는 것도 가능하다. 예컨대 주변의 특정 사물에 대하여 '저게 어떻게 생긴 것일까', '왜 저런 모양이 됐을까' 하며 그 사연을 상상하다 보면 그럴듯한 유래담이 도출될 수 있다.

다음은 대학생이 학교 안의 사물과 관련하여 만들어 낸 이야기이다.

● 학생의 글

와우도 전설

옛날 어느 산골 마을에 건장한 청년이 살고 있었다. 그의 이름은 감이... 그는 아내와 늙은 노모와 함께 평범한 농사꾼의 일상을 보내고 있었다. 보통 때는 농사를 짓고 농한기 때는 여유를 즐기는 농사꾼이었다. 작은 논이었지만 그래도 세 식구가 먹고 사는 데에는 그다지 어려움이 없는 생활이었다.

그런 그에게는 그가 기르는 한 마리 황소가 커다란 재산이었다. 그에게 있어서 황소는 그 무엇보다도 소중한 재산이었다. 황소는 논을 가는데 큰 도움을 줄 뿐더러 그가 쉬는 때에는 편안한 동무가 되기도 하였다.

그렇게 평온하던 산골 마을에도 근심이 찾아왔다. 그 산골마을은 주로 산에서 약초를 캐어 생계를 유지하는 사람이 많았는데 어느 날인가부터 산에 올라간 사람들이 내려오지 않는 것이었다. 마을 사람들은 모두 의아해했지만 사람들이 내려오지 않는 터라 영문을 알 길이 없었다.

그러면서 산은 차츰 마을 사람들의 두려움의 대상이 되어 갔다. 결국 사람들은 산에 올라가는 것을 꺼려하기 시작했다. 하지만 산은 마을 사람들의 생계유지 수단이었기 때문에 사람들은 산에 올라가지 않을 수 없었다. 비록 며칠은 산에 올라가지 않고 버틸 수 있었지만 굶주린 마을 사람들은 결국 다시 산에 약초를 캐러 올라가야만 했다.

하지만 이번에는 사람들이 따로 따로 올라가지 않고 무리지어 올라가기로 했다. 산에 올라가기 시작한 후 며칠은 아무 사고 없이 지나갔다. 그러나 아니나 다를까 사람들이 산에 올라가기 시작한 지 5일째 되던 날부터 또다시 사람이 없어지기 시작했다. 이번에는 무리지어 올라갔던 사람이 전부 없어졌기 때문에 문제가 더 커졌다.

그렇게 당하기를 수차례 어느 날 갑자기 사람들과 약초를 캐러 갔던 사람 중 한 명이 피투성이가 되어 허겁지겁 내려왔다. 그 사람은 마치 무언가에 쫓기는 듯 무슨 일이냐며 묻는 사람들의 말에 아무런 대답도 하지 않았다. 결국 그 다음날 산에 올라갔던 사람은 겁에 질린 듯 부들부들 떨며 비로소 말문을 열어놓기 시작했다.

그는 마치 사람 두 배만한 짐승을 보았으며 그것이 바로 약초 캐러 간 사람들을 잡아먹고 있었다고 했다. 마을 사람들은 실로 커다란 충격이 아닐 수 없었다. 자신들이 삶의 터전으로 삼았던 산에 무시무시한 괴수가 살고 있었다니……. [중략]

마을 사람들은 열심히 노력했다. 마을 가까운 곳의 산을 개간하여 논과 밭을 만들고 적은 곡식도 서로 나눠 먹었다. 하지만 역시나 배 고프고 굶주린 삶은 계속되었고, 결국에는 몇몇 집에서 기르던 가축마저도 잡아먹어야 하는 지경에 이르렀다. 각 가정에서 기르던 소나 돼지는 물론이고 개나 닭마저 끼니를 유지하는 수단이 되게 되었다.

이 사실을 알게 된 감이는 자신의 아끼던 소만은 도살되는 것을 어떻게든 막으려 했지만 불구가 된 자신의 몸으로는 어찌 손 쓸 도리가 없었다. 그동안 마을에서 주는 배식을 받아먹기만 했기 때문이었다. 결국 자신의 소마저 도살이 결정되었고 다음날 도살하기로 마을회의에서 결정되었다.

정말 아끼던 소를 잃게 된 감이는 너무도 안타까워 그날 밤 술을 마시기 되었다. 술에 취한 감이는 외양간에 소의 묶인 줄을 풀어주며 소에게 그간의 마을 사정과 내일 있을 도살에 대해서 하소연하듯 늘어놓았다. 소가 사람의 말을 알아들을 수는 없었지만 너무나도 안타까운 마음에 그렇게라도 하지 않으면 안 되겠던지라 그렇게 소에게 사죄하며 감이는 외양간에서 잠이 들었다.

그 다음날 마을 사람들에 의해 잠이 깬 감이는 외양간에 소가 없어졌다는 것을 알게 되었다. 마을 사람들은 소를 제대로 관리하지 못한 감이를 나무랐지만 감이는 내심 흡족했다. 자신이 아끼던 소가 잠시나마 목숨을 이어갈 수 있으리라 생각했기 때문이었다.

그러나 그 다음날 마을 입구에서 감이의 소는 피투성이가 되어 발견되었다. 어찌된 영문인지 그 소의 곁에는 사람들이 그토록 무서워했던 괴물의 시체도 같이 뉘어져 있었다. 자기 주인이 자신을 살리기 위해 슬퍼하는 것을 알았는지 소는 있는 힘껏 괴물과 싸우다 죽은 것이었다.

이 사실을 안 마을 사람들은 소를 마을 한가운데 양지바른 곳에 돌무덤을 만들어 묻어 주었고, 세월은 흘러흘러 그 소의 이야기는 사람들 기억 속에서 잊혀지게 되었다.

나중에 그 소가 묻힌 마을 근처에는 학교가 들어서게 되었고, 소가 묻힌 자리에는 호수가 생기게 되었다. 호수를 만들기 위해 땅을 파는 작업을 하던 도중 호수 한가운데에 이상하게 돌이 많아 땅을 팔 수 없는 곳이 발견되었다. 결국 그 부분은 섬으로 남겨 두게 되었고 결국 가운데 섬을 지닌 큰 호수가 생기게 되었다.

그 호수의 이름은 일감호라 이름 지어졌고 그 가운데 있는 섬은 처음에는 그 영문은 모르다가 나중에는 옛 전설을 듣고 주인을 위해 목숨을 바친 소의 무덤 자리라는 것이 밝혀져 소가 누운 자리라는 뜻의 와우도臥牛島라 명명되었다.

이 이야기는 건국대학교 캠퍼스 일감호 안에 있는 와우도라는 섬과 관련하여 학생이 상상을 발휘하여 엮은 창작 설화다. 그 이야기 사연이 학교 안에 있는 와우도라는 섬의 실체와 그럴듯하게 맞아떨어져 함께 수업을 들은 많은 학생들의 관심과 흥미를 자아냈다. 일부 학생들은 학교의 공식 전설로 삼아야 한다는 의견을 내기도 했다.

중요한 것은 이와 같은 이야기가 우리가 속한 세상에 새로운 생명력을 불어넣음으로써 삶을 더욱 즐겁게 한다는 사실이다. 학교 안에 있는 사물이란 무심히 지나치기 쉬운 것인데, 거기 무언가 사연이 배여 있다는 생각을 하게 되면 훨씬 친근한 느낌을 받을 수 있다. 지나면서 한번 더 바라보고 미소를 짓게 되는 것이다.

학교 안에 있는 다른 자연물이나 조형물에 대하여 거기 얽혀 있을 만한 그럴 듯한 사연을 상상하여 이야기로 엮어 보자.

다음은 거의 순전한 상상에 입각해 새롭게 창작한 이야기의 사례를 본다.

● 학생의 글

노부부 자식 이야기

옛날에 아이가 없는 노부부가 살았습니다. 할아버지와 할머니는 아이가 너무나 갖고 싶었어요. 그래서 매일매일 기도했어요.

하루는 할아버지와 할머니가 목욕을 하고 있는데, 할아버지는 아이가 너무나 갖고 싶어서, 목욕을 하면서 나온 때로 남자아이 인형을 만들었어요. 할머니 때로는 여자아이를 만들었어요.

"이 아이들이 진짜 우리 아이들이었다면 얼마나 좋을까……."
하며 머리맡에 놔두었어요.

그리고 하룻밤이 지나고... 다음날 할머니와 할아버지는 일어나서 너무 놀랐어요. 때로 만든 인형들은 어느새 살아 있는 아이들의 모습으로 서 있었던 거예요. 할아버지와 할머니는 하느님께 너무나 감사드리며 아이들을 귀하게 귀하게 키웠어요.

하루는 여자아이의 손가락에 물에 묻더니 녹아버리는 거예요. 여자아이와 남자아이는 할아버지 할머니의 때로 만들어져서 물이 묻으면 허물어 녹아버리는 것이었어요. 그래서 할머니와 할아버지는 더욱 조심스럽게 키웠어요.

몇 년 후 몹시 심한 가뭄이 들었어요. 때마침 할머니는 아이들을 키우느라 병이 들어 누우셨어요. 할머니는 계속계속 잉어가 먹고 싶다고 그러셨어요.

"통통한 잉어 한 마리만 먹으면 금방이라도 일어나겠는데……."

할아버지는 할머니의 소원을 이뤄드리기 위해 낚시 갈 채비를 하셨어요. 물론 아이들도 함께 갔어요.

하루 종일 기다려도 잉어는커녕 금붕어도 잡히지 않았어요.

아이들이 꾸벅꾸벅 졸기 시작한 어스름 밤에 낚싯대가 움직이기 시작했어요. 커다란 잉어가 걸린 거예요. 할아버지는 놀라서 낚싯대를 힘껏 잡아끌었어요. 하지만 가뭄으로 역시 나약해진 할아버지는 그만 잉어가 물린 낚싯대와 함께 물속으로 빠졌어요.

그제서야 깬 아이들은 놀라서 어쩔 줄을 몰랐어요. 허우적대는 할아버지를 구하려 아이들은 물속으로 뛰어 들어갔어요. 몸은 점점 녹아내렸지만 할아버지를 구하기 위해서 둘이 힘을 합쳤어요.

겨우 할아버지는 뭍으로 나왔지만 아이들은 그대로 물속에 흩어져 버렸어요. 그리고 할아버지가 잡았던 잉어의 뱃속으로 흘러들어갔어요. 할아버지가 정신을 차렸을 때는 이미 아이들은 잉어 뱃속에서 흩어져 사라진 후였어요.

낚싯줄에 걸려 있는 통통한 잉어를 가지고 할아버지는 울면서 집으로 돌아왔어요. 할머니가 아이들을 찾았지만 할아버지는 말하지는 못하고 울고만 계셨어요. 그리고 울면서 잉어 요리를 했어요.

할머니는 그 잉어 요리를 드시고는 병이 말짱히 나으셨어요. 그래서 할아버지께서 계속 울고 계시는 이유를 알자 할머니도 흐느껴 우셨어요.

그리고 몇 년이 지나... 아이들의 효심에 하느님이 감복하셨나 봐요. 할머니는 그 두 남매를 낳으셨어요. 할머니가 먹은 그 잉어 안에서 흩어져 있던 아이들이 할머니의 뱃속에서 다시 뭉쳐 다시 태어난 것이었어요.

이제 물이 묻어도 끄떡없어요. 그렇게 오래오래 4명이 행복하게 살았답니다.

상상력을 발휘하여 옛날이야기 형식으로 지은 이야기다. 몸의 때로 아이를 만들었다는 기발한 상상력과, 물이 닿으면 몸이 녹는다고 하는 제한 요소(금기)의 설정, 아이들의 희생이 오히려 큰 기쁨으로 변하는 반전 등에 의해 무척 재미있는 이야기가 되었다. 듣는 이들의 반응이 좋아서 이야기를 만든 학생도 무척이나 기뻐했다.

어떤가 하면, 위 이야기는 특별히 이야기 만들기에 관심을 가지고 있지 않던 학생이 교양 수업 시간에 과제로 작성한 것이다. 낯설고 특별한 요소를 잘 찾아가는 상상력을 발휘하고 설화적 서사의 원리와 기법을 다양한 방식으로 적용하다 보면, 누구라도 이와 같은 이야기를 만들 수 있을 것이다.

즐겁게 상상하라. 이야기가 나올 것이다.

이야기를 짓는 것은 소설을 쓰는 것과는 그 성격이 다르다. 소설의 경우 인물의 성격과 각 장면의 상황을 섬세하고도 정교하게 서술해야 하지만 이야기의 경우에는 그러한 의무가 부과되지 않는다. 사건의 가닥을 자연스럽게 풀어나가기만 하면 그것으로 충분하다. 그 나머지의 구체적인 상황은 수용자가 알아서 상상으로 채우는 것이 이야기의 문법이다. 부담을 느낄 필요 없이 편안한 마음으로 맘껏 상상의 날개를 펼쳐나가면 그 자체로도 매우 즐거운 일이 될 것이다.

● 학생의 글

소루笑淚 이야기

멀고 먼 옛날 세상 한켠에 '소'라는 나라와 '루'라는 나라가 있었다. 그 두 나라는 멀다면 멀고 가깝다면 가까운 간격을 두고서 존재했다. 마음만 먹었다면 누군가 길을 깨우쳐 두 나라에 왕래가 있었겠지만 아무도 길을 개척하려 하지 않아 두 나라는 외계의 별처럼 서로의 존재를 잘 알지 못하였다. 두 나라의 외곽에 두터운 성벽이 있어 누군가가 다가간다 해도 사람들은 벽을 두드리는 소리조차 듣지 못했을 것이다. 그들에게는 옆을 바라보지 않는 편협함과 다른 곳을 바라보지 않는 안일함만이 있을 뿐이었다.

소나라는 말 그대로 웃음만이 가득하고 웃음만이 존재하는 나라였다. 그들은 웃음만이 감정을 표현하는 방법이라고 믿었다. 누군가는 수명을 다하여 죽을 수도 있고 어떤 이들은 사랑하는 이와 이별을 해야 하는 순간도 있었지만, 소나라 사람들은 이러한 순간에도 감정 표현을 웃음으로 했다. 따라서 그들의 웃음이 항상 즐거운 것은 아니었다.

루나라는 눈물로 모든 것을 표현하는 나라였다. 슬픔만을 눈물로 표현하는 것이 아니라 기쁜 일 역시 눈물로 표현했다. 사랑하는 사람이 생겨 아이를 얻게 되거나, 부모님의 환갑잔치나 하다못해 길거리에서 돈을 줍게 되어도 그들은 줄초상난 집안의 사람처럼 울 수밖에 없었다. 우는 법밖에 몰랐기 때문이다.

그러한 상태가 오래 지속되자, 어떠한 징후들이 나타나기 시작했다. 소나라 사람들은 점점 웃음에 대해 무뎌지기 시작했다. 웃음의 용도가 불분명해지고 점차 웃음이 희석되어 웃음이 웃음이 될 수 없는 지경에 이르렀다. 그들의 마음은 메말라 갔다. 메마른 마음에서 뿜어지는 기운 때문에 소나라에는 100년간의 가뭄이 시작되었다.

루나라 역시 같은 경로를 거쳤다. 웃는 일이 없는 그들의 마음은 항상 젖어 있었다. 웃음으로 삶을 충전해 본 적이 없는 사람들은 항상 지쳐 있었다. 루나라 사람들은 밤마다 울다 지쳐 잠이 들었다. 루나라에는 100년간의 홍수가 시작되었다.

가뭄과 홍수가 99년째 지속되던 어느 날 소나라에서는 대책을 세우기 위하여 10명의 장로들이 모였다. 그들은 무심한 하늘에 제사를 드리기로 했다. 하늘과 소통하는 방법도 웃음이라고 믿었던 그들은 하늘에 대고 크게 웃었다. 웃다가 지쳐 쓰러질 정도가 되도록 일주일 동안을 웃자 하느님은 가장 크게 웃는 남자를 골라 길을 떠나도록 하라는 신탁을 내렸다. 장로들은 소나라 젊은이 가운데 그 중 웃음소리가 크고 힘이 있는 사람을 뽑아 길을 떠나게 했다. 남자의 이름은 '대소大笑'였다.

이번에는 루나라에서 제를 올렸다. 그들은 일주일 동안 하늘에 대고 곡을 했다. 하느님은 소나라 사람들에게 가장 잘 우는 여자를 골라 길을 떠나도록 하라고 시켰다. 이 명을 받들어 10명의 장로들은 가장 잘 우는 여자를 골랐다. 여자의 이름은 '다루多淚'였다.

다루는 정처 없이 길을 떠나게 되었다. 강을 건너고 숲을 지나면서 숱한 위험을 겪었다. 그렇게 길을 가다 나뭇가지에 발을 긁혀 발을 동여매는데, 자신의 처지가 불쌍하여 다루는 처연히 울었다. 다루는 처음으로 슬픔에 겨워 눈물을 흘리게 되었다.

대소는 가물어 갈라진 땅을 지나 강줄기를 따라 거슬러 오고 있었다. 난생 처음 보는 강의 모습이 신기해 그는 크게 웃었다. 무언가를 처음으로 보게 된다는 기쁨이 그를 충만케 하여 진심으로 기쁘게 웃었다. 그때 그는 생전 들어보지 못한 소리를 듣고서 그 소리를 향해 다가갔다. 그것은 여자가 내는 소리였다. 여자의 눈에서는 물줄기가 흐르고 코는 빨갰으며 눈은 충혈되어 있었다. 대소는 머리가 둘 달린 외계인을 본 것처럼 신기했다. 대소는 더 크게 웃기 시작했다.

여자는 더 서럽다는 듯 눈에서 물줄기를 뿜어 냈다. 점차 대소는 웃음을 멈추었다. 물끄러미 여자를 바라보는데 여자가 안쓰럽다는 생각이 들기 시작했다. 순간 무언가 가슴속에서 왈칵 치밀어 올라옴을 느꼈다. 그 감정을 웃음으로 표현하려 하는데 희한하게도 잘 웃어지지 않았다. 자꾸 목이 메어와 목소리도 나지 않았다. 순간 대소의 눈에서 눈물이 흐르기 시작했다.

다루가 남자를 처음 보았을 때 남자는 입을 크게 벌리고 소리를 내고 있었는데 모양이 신기했다. 그는 눈가가 가늘어지고 볼의 살이 우묵하게 패이는 표정을 짓고 있었다. 그 모양이 신기해 다루는 계속 울었다. 그때 갑자기 남자가 울기 시작했다. 얼굴을 가면처럼 일그러뜨리고 우는 남자의 모습이 재미있어지자 다루는 더 크게 울려 하였다. 그러나 눈물이 나오지 않았다. 대신 목에서 커다란 소리가 나오기 시작했다. 한번 터진 다루의 웃음은 점점 커져 갔다.

두 나라 사람들은 대소와 다루의 만남을 보고 감정을 표현하는 또 다른 방법을 터득하게 되었다. 그 후부터 사람들은 삶이 웃음이나 혹은 울음으로만 이루어지는 것이 아니란 것을 깨닫게 되었다. 감정을 표현하는 여러 가지 방법이 있음을 터득하게 된 것이다. 또한 그 이후부터 소나라와 루나라의 성벽은 전원주택의 담벼락처럼 낮은 울타리가 되었다.

우리가 흔히 지나칠 수 있는 '웃음'과 '울음'에 얽힌 사연을 상상력을 통해 구성한 이야기다. 서로 긴밀히 연관을 지니면서도 대립적 특성을 지니고 있는 요소에 착안하여 이야기를 풀어나간 결과 앞뒤가 제대로 맞는 이야기가 되었다. 구성의 묘미를 키우고(이 이야기는 위기와 절정의 요소가 다소 약한 면이 있다), 대소와 다루의 캐릭터를 더 인상적으로 설정하며, 배경 및 행위 묘사를 가다듬으면 동화나 소설로 발전시킬 만한 가능성이 있는 이야기라 하겠다.

좋은 이야기를 창조하는 일은 우리 삶을 즐겁고 아름답게 살려내는 일이다.

앞에서도 잠깐 언급했지만, 소설이나 영화 작품을 만드는 데는 커다란 시간과 노력이 필요한 데 비해 이야기를 만드는 것은 상대적으로 수월하다. 상상력을 이리저리 발휘하면 재미있는 많은 이야기를 만들 수 있다. 그리고 그 이야기가 곧 소설과 영화의, 만화와 게임, 애니메이션의, 그리고 광고와 마케팅의 밑거름이 된다.

우리를 둘러싼 사람들과 사물들 속에, 우리의 끝없는 상상의 세계 속에 이야깃거리는 무궁무진하게 존재하면서 창조의 손길을 기다리고 있다. 우리 자신 이야기의 즐거운 창조자가 되어 삶을 더욱 신명나고 아름답게 만들어 나갈 일이다.

1. 다음 이야기의 구조와 의미를 분석하고, 분석 결과를 발표하여 토론해 보자.

보기

옛날에 강이영성이수불과 홍문소천구애궁전이 살고 있었다. 강이영성은 윗마을 거지이고 홍문소천은 아랫마을 거지였다. 서로 다른 마을이 좋다는 소문을 듣고 강이영성은 아랫마을로, 홍문소천은 윗마을로 얻어먹으러 나섰다. 두 사람이 두 마을 경계에서 딱 마주치니 길에 구르는 돌도 연분이 있다고 서로 언약이 되어 부부간을 이루게 되었다. 동냥을 해서 겨우 살림을 살아가는데 그 와중에 아이가 잉태되어 딸 삼형제가 태어났다. 첫째로 타어난 아기는 동네사람들이 불쌍하다고 은그릇에 음식을 주어 은장애기라 했고, 둘째로 태어난 아이는 놋그릇에 음식을 주어 놋장애기라 했다. 셋째 아기는 나무 바가지에 음식을 준 탓에 감은장애기라 했다.

막내딸이 태어난 뒤로 가난하던 집이 갑자기 잘되기 시작했다. 논밭이 쑥쑥 생겨나고 소와 말이 부쩍부쩍 늘어났다. 처마 높은 기와집에 풍경이 뎅겅뎅겅 울리니 천하 거부가 되었다. 하루는 비가 촉촉 내리는데 강이영성과 홍문소천이 딸아이들을 불러내 호강에 겨운 말로 문답놀이를 시작했다.

첫째 딸 불러내어, "은장아가, 너는 누구 덕에 밥을 먹고 옷을 입고 은대야에 세수를 하느냐?" 물으니, "하느님도 덕이고 지하님도 덕이지만, 아버지 덕이고 어머니 덕입니다." 하였다. 둘째 딸의 대답도 똑같았다. 그런데 제일 사랑하는 막내딸의 대답이 엉뚱했다.

"하느님도 덕이고 지하님도 덕입니다. 아버님도 덕이고 어머님도 덕입니다만 내 몸에 복이 있는 덕입니다."

그 말에 강이영성은 크게 화가 나서 부모의 은혜도 모르는 못된 아이라며 호통을 쳤다. 얼마나 잘 먹고 사는가 한번 나가 살아 보라고 매정하게 딸을 쫓아냈다. 감은장애기는 옛날 입던 의복을 챙겨 검은 암소에 싣고서 정처 없이 길을 나섰다.

막상 막내딸이 집을 나서자 아버지 어머니가 왠지 서운한 마음이 들어 큰딸을 시켜 잠깐 동생을 들어오게 하라고 했다. 그러자 은장애기가 노둣돌에 올라 동생을 부르더니 아버지가 너를 때리러 오니 어서 가라고 거짓말을 했다. 그렇게 말하고 노둣돌 아래로 내려서던 은장애기는 그 자리에서 몸이 변해 청지네가 되었다. 어머니 아버지가 다시 둘째 딸을 시켜서 동생을 불러오라 했다. 놋장애기가 거름 위에 올라서서는 아버지가 때리러 오니 어서 가라고 말했다. 그렇게 말하고 거름 아래로 내려서던 놋장애기는 그 자리에서 몸이 변해 말똥버섯이 되었다.

둘째 딸도 아무 소식이 없자 어머니 아버지가 직접 문밖으로 나오려 했다. 그때 강이영성은 창문으로 내닫다가 작대기에 눈을 꿰어 눈이 멀었다. 홍문소천은 대문으로 내닫다가 문고리에 눈을 꿰어 눈이 멀었다. 그렇게 눈이 먼 강이영성 홍문소천이 앉은 채로 먹고 싸기를 시작하니 세월이 얼마 지나지 않아서 그 많던 가산이 탕진되어 두 소경이 한 지팡이를 짚고 다시 거지 노릇을 하게 되었다.

감은장애기가 검은 암소를 끌고서 길을 가는데 마퉁이 셋이서 마를 파는 게 보였다. 감은장애기가 큰마퉁이한테 집이 있는 곳을 물으니 여자는 요물이라며 못 들은 척하고, 둘째마퉁이한테 물어도 못 들은 척했다. 감은장애기가 작은마퉁이한테 집이 있는 곳을 묻자 작은마퉁이가 말했다.

"이 재 넘고 저 재 넘어 깊은 산으로 올라가면 작은 초가집에 백발 할머니가 있을 테니 그리 찾아가세요."

감은장애기가 이 재 넘고 저 재 넘어 깊은 산으로 올라가는데 해는 서산에 지고 있었다. 수수깡 기둥에 거적문을 단 초가집이 보여 안으로 들어가니 호호백발 할머니가 앉아 있었다. 감은장애기는 부엌 한구석을 빌려서 묵기로 하고 그 집에 들어갔다.

조금 있다가 큰소리를 내며 큰마퉁이가 들어와 감은장애기를 보더니 허튼 계집애를 들였다고 노인을 타박했다. 이어서 들어온 둘째마퉁이도 괜한 일을 했다며 노인을 타박했다. 그러나 작은마퉁이는 부엌에 쪼그리고 앉은 감은장애기를 보더니 입을 벌리고 밝게 웃었다. 손님 없어 적막하던 집에 새 사람과 암소가 들어왔으니 하늘이 돕는 일이라 했다.

감은장애기가 검은 암소에서 쌀을 내려 흰 쌀밥을 해서 내놓자 큰마퉁이 둘째마퉁이가 벌레밥을 먹으라 한다며 화를 냈다. 그때 작은마퉁이가 밥을 떠서 어머니를 드리고 저도 숟갈을 들어 맛나게

떠 먹으니 문틈으로 지켜보던 큰형 둘째형이 그제야 동생을 불러 자기네도 한 숟가락씩 달라 했다. 작은마퉁이가 더운 밥을 두 형 손바닥에 착 붙이자 두 형이 뜨거운 손을 푸푸 불며 홀짝 홀짝 핥아먹었다. 길에 구르는 돌에도 인연이 있다는데 꽃을 본 나비가 되었으니 그냥 넘어갈 리 없었다. 감은장애기와 작은마퉁이는 부부가 되어 함께 살기로 약속이 되었다. 감은장애기가 작은마퉁이를 목욕시키고 새 옷을 갈아입히고 보니 사내 대장부 기상이 넘쳐났다.

다음날 감은장애기는 삼형제가 마를 캐는 곳을 찾아갔다. 큰마퉁이가 마 캐던 자리에는 똥만 가득하고 둘째마퉁이 캐던 곳에는 지네와 뱀이 가득했는데, 작은마퉁이가 캐던 자리에는 금덩이 옥덩이가 흙에 묻혀 있었다. 작은마퉁이를 시켜 금덩이 옥덩이를 암소에 실어서 나다 파니 소와 말이 생기고 논밭이 많이 생겨나 감은장애기는 처마 높은 기와집에 풍경을 뎅겅 달고 천하 거부로 살아가게 되었다.

하루는 감은장애기가 작은마퉁이한테 청하여 커다랗게 거지 잔치를 베풀었다. 방방곡곡에 사는 거지들이 전부 다 잔치에 모여들었다. 그렇게 잔치를 벌인 지 백일째가 되는 날 강이 영성과 홍문소천이 한 막대기를 함께 짚고서 문안으로 들어왔다. 감은장애기가 아랫사람에게 일러 자기 부모한테 음식이 가지 않도록 하니 그들 둘만 남아서 주린 배를 움켜쥐며 울었다. 이때 감은장애기가 두 사람을 방으로 이끌어 진수성찬을 가득 차려 대접하니 두 소경이 밥을 먹으며 비오듯 눈물을 흘렸다.

감은장애기는 소경 부부에게 살아온 이야기를 해달라고 청했다. 부부는 세 딸을 나아 거부로 살다가 막내딸을 쫓아낸 뒤로 소경이 되고 걸인이 된 사연을 눈물 섞어서 구구절절 늘어놓았다. 그러자 감은장애기가 술잔에 좋은 술을 가득 부어 들고 두 사람한테 권하며 말했다.

"설운 어머니 설운 아버지, 감은장애기가 여기 있소. 이 술 한잔 받으시고 어서어서 눈을 뜨오."

강이영성과 홍문소천이 얼마나 놀랐던지 들었던 술잔을 털썩 놓았다. "감은장애기라고!" 크게 외칠 때, 두 사람의 눈이 번쩍 뜨였다. 부모 자식은 그렇게 다시 만나서 흥성하게 잘 살게 되었다.

그후 감은장애기는 세상사를 돌보는 신이 되어 전상을 차지하였다. 무엇이 전상인가 하면, 장삿일도 전상이요 목수일도 전상이요 농삿일도 전상이요 밥 먹음도 전상이요 술 먹음도 전상이니, 인간살이 모든 일이 전상이다.

_ 신동흔, 2004 : 213-219

* 이 이야기에는 다음과 같은 문젯거리들이 깃들어 있다. 이를 포함하여 의미를 분석해 보도록 한다.

(1) 부모한테 '내 복으로 잘 산다'고 말한 딸의 태도는 어떠한가. 그가 부자가 되고 신이 되는 것은 합당한가.

(2) 자식에게 '누구 복으로 사느냐'고 묻고, 기대와 다른 대답을 한 딸을 쫓아낸 부모의 모습이 상징하는 것은?

(3) 제 동생을 감싸주지 않고 내쫓으려고 한 두 언니의 행동은 그릇되다고 하더라도 그들이 청지네가 되고 말똥버섯이 된 것은 심한 일이 아닌가.

(4) 여자를 경계한 큰마퉁이 둘째마퉁이 대신 여자를 덥석 받아들인 작은마퉁이가 잘 된 것은 어떻게 볼 것인가?

(5) 딸을 내쫓고 장님이 되었던 부모가 음식을 먹고 눈이 트인다고 한 데 담겨 있는 상징적 의미는?

(6) 감은장애기가 전상의 신이 되었다고 하는데 그 의미 맥락은 어떻게 이해할 수 있는 것일까?

2. 다음과 같은 여러 상황에서 이야기가 '힘'을 낼 수 있도록 하는 방안을 기획하여 실형에 옮겨 보자.

- 모꼬지(학과, 동아리 등)
- 수련회, 체육대회
- 여행(배낭여행, 수학여행 등)
- 가족 모임, 동창회, 사은회
- 봉사활동(농촌활동, 자원봉사 등)
- 각종 홍보활동(학과, 동아리, 학교 등)
- 부업 현장(각종 아르바이트)

3. **다음 중 한 가지 항목을 골라 그에 얽힌 이야기를 '발견'하고 사연을 갈무리하여 발표해 보자.**

- 나의 아주 오래된 기억
- 학창 시절에 가장 기뻤던 일 (또는, 슬펐던 일)
- 내 인생에 가장 많은 영향을 끼친 사람, 그리고 그에 얽힌 사건 하나
- 살아가면서 겪었거나 보고 들은 일 가운데 정말 놀라운 것
- 지금까지의 삶에서 정말 기억에 남는 장소 한 곳
- 잠을 자면서 꾸었던 아주 신기한 꿈
- 어제 하루의 일과 중 가장 의미 있었던 상황

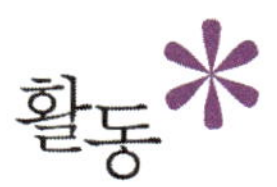

4. 독창적 상상력을 마음껏 발휘하여 세상에 없던 새로운 이야기를 창조하고 그 내용을 발표해 보자.

4. 문학적 상상과 글쓰기

한낮 대청마루에 누워 앞뒤 문을 열어
놓고 있다가, 앞뒤 문으로 나락드락
불어오는 바람에 겨드랑 땀을 식히고 있다가,

스윽, 제비 한마리가,
집을 관통했다.

그 하얀 아랫배,
내 낯바닥에
닿을 듯 말 듯,
한순간에,
스쳐지나가 버렸다.

집이 잠시 어안이 벙벙
그야말로 무방비로
앞뒤로 뻥
뚫려버린 순간,

제비 아랫배처럼 하얗고 서늘한 바람이
사립문을 빠져 나가는 게 보였다 나 몸의
숨구멍이란 숨구멍을 모두 확 열어젖히고

위 시의 제목은 무엇일까?

1

시의 상황 속으로 들어가 공감하고 글쓰기

'아무 생각 없이' 시 느끼고 표현하기

낯설게 하기
defamiliarization

러시아 형식주의자 빅토르 쉬크로프스키는 낯설게 하기가 언어에 의한 담화의 일상적 양식을 혼란케 함으로써 문학은 일상적 지각의 세계를 낯설게 만들어, 생생한 감각을 할 수 없게 된 독자의 잃어버린 능력을 새롭게 형성시켜 준다고 보았다.

일상적으로 시가 난해하다는 선입견을 갖게 되는 이유는 무엇보다 시의 화자가 말하고자 하는 바가 무엇이며, 왜 그것을 말하고 싶어하는지가 선명하게 직접적으로 독자에게 전달되지 않기 때문이다. 그 선명함을 가로막고 있는 것이 시 특유의 수사학, 낯설게 하기로서의 시작품이 추구하는 예술적 장치이다. 그럼에도 불구하고 고도로 기교적이고 추상적인 일부의 시들을 제외한다면, 대부분의 시는 어느 정도의 노력으로 즐길 수 있다.

시를 즐길 수 있기 위해서는 무엇보다 한 편의 시작품이 화자를 통해 울려나올 수밖에 없는 상황을 상상할 수 있어야 한다. 만일 화자의 상황을 상상할 수 없다면 앞의 이유와 더불어 이로 인해 시가 난해하다는 고정관념이 반복된다. 시가 무엇을 말하는지 모르겠다는 두 가지 이유 중에서 우선적인 것은 독자가 시가 말해지는 상황에 대하여 상상하지 못하는 경우이다.

제도교육 = 정답찾기

대부분의 독자가 시에 대해 거부감을 가지게 된 배경은 고교과정까지 시작품에 대한 학습과정이 시작품을 즐길 수 있는 감상능력을 길러 주기보다는 시작품에 대한 지식을 전달하는 데 목적을 둘 수밖에 없는 교육 현실에서 비롯된다. 시인의 주관적인 표현을 개연성 있게 공감하는 것과 독자 자신의 주관적인 감상에 몰입하는 것 중 무엇이 옳은 것일까? 제도교육에서는 당연히 전자를 정답으로 제시한다. 그것 자체가 틀린 것은 아니다. 문제는 독자가 시작품을 읽으면서 자신만의 고유한 느낌, 미감을 형성하기도 전에 정답이 무엇인지 의식하게 만드는 방식에 있다. 독자의 주관적인 판단, 정서적 인식의 씨앗이 싹도 틔우기 전에 정답찾기라는 조건반사적 강박관념에 빠져 진정한 의미의 미적 체험을 하지 못한다.

이를 극복하는 방법은 의외로 간단하다. 아무 생각 없이 느끼는 것이다. 그런데 아무 생각 없기가 되질 않는다는 것이다. 끊임없이 이것은 무슨 의미일까? 주제는 무엇일까? 등등의 정답찾기 식의 생각, 개념적 판단이 '느낌' 자체의 활성화를 억압한다. 시를 포함한 언어예술, 문학은 수학이 아니다. 그 느낌에 정답이란 있을 수 없다. 소위 정답이라 하는 것은 많은 사람들이 보편적으로 갖게 되는 또는 가질 수 있을 것이라 인정되는 해석일 뿐이다. 나의 느낌이 그 해석의 영역 밖에 놓여 있다고 해도 '틀린 것'이 아니다. 단지 다른 것이다.

핵심은 내가 느끼는 것이다. 그 다음 내가 느낀 것을 말로,

글로 옮겼을 때 다른 이들과 소통할 수 있는가가 중요하다. 나만의 느낌을 무시하지 않고 존중하는 태도가 창조적 사고의 원천이다. 이를 외부적으로 표현하는 데는 여러 가지 매개체가 선택가능하다. 노래, 몸, 물감, 그림, 영상, 음악 등. 그 중 가장 대중적인 표현이 글이다.

여기서는 시작품을 매개로 삼아 창조적 사고를 자극하고 이를 타인과 소통할 수 있도록 표현해 보도록 하자. 아래의 시는 서양의 유명 극작가가 쓴 것을 번역한 것이다. 소위 정답이라고 정리된 것들이 없다. 여러분은 질문에 대한 답을 쓰는 것이다. 질문을 받을 때마다 한 가지만 염두에 두고 읽고 느끼면 된다. 처음 질문은 '이 시를 읽고 떠오르는 색상은 무엇인가?'이다. 시어 속의 색채어를 찾으라는 것이 아니다. '빨간 장미'라는 시어가 있을지라도 시가 파란색이라는 느낌을 줄 수도 있다. 읽고 난 후 자연스럽게 떠오르는 것을 말하면 된다. 특정 단어, 어절, 문장으로 인해 그러한 색깔이 연상되었다고 제시할 수 있다면 더욱 좋다. 아래의 질문들을 동시에 이성적으로 판단하는 것이 아니다. 한 번에 한 가지 질문만 염두에 두고 찬찬히 읽어 가며 질문과 관련된 느낌이 자연스럽게 형성되도록 한다.

다음 시를 읽고 질문에 답해 보자.

어떤 허물 때문에 나를 버린다고 하시면,
나는 그 허물을 더 과장하여 말하리라.
나를 절름발이라고 하시면, 나는 곧 다리를 절으리라,
그대의 말씀에 구태여 변명 아니 하며.
애인이여, 사랑을 바꾸고 싶어 구실을 만드시는 것은
내가 날 욕되게 하는 것보다 절반도 날 욕되게 아니 하도다.

그대의 뜻이라면 아직까지의 친교를 말살하고
서로 모르는 사이처럼 보이게 하리라.
그대의 가는 곳에는 아니 가리라.
내 입에 그대의 이름을 담지 않으리라.
불경한 내가 혹시 구면이라 알은 체하여
그대의 이름에 누를 끼치지 않도록.
그대를 위하여서는 나를 대적하여 싸우리라.
그대가 미워하는 사람을 내 사랑할 수 없나니.

(1) 이 시가 연상시키는 색상은?

(2) 이 시에서 들리는 소리는?

(3) 이 시에서 느껴지는 맛은? / 냄새는?

(4) 이 시의 계절은? / 날씨는? / 시간은?

(5) 이 시의 화자는 여자인가? 남자인가?

(6) 이 시의 화자의 나이는?

(7) 시의 상황에 적합한 음악은?

(8) 화자가 누구에게 말하고 있는가?

(9) 화자는 무슨 생각을 하고 있는가?

만일 여러분이 마지막 질문은 읽지 않고 즉시 대답했다면 그것은 여러분이 시작품의 문맥과 표현의 낯설음을 돌파하여 화자와 동일시 혹은 화자가 처한 상황에 공감하거나 아니면 화자의 입장을 이해했다는 것을 뜻한다. 질문에 답하기 위해 반복해서 읽는 과정은 여러분이 작품의 본질 자체를, 즉 시인이 작품의 행간에 교묘하게 숨겨놓은 인간적인 감정과 생각들을 인식하게 유도한다. 이 순간부터 여러분의 내면에서는 상상력이 발휘되기 시작한다. 시작품은 인간적인 정신의 삶과 생각을 고도의 수사학적 압축을 통해 반영하고 있는 만큼 그것이 여러분의 상상 속에서 새롭게 빚어질 때 시 읽기의 즐거움을 느낄 수 있게 된다.

지금까지 수행한 여러분의 글쓰기에 기초하여 시작품을 그림으로 그려보는 것은 언어적 차원의 사고를 시각적으로 전환해 보도록 유도하고, 사고의 내용에 생기를 불어넣는 데 도움을 준다.

시를 그림으로 그려보자

이 활동은 문학 또는 예술의 본질과 맞닿아 있다. 허버트 리드는 다음과 같이 말한다.

시각적 상상력

> 좋은 글의 특징을 내게 말하라고 한다면 나는 한마디로 말할 수 있다. 시각적인 것. 문학을 기본적인 요소로 축소시키게 되면 결국 한 가지 목적, 즉 말로써 이미지를 전달하는 것에 귀결된다. 단지 이미지를 전달하는 것. 뇌 속에 있는 스크린에다 움직이는 사물과 사건을 투사하는 것. 그것이 호메로스와 셰익스피어로부터 제임스 조이스와 어네스트 헤밍웨이에 이르기까지 적용되는 훌륭한 문학의 정의, 모든 위대한 시인의 업적이다.
>
> _ Read, 1945 : 230-231

시각화하는 것은 여러 예술 영역에서 매우 중요한 위상을 점하고 있다. 스타니슬랍스키는 '상상력'을 삶의 내면에 숨겨져 있는 또 다른 모습을 볼 수 있는 연기자의 능력이라고 설명하면서 '영상을 그리는 내면의 눈', 시각화와 연결시켰다.

콘스탄틴 스타니슬랍스키

Constantin Stanislavski

러시아의 배우이자 연극연출가. 현대 연기예술의 방법론을 체계적으로 완성하였다. ≪배우수업≫, ≪성격구축≫, ≪역할창조≫ 3부작을 통해 연기 예술의 전 과정을 과학적으로 정초하였다.

> 상상력은 일상적 현실보다 본질적인 자연(심층적 현실)으로부터 더 많은 가능성을 얻을 수 있다…… 상상력은 실질적인 현실의 삶에서 실현될 수 없는 것을 그려 낸다…… 공상의 세계에서 중요한 창조적 작업은 우리의 환상을 만들어 낸다…… 이 경우에 터무니없는 이야기를 현실로 가까이 하는 수단도 필요한 것이다…… 논리와 통일성은 이 작업에서 가장 중요한 위치 중에 하나를 차지하고 있고, 그것은 전혀 불가능한 것을 가능한 것으로 접근시키는 것에 도움을 준다…… 이와 같은 방법으로 배우에게 환상을 위한 주제를 제시하면 되고, 배우는 자신의 내면의 눈을 통하여 일치되는 시각적인 형상을 보기 시작하는 것이다. 이것이 '영상을 그리는 내면의 눈'이다.
>
> _ Stanislavski, 2001 : 86-90

이러한 활동의 핵심은 여러분이 자신의 주관적인 감상을 갖는 것이며, 문학적인 지식, 예컨대 작품의 수사학, 사상, 운율 등은 전혀 의식하지 않는 것이다. 만일 나의 주관적인 감상이 보편적인 맥락과 다르다면 그 이유를 스스로 묻고 대답하면 된다. 잘못된 것이 아니다. 창조적인 가능성이 보다 높은 것이다.

하나이면서 여럿 혹은 여럿이면서 하나

위의 시 읽기와 동일한 방식으로 다음 세 편의 시를 읽고 각각의 질문에 답해 보자.

나 보기가 역겨워
가실 때에는 말없이 고이 보내 드리우리다.

영변에 약산
진달래꽃
아름 따다 가실 길에 뿌리오리다.

가시는 걸음걸음
놓인 그 꽃을
사뿐히 즈려 밟고 가시옵소서.

나 보기가 역겨워
가실 때에는
죽어도 아니 눈물 흘리오리다.

산산히 부서진 이름이여!
허공중에 헤어진 이름이여!
불러도 주인 없는 이름이여!
부르다가 내가 죽을 이름이여!

심중에 남아 있는 말 한 마디
끝끝내 마저 하지 못하였구나.
사랑하던 그 사람이여!
사랑하던 그 사람이여!

붉은 해는 서산마루에 걸리었다.
사슴의 무리도 슬피 운다.
떨어져 나가 앉은 산 위에서
나는 그대의 이름을 부르노라.

설움에 겹도록 부르노라.
설움에 겹도록 부르노라.
부르는 그 소리는 비껴가지만
하늘과 땅 사이가 너무 멀구나

선 채로 이 자리에 돌이 되어도
부르다가 내가 죽을 이름이여!
사랑하던 그 사람이여!
사랑하던 그 사람이여!

그대가 나의 모자람을 보고 미간을 찌푸릴 때
그대의 사랑이 마지막 총액을 계산하고
심사숙고하여 청산을 요구할 때.
그대가 서먹 서먹 내 곁을 지나고
해님 같은 그대 눈이 내게 아무런 인사도 않을 때.
그런 때가 온다면, 그때를 대비하여,
또 사랑이 옛것과는 달리 변하여,
움직일 수 없는 중대한 구실을 찾았을 때
그때를 대비하여 내가 부족함을 내 인식하여
지금 여기서 내 자신을 방어하노라.
그대 편의 타당한 자유를 지지하고자
나 자신에 반대하여 손들어 증언하노라.
그대가 불쌍한 나를 저버리는 것은 법이 인정하는 바이라
내가 사랑받겠노라 주장할 이유가 없나니.

위에 인용한 세 편의 작품은 김소월의 〈진달래꽃〉, 〈초혼〉과 셰익스피어 〈소네트 49번〉이고 앞의 작품은 〈소네트 89번〉이다. 네 작품은 공통적으로 남녀의 사랑과 이별을 소재로 한 것이지만, 그 상황을 받아들이는 화자의 내면 상태는 각기 다르다. 여기서 다루고 있는 시편들은 그 내용이 추상적이지 않고 어휘의 선택도 일상적인 것들이다. 화자에게는 무슨 일/사건이 발생하여 위와 같은 시/말을 절절하게 토해낼 수밖에 없었을까?

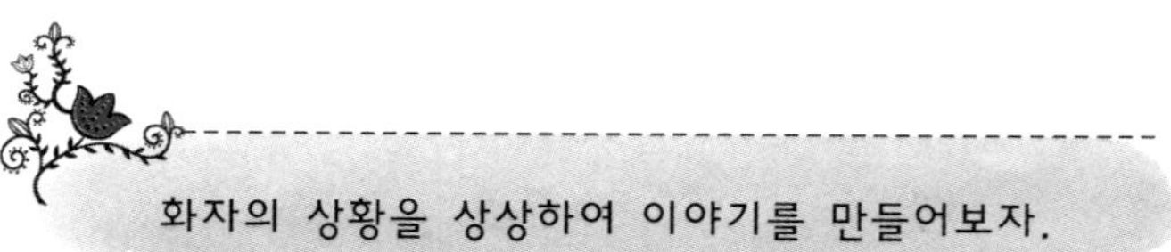

먼저 〈진달래꽃〉에서 화자는 지금 막 헤어졌거나 아니면 곧 헤어질 상대에게 자신의 마음을 표현하고 있다. 학습자들은 〈진달래꽃〉에서 화자가 청자에 대한 사랑이 순종적(말없이 고이 보내 드리우리다)이고 희생적(즈려 밟고 가시옵소서)임을 보편적으로 느낄 수 있다.(오세영, 1998 : 20)

〈초혼〉의 화자는 헤어진 지 이미 긴 시간이 흐른 뒤(불러도 주인 없는 이름이여!)에 다시 만나기를 기대할 수 없는 상황에서 청자에게, 혹은 죽은(하늘과 땅 사이가 너무 멀구나) 청자에게 자신의 사랑하는 마음을 표현하고 있다.(서정주, 144면) 이 화자는 사랑하는 이에게 자신의 사랑을 직접적으로 고백하지 못했다(말 한 마디 끝끝내 마저 하지 못하였구나). 여기서 〈진달래꽃〉과 변별되는 화자의 절절한 안타까움이 추가된다. 그래서 이 작품의 화자는 무생물인 돌로 은유되고, 앞에서는 꽃으로 은유된다.

세 번째 시는 셰익스피어 〈소네트 49번〉이다. 여기에서는 화자가 말 그대로 미래의 일을 걱정하여 말하는 것일 수도 있고, 이미 벌어진 상황을 완곡하게 표현한 것일 수도 있다. 김소월의 〈진달래꽃〉과 상당히 유사한 주어진 상황을 공유하는 듯하다. 여기서도 순종적(그대가 불쌍한 나를 저버리는 것은 법이 인정하는 바이라)인 태도를 보여주나 희생적인 요소를 찾아보기 힘들다. 또한 청자의 행위(1, 3, 4행)가 구체적으로 드러나는 반면 화자는 그것을 받아들이는 수동적으로 체념하는 태도를 취하고 있다.

아래는 처음 제시했던 시로 〈소네트 89번〉이다. 다시 한번 읽어보자.

어떤 허물 때문에 나를 버린다고 하시면,
나는 그 허물을 더 과장하여 말하리라.
나를 절름발이라고 하시면, 나는 곧 다리를 절으리라,
그대의 말씀에 구태여 변명 아니 하며.
애인이여, 사랑을 바꾸고 싶어 구실을 만드시는 것은
내가 날 욕되게 하는 것보다 절반도 날 욕되게 아니 하도다.
그대의 뜻이라면 아직까지의 친교를 말살하고
서로 모르는 사이처럼 보이게 하리라.
그대의 가는 곳에는 아니 가리라.
내 입에 그대의 이름을 담지 않으리라.
불경한 내가 혹시 구면이라 알은 체하여
그대의 이름에 누를 끼치지 않도록.
그대를 위하여서는 나를 대적하여 싸우리라.
그대가 미워하는 사람을 내 사랑할 수 없나니.

이 시작품은 위의 49번과 대비하여 볼 때 화자의 순종적인 행위가 전면에 드러난다. 화자는 독립적인 주체로서 자신의 판단은 전적으로 배제하고 사랑하는 이의 판단(허물, 절름발이, 그대의 뜻)을 맹목에 가까울 정도로 받아들이겠다는 자기비하적인 혹은 몰주체적인 희생의 태도를 보이기조차 한다. 그러나 그것이 적극적인 사랑에서 비롯되는 것임을 독자는 인식할 수 있다. 그 사랑의 힘이 지나쳐 자신을 미워하고 자신과 대적하여 싸우게 만든다면 그 끝은 죽음까지도 나아갈 수 있지 않을까 하는 상상을 하게 만든다.

	진달래 꽃	초혼	소네트 49	소네트 89
화자의 성별		남자		남자, 여자
화자의 태도	적극적		수동적	
이별의 시점	과거/ 근접미래	과거		가정/ 근접미래
청자와의 관계	순종적/ 희생적		순종적	자기비하적 몰주체적
행위성	있음	있음	있음	

빈칸을 채워 본 후 네 편의 시의 차0 점을 비교해 보자.

이상에서 간략하게 살펴보았듯이 동일한 사랑과 이별의 상황일지라도 그 내적인 성격은 독자에 따라 변별성을 지닐 수밖에 없다. 유사한 것처럼 보이는 수많은 작품들이 생산되는 이유는 이러한 차이점들에서 비롯된다고 할 수도 있다.

여기서 제시하고 있는 네 시편에 대한 해석은 정답이 아니다. 독자에 따라 전혀 다른 해석을 할 수도 있다. 자신의 느낌을 구체적 근거에 바탕으로 하여 타인과 소통할 수 있으면 된다. 단, 여러분 자신이 느끼는 감정의 근거를 시어에서 찾을 수 있도록 구체적으로 사고하게끔 유의해야 한다.

내가 좋아하는 시 한 편을 선택하여 그 시를/말을 누군가에게 말하게 되기까지 있었던 상황을 글로 써보자.

2

인물의 눈으로 소설의 '서사적 채워 넣기'

서사적 채워 넣기의 개념과 방법

작품과 독자 사이의 소통행위는 근본적으로 작품에 의해 유도되어야 한다. 독자의 자의적인 읽기에 의해 전혀 엉뚱한 의미 해석으로 진행되는 것은 분명히 오류이다. 에코는 작품이 허락하는 한계 내에서 이루어진 소통을 작품의 '해석'이라 하고, 자유 방만하게 작품의 한계를 벗어나는 소통을 작품의 '사용'이라고 변별하였다. 작품의 고유 의도를 무시한 '사용'은 바로 작품에 대한 폭력을 행사하는 것으로, 어떤 해석이든 작품의 논리성에 근거해야 한다고 결론내리고 있다.(Eco, 1995 : 32)

소설작품에 익숙하지 않은 독자는 막연한 인상에 기초해서 자신만의 엉뚱한 상상을 하곤 한다. 이러한 현상은 작품이

다루고 있는 시대적 배경에 대한 지식의 부족과 인간 내면의 다양성에 대한 통찰의 결여가 유발하는 오류이다. 이를 극복하는 가장 핵심적인 방법이 서사적 채워 넣기에 의한 상상력이다. 이것이 작품의 '사용'이 아닌 '해석'으로 독자를 유도한다.

소설작품을 포함하여 언어를 수단으로 삼는 예술작품은 빈 틈, 빈자리를 가질 수밖에 없다. 그것은 근본적으로 언어의 본질적 성격과 크게 다르지 않다. 언어는 생성, 성장, 소멸의 과정을 거친다. 그 과정 속에서 말의 의미는 부유하기 마련이고, 따라서 발신자와 수신자 사이에는 유동하는 언어를 매개로 하여 상상력만이 메울 수 있는 빈 공간을 가운데 놓고 있다. 자연과학적 텍스트가 숫자를 매개로 삼아 한치의 여백도 허용하지 않으려는 것과 대비할 때 언어의 다의성에 기반한 문학작품의 불확정성은 더욱 선명해진다.

불확정성을 확정된 무엇으로 변화시키고자 하는 시도가 이루어지지 못한다면 독자에게 작품은 알 수 없는 대상으로 남아 있을 수밖에 없다. 연극, 소설, 영화, 만화 등과 같은 서사물은 언어로 표현되는 시/공간 예술이다. 서사물의 핵심적인 두 축은 현실 또는 허구의 사건 및 상황들로서의 공간과 일련의 연속적 관계로 표현되는 시간이다. 서사물은 양자의 끊임없는 교차와 결합에 의해 이루어지는 의미의 형상물이다.(Prince, 1988 : 12)

문학작품 속에서 예술적으로 표현된 시간과 공간은 긴밀한 내적 연관을 지니고 있으며, 이를 지칭하여 크로노토프chronotope라 한다.(Bakhtin, 1988 : 260) 독자들은 서사물을 읽어 나가면서 작품의 빈 시간과 공간들을 자신의 상상력으로 채워나가는 과정을 무의식중에 수행함으로써 작품의 의미를 확정하게 된다. 채트먼은 그 과정을 다음과 같이 말한다.

크로노토프 (시공간)

단순한 정보에 그치는 사건을 형상이 되게 한다. 따라서 시공간은 공간 안에서 시간을 객관화하는 주요 수단으로 작용하면서, 구체적인 재현의 중심이자 동시에 소설작품에 실체를 부여하는 힘으로 나타난다.

서사물이 연행을 통해서 경험되든 아니면 어떤 작품을 통해서 경험되든, 청중들은 해석을 지니고 반응해야 한다. 청중들은 그 관계에 참여하지 않을 수 없다. 이들은 작품의 빈 곳에다가, 다양한 이유로 해서 언급되지 않은 필수적이거나 있음직한 사건, 특성, 대상들을 채워 넣어야 한다. [중략] 그럴듯한 세부들을 채워 넣는 독자들의 능력은 두 지점 사이의 얼마 안 되는 공간의 유한성을 생각하는 기하학자의 그것처럼 제한적이다.

우리는 오직 서사물의 논리적 특성 즉 서사물들이 잠재적인 플롯을 지닌 세계를 환기하며, 그러한 세계의 많은 부분들은 제공되지 않는 한 언급되지 않는다는 점에 대해서만 말하고 있는 것이다. 우리는 또한 표현을 띠고 말해진 것이라는 근거에서 인물에 대한 몇몇 부가적인 세세함을 투영할 수도 있다.

_ Chatman, 1990 : 33-34

서사물의 작가는 필연적인 연속감을 이끌어 내기에 충분하다고 생각되는 사건들을 선별한다. 정상적으로 독자들도 주된 이야기 선을 받아들이는 데 만족하며 일상적인 삶과 예술의 경험을 통해 얻어진 지식을 가지고 그 틈새를 채우는 것이다. 이것이 이루어지지 않을 때 독자는 작품을 난해하게 여기거나 재미없어 한다. 일반 독자들은 무의식적인 서사적 채워 넣기가 이루어지면 작품을 읽어나가는 데 무리가 없고 더 이상의 세부적인 상상력을 발휘할 필요는 없다.

상상력에 개연성이 확보되어야만 작품의 상황과 일치하는 인물의 행위를 발견할 수 있다. 아래의 두 사건은 플롯을 설명하는 유명한 예화이다. 플롯은 사건을 '이어서' 보여주는 것이 아니라 한 사건으로 인하여 다음 사건이 발생하는 것을 보여주어야 한다. 아래의 첫 문장은 아무런 인과관계가 없는 독립된 두 사실의 나열, 이야기에 불과할 뿐이다.

이어서 vs 인하여

아리스토텔레스가 ≪시학≫에서 플롯을 정의하며 최초로 제시한 개념으로 플롯의 핵심이다.

왕이 죽었다. 왕비도 죽었다.

A. 왕이 죽었다. (왕비는 너무 슬퍼했다. 그로 인해) 왕비도 죽었다.

_ Forster, 1984 : 98

B. 왕이 죽었다. (왕비는 너무 기뻐했다. 그로 인해) 왕비도 죽었다.

여기에 인과관계가 개입된 A, B는 플롯화가 이루어졌다. 위에서 왕비가 죽게 되는 계기가 슬픔과 기쁨 아니면 다른 그 무엇이었는가는 작품의 앞 이야기를 통해 추론할 수 있다. 적극적 상상력은 여기서 더 전진해야 한다. 만일 작품에서 슬픔과 기쁨이 발생하게 된 맥락을 충분히 해명하지 않는다면 그것을 작품의 앞에 나온 사실들의 연관 속에서 반추해야만 한다. 이때 독자의 지력, 이성적 사고력과 기억력이 필수적이다.

핵심은 비어 있는 시공간을 자유롭게 유도해낼 수 있을 때 최소한의 작품의 상황에 대한 이해가 이루어졌다고 말할 수 있다. 독자는 작품 전체의 상황과 일치하면서 동시에 인물의 성격에 맞는 개연적 행위와 사건들을 찾도록 노력해야 한다. 작품의 상황과 그에 적합한 인물의 행위를 상상하는 것은 탐색의 결과 '발견'되는 것이다. 이 과정은 독자가 인물의 눈으로 작품 내의 상황과 사건 그리고 다른 인물들을 바라보게 되는 것을 의미한다.

독자가 서사적 채워 넣기를 개연적으로 상상하기 위한 방법은 두 가지 차원에서 생각해야 한다. 첫 번째는 작품 전체를 규정하고 있는 거시적인 차원과 개별적인 장면들에서 준비해야 하는 미시적인 차원으로 나눌 수 있다. 아래의 질문들은 거시적 차원에 속한다고 할 수 있다.

거시적 질문

…에서 중요한 사건 10가지를 선정한다면?

10가지 사건을 중요도에 따라 순서를 나열한다면? 그 이유는?

…의 실제 역사적 사건이 인물에 미친 영향이 있다면?

…인물들이 소망하는 바는?

…에게 가장 중요한 사건과 그 이유는?

…에서 두 인물 사이의 관계를 잘 보여주는 장면은?

인물 A의 인물 B에 대한 평가와 그 반대는?

인물 A가 알고 있는 자신의 상황과 실제 상황은?

여기에 작품이 배경으로 삼고 있는 역사적, 지역적 상이성에 따라 추가되는 질문이 일부 달라지겠지만 미시적 차원의 경우에도 동일한 과정을 수행해야 한다. 즉, 작품의 표층에 노출되지 않은 내용들에 대해 다시 말해 작품의 장면과 장면 사이에서 무슨 일이 있었는가를 연쇄적으로 질문하고 답해야 한다. 가장 손쉬운 질문은 먼저 큰 시간단위로 분절하고 점차적으로 작은 시간단위까지 파고들어 인물에게 있었던 일을 또는 행위를 묻는 것이다. 더불어 왜 그러한 행위를 했는지, 행위의 동기와 목표 그리고 행위에 대한 현재의 평가를 확인하는 것이다.

미시적 질문

_ 인물이 어디에서 왔는가?

_ 그 공간에서 무엇을 했는가?

_ 어떤 사건이 있었는가?

_ 그렇다면 지금 여기에는 왜 들어오는가?

_ 현재의 시간은?

이 과정은 작품에 나타난 사실과 사건을 독자가 어떻게 평가하고 있는가와 직접적인 관련이 있다. 작품 속의 인물과 자연인인 독자는 명확히 별개의 존재이다. 따라서 양자의 관점에서 행한 작품 내의 사실과 사건에 대한 평가의 결과가 동일할 수 없다. 구체적인 작품의 상황과 유기적으로 결합하지 못한 채 독자가 자연인인 나로서 "만약에 나라면 어떻게 했을까"를 상상한다면, 그것은 독자의 일상적인 의식구조에서 벗어나지 못한 개연성이 결여된 잘못된 추측을 하기 쉽다.

따라서 독자는 먼저 자신의 관점에서 '사실과 사건에 대한 평가'를 내려야만 한다. 그 다음 그 내용을 인물의 평가와 대비하여 양자 사이의 거리를 확인해야 한다. 작품 속 사실을 평가(나라면 이렇게 했을 텐데)하고 인물의 행위와 비교하는 것은 인물의 정신적 생활의 내적 체계를 인식하고 느끼는 것을 의미한다. 비교의 과정을 통해 인물과 나 사이의 거리를 좁혀나가기 위해서는 독자가 능동적으로 상상하고 사고하여 인물의 평가에 도달해야 한다.

인물과 독자와의 시선일치가 이루어졌을 때 인물의 형상을 살아 있는 것으로 변화시킬 수 있는 '서사적 채워 넣기'가 머뭇거림 없이 활발하게 진행된다. 이것은 독자가 작품의 사실과 사건 속에 숨겨진 의미, 정신적인 본질, 의의와 영향력의 정도를 자연인인 독자의 눈이 아닌 인물의 눈으로 재발견했을 때 가능하다. 그것은 표면적 사실과 상황 안으로 파고들어가 그 안에서 외적 사실을 만들어 낸 보다 중요한 '심층의 정신적 사건을 찾아내는 것'이다. 그것은 작품 아래 숨겨진 인물의 개인적이고 정신적인 삶의 비밀을 이해하기 위한 열쇠를 찾는 것이며, 작가가 창조한 사건과 삶의 모든 것을 독자 자신의 것으로 만든다는 것을 의미한다.

이광수, 〈무정〉의 서사적 채워 넣기

작품의 거시적/역사적 상황과 사건

여기서는 앞에서 제시한 이론적 논의를 구체적인 작품을 통하여 실제 적용방식에 대해 논의한다. 이를 위해 이광수의 〈무정〉(1917년 작)을 선택하였다.

먼저 아래의 질문들에 대답을 해 보자.

(1) 〈무정〉에서 중요한 사건 10가지를 선정한다면?
(2) 10가지 사건을 중요도에 따라 순서를 나열한다면?
(3) 그 이유는?
(4) 〈무정〉의 실제 역사적 사건이 인물에 미친 영향이 있다면?
(5) 〈무정〉의 인물들이 소망하는 바는?
(6) 〈무정〉의 인물들에게 가장 중요한 사건과 그 이유는?
(7) 〈무정〉에서 두 인물 사이의 관계를 잘 보여주는 장면은?
(8) 누가 영채를 강간했나?
(9) 형식의 영채, 선영에 대한 평가와 그 반대는?
(10) 영채가 강간사건 이후 인식하고 있는 자신의 상황과 실제 상황은 어떤 의미를 지니는가?

〈무정〉은 최초의 근대소설로 문학사에서 자리 매김되고 있다. 〈무정〉이란 작품 전체를 아우르는 작품의 상황은 작품 내에서 명시되고 있지 않지만 3·1독립선언의 기운이 채 형성되기 전 1910년대 중/후반(시간) 일제 강점 하(역사적 조건)의 경성(공간)을 전제하고 있다. 당시는 두 가지의 민족적 과제가 모든 식민지 조선인들에게 놓여 있었다. 첫째는 일제로부터의 해방(반제)이고 둘째는 유교적 인습에서의 해방(반봉건)이다. 이 두 가지 목적을 수행하기 위해서는 민족의 계몽, 근대성의 세례가 필수적인 것으로 인식되었다. 다시 말해 조선이 힘이 없어 일제의 식민지로 전락한 것인데, 그 힘은 근대성의 세계에 편입되지 못한 조선의 지식인들에게 자주독립의 추동력으로 인식된 것이다. 그럼에도 불구하고 전통적인 유교적 이데올로기는 개개인의 몸과 마음속에 강하게 지배력을 행사하고 있었다.

일제로부터의 해방 / 유교적 인습에서의 해방

이러한 역사적 현실이 〈무정〉을 감싸고 있는 광의의 작품 상황이다. 이것은 개별 인물들의 사고와 행위와 결합되어 형상화된다. 근대적 교육의 세례를 받은 이형식이나 신우선, 배 학감 등도 여전히 일상적 사고와 행위의 기준은 유교적 습속에서 헤어나지 못하고 일부 공적 영역에서만 근대적 가치를 계몽하고 있는 관념적 차원의 근대인이다. 가장 근본적으로 근대적 사고를 실천하고 있는 인물은 여성인 병욱이다. 이중의 식민적 상황인 여성이 어느 누구보다 진보적인 경향을 보이는 것은 오히려 당연할 수도 있다.

이들과 달리 영채는 아무런 근대적 사상의 영향을 받지 못한 구시대의 상징적 존재이다. 아버지의 옥바라지를 위해 기생이 되고, 수많은 유혹을 형식에 대한 정절을 지키기 위해 힘겹게 물리쳐 온 것이다. 그러한 영채의 노력은 강간사건에 의해 무참히 훼손되고 아무런 보상을 받지 못하게 된다. 자살을 위한 평양행에서 병욱과의 대화를 통해 조금씩 인간으로서의 주체성을 자각하는 과정은 이 시대가 요구하는 새로운 인간상의 형성과정을 보여주고 있다. 요컨대 성리학적 세계상과 인간관이 근대성과 충돌하여 소멸될 수밖에 없는 운명적 현실을 인물들의 행위를 통해서 드러내고 있다.

이러한 작품의 거시적 상황하에서 작품에 나타난 중요 사건들을 시간을 지시하는 단어들을 기준으로 단락을 나누면 다음과 같다. 이것 역시 여러분들의 꼼꼼한 책읽기를 통해 진행되어야 한다. 작품에는 이외에도 수다한 사건들이 있는데 이들 중 핵심적인 것들을 선택하여 재구할 수 있는 능력을 계발해야 한다.

시간과 공간의 변화를 기준으로 해서 사건들을 분절해 보도록 하자.

1. 6월 어느 날(1일째)

오후 두 시경	경성학교 영어교사 이형식은 김 장로의 집으로 간다.
	형식은 가정교사로 김 장로의 딸 선형에게 영어를 가르친다.
저녁식사 후	영채가 방문하여 옛날이야기를 나누고 돌아간다.

2. 2일째

조반 먹을 때	이희경, 김종렬(학생) 등이 형식을 찾아온다.
	형식이 교사들로부터 배 학감과 계월향의 추문을 듣는다.
점심 후에	형식이 선형을 가르친다.
밤이 가까웠다.	형식이 계월향(영채)의 집을 찾아간다.
	형식이 신우선과 청량사에서 영채의 강간사건을 목격한다.
열한시가 넘어	영채와 형식은 각자의 집으로 돌아간다.

3. 3일째

아침 늦게	형식이 우선과 함께 영채의 집으로 간다.
	형식이 영채가 남긴 편지를 읽는다.
밤차로	형식이 노파와 동행하여 평양으로 떠난다.

4. 4일째

어스름한 새벽	
아침	
오전	
저녁	

5. 5일째

오전　형식이 학교에서 학생들과 배 학감에게 모욕당한다.
오정　목사가 형식을 방문하여 김 장로의 청혼을 전한다.
저녁　김 장로 집에서 형식과 선형의 약혼이 성립된다.
밤　형식이 귀가하여 신우선과 노파와 대화한다.

6. 다시 3일째

아침　영채는 자살을 결심하고 평양행 기차를 탄다.
　영채는 병욱과의 대화를 통해 새로운 자각의 계기가 생긴다.
저녁　황주에 있는 병욱의 집에 도착한다.

7. 1개월여 시간

형식　선형과 즐거운 시간을 보낸다. 선형에 대한 열등감을 느낀다. 자신에 대한 선영의 마음을 탐색한다. 김 장로 내외로부터 계월향과의 관계를 의심당하고 파혼을 생각할 때, 선형의 방문을 받고는 예정된 결혼과 유학을 확인한다.
영채　따뜻한 가정의 분위기를 느끼며 즐겁게 지낸다. 예술에 대해 새롭게 인식한다. 병욱의 오빠 병국에게 아정을 느낀다.

8. 8월 어느 날(1일째)

오후　병욱과 영채는 집을 떠나 일본으로 가기 위해 기차를 탄다.
다 어둡지는 아니하나　남대문에 도착한다.
　형식과 선형도 같은 기차로 유학을 떠난다.
밤　기차 안에서 모두 만난다.

9. 2일째

새벽 5시　..
....
....
....

10.　에필로그

_ 최상희, 1983 : 39-41

이처럼 전체적인 사건의 정리가 이루어진 다음에는 개별 인물을 중심으로 사건을 다시 확인할 필요가 있다.(권희돈, 1993 : 168) 독자는 전지적 위치에서 모든 사실과 사건들을 알고 있지만 작품의 시공간 속에서 살아가는 인물은 자기와 관련된 부분만을 파악하고 있을 뿐이다. 한 인물이 다른 인물의 삶과 생각들에 대해 독자 여러분만큼 속속들이 알지 못한다. 여기서 오해가 발생하고 갈등이 유발되는 것이다. 상대방이 처한 상황을 낱낱이 인식하고 공감할 수 있다면 아무런 분쟁도 발생하지 않을 것이다. 인물의 눈으로 바라보기 위해서는 전지적 위치에서 내려와야만 가능하다. 독자는 의도적으로 인물의 개인사와 개인적인 작품의 상황에 몰입할 필요가 있다. 다시 말해 작품 전체를 관조하는 위치와 인물의 눈, 두 자리를 유기적으로 통일해야만 작품의 상황과 인물성격에 대한 총체적인 인식에 도달하게 된다.

채만식의 〈태평천하〉에 나오는 주요 인물이 자신이 살던 식민지시대에 대해 어떤 인식을 하고 있는지 비교해 보자.

인물과 연관 속에서 미시적 상황의 파악

소설작품의 인물들은 과거사 중 특별히 중요한 의미를 차지하고 있는 사건들을 반추하곤 하는데, 이것이 독자가 상상 속에서 재구성해야 하는 인물이 처한 상황의 구성요소들이다.

형식에게는 그런 말이 귀에 들어오지도 아니한다. 과연 형식을 찾을 여자가 있을 리가 없다. 장차 김선형이나 윤순애가 형식을 찾아오게 될는지는 모르거니와 지금 어느 여자가 형식을 찾으리오. 하물며 기생인 듯한 여자가.

형식은 밥상을 앞에 놓고 아무리 생각하여도 알 수 없어 좀 지나면 온다 하였으니 그때가 되면 알리라 하고 저녁을 먹었다. 노파가,

"이것 봅시오."

하고 눈을 끔쩍하고 나간다.

"선생님 돌아오셨어요?"

하는 말소리가 들리더니 노파의 뒤를 따라 어떤 젊은 여자가 들어온다. 아까 노파의 말과 같이 모시 치마 저고리에 머리도 여학성 모양으로 쪽쪘다. 형식도 말이 없고 여자도 말이 없고 노파도 영문을 모르고 우두커니 섰다.

여자가 잠깐 형식을 보더니, 노파더러,

"이 선생 계셔요?"

"저 어른이 이 선생이시외다."

하고 노파도 매우 수상해 한다.

"네, 내가 이형식이오. 누구시오니까."

여자는 깜짝 놀라는 듯이 몸을 흠칫하고 한 걸음 물러서며 고개를 푹 숙인다. 해가 벌써 넘어가고 집집 광명들이 반짝반짝 눈을 뜬다.

형식은 무슨 까닭이 있음을 알고, 얼른 일어나 램프에 불을 켜고 마루에 담요를 내어 깐 뒤에,

"아무려나 이리 올라오십시오. 아까도 오셨더라는 데 마침 집이 없어서 실례하였습니다."

여자는 고래를 들었다. 눈에는 눈물이 고였다.

"저 같은 계집이 찾아와서 선생님의 명예에 상관이 아니 되겠습니까,"

"천만의 말씀이올시다. 우선 올라오십시오. 무슨 일이신지……."

〈무정〉의 시작부에서 영채가 형식을 처음 만난 장면이다. 인용문을 읽고 질문에 답해 보자.

여자는 은근하게 예하고 올라온다. 데리고 온 계집아이도 올라앉는다. 형식도 앉았다. 노파는 건넌방에서 불도 아니 켜고 담배를 피우면서 이 광경을 본다.

형식은 불빛에 파래 보이는 여자의 얼굴을 이윽히 보더니, 무슨 생각나는 일이 있는지 고개를 기울이고 눈을 감는다.

"저를 모르시겠습니까."

"글쎄올시다. 얼굴이 혹 뵈온 듯도 합니다마는."

"박응진을 기억하시겠습니까."

"에! 박응진?"

하고 형식은 눈이 둥글하고 말이 막힌다. 여자도 그만 책상 위에 쓰러져 운다. 형식의 눈에서는 굵은 눈물이 뚝뚝 떨어진다. 형식은 비창한 목소리로,

"아아, 영채씨로구려. 영채씨로구려. 고맙소이다. 나같이 은혜모르는 놈을 찾아 주시니 고맙소이다. 아아."

(1) 영채는 어디에서 왔는가?

(2) 그 공간에서 무엇을 했는가?

(3) 어떤 사건이 있었는가?

(4) 그렇다면 지금 — 여기에는 왜 들어왔는가?

(5) 현재의 시간은?

〈무정〉에서 서사 전개의 바탕이 되는 주요 상황들이 첫째 날과 둘째 날에 모두 제시된다. 형식이 선형의 영어 가정교사를 시작한 날 저녁 갑자기 7년 전에 헤어진 영채가 형식을 방문한다. 영채와의 대화를 통해 두 사람의 공통된 과거와 영채가 겪은 사건들과 기생이 된 이유, 그리고 현재의 처지와 상황이 서술된다. 영채가 형식의 무심한 반응에 말하기를 중단하자 형식은 박 진사의 은혜에 대한 의무감이 환기되어 영채의 처지에 대한 의문, 반감 그리고 동정을 느끼며 영채와의 즐거운 결합을 상상하는 미래에 대한 기대로까지 자유롭게 연상된다.

이러한 연상에 의한 심적 변화는 계월향을 영채로 추측하고 영채를 구원하지 못하는 자신의 무능력을 한탄하면서 둘째 날 영채를 찾아 나서게 되는 동기가 된다. 아침에 학생들의 방문과 동료 교사와의 대화를 통해 배 학감의 성격이 과거의 일화와 현재의 평판에 의해 제시됨으로써 사건의 전개와 밀접한 관련이 있음을 암시한다.

둘째 날 김 장로의 집에서 선형을 가르치면서 순애에게 느끼는 동병상련의 연민의 감정과 이성에 대해 느끼는 쾌미는 형식의 의식과 행위의 변화에 대한 단서를 제공한다. 형식을 만난 후, 영채의 심리적 갈등은 과거의 감정에 대한 아름다운 추억과 사랑의 실현에 대한 기대가 환상이었음을 깨닫고 자살 충동을 느끼는데 이러한 충동의 원천으로서, 평양에서 함께 기거했던 월화에 대한 설명과 일화를 통해 제시된다. 그리고 신우선이 형식과 청량사에 가는 도중 자신과 영채와의 관계에 대해서 말하는 형식의 회상을 통해 이후의 사건들이 전개될 토대를 마련한다.(최상희, 1983 : 42)

중요한 사실은 이러한 과거지사들이 모두 영채와 형식에

의해서 선택된 기억이라는 점이다. 아니 남아 있는 기억이다. 기억되지 못하는 과거의 일들은 마치 물속에 가라앉은 빙산처럼 더욱 거대할 것이다. 이러한 회상과 반응, 평가를 통해 독자/독자에게 알려주는 작품의 상황들, 이와 유사한 전사前史들은 독자 개인의 상상을 통해 채워져야 하는 것이다.

소설작품에 대한 서사적 채워 넣기는 중간 쓰기가 가장 활발히 수행될 수 있다. 앞에서 〈무정〉의 사건들의 목록을 보면 6과 7 사이에 한 달여의 시간으로 묶인 시공간이 존재한다. 이 빈자리를 채우는 것은 영채를 이해함에 있어서 특히 중요하다. 왜냐하면 이 시간 동안 영채는 새로운 인생을 시작하는 극적인 전환을 일으키기 때문이다. 비록 병욱과의 대화를 통해서 자살을 포기했지만 새로운 삶의 의지를 갖기 위해서는 보다 직접적이고 구체적인 계기들이 있어야 한다.

누가 영채를 강간했나? 영채의 사건이 상징하는 의미는 무엇인가?

그것은 순결을 빼앗겨 형식 앞에 나설 수 없는 기생으로서가 아니라, 인간으로서 자신의 독자적인 존재감을 느낄 수 있는 행위들의 표출이었을 것이다. 쉽게 상상할 수 있는 사실로는 병욱의 여러 활동들을 옆에서 지켜보면서 혹은 동참하면서 자신의 새로운 삶에 대한 가능성을 느끼고 희망하게 되었을 것이다.

이 기간 영채의 시간이 삶에 대한 인식의 변화를 일으킨 '질적인 성격'을 지니는 데 반해 형식의 경우는 단지 계획된 유학을 준비하는 '양적인 시간'에 불과하다. 물론 여러 가지 준비와 정리를 하면서 약혼자인 선형과의 관계가 보다 친밀해지는 시간이었겠지만 예정된 방향에서 어긋나는 상황은 발생하지 않는다.

드물게 활용되는 서사적 채워 넣기가 작품의 종결 이후를 이어 쓰기하는 것이다. 그런데 작품의 조건에 따라서는 이어

쓰기가 작품의 상황에 대한 이해도와 인물의 성격에 대한 개연적 상상력을 확인하는 데 더욱 중요할 수가 있다. 일상의 삶은 작품에서 다루고 있는 인생의 한 매듭이 완결되듯이 끝나지 않는다. 주요한 인물들이 모두 죽는 경우가 아니라면 당연히 작품 종결 이후의 인물들의 삶도 상상할 수 있다. 이때도 역시 중요한 것은 그 상상의 근거를 작품 내에서 찾도록 해야 한다는 것이다. 한 독자는 서사적 채워 넣기와 이어 쓰기의 기능에 대해 적절한 이해를 보여주었다.

> '인물들의 욕구와 그런 욕구가 생기게 된 이유, 그 욕구가 인물에게 어느 정도 절실한가, 그 욕구를 위해 인물들이 무엇을 하는가, 그 와중에 무엇과 갈등하게 되는가, 그 당시 사회적 조건 속에서 개인의 욕구는 어느 정도 실현될 수 있는가' 등을 고려할 수 있게 되었다.
>
> 이야기의 뒷부분을 써보는 것은 작품을 좀 더 심도 있게 이해할 수 있게 해주었다. 뒷부분을 생각하다 보면 전 상황에 대해 소상히 알아야 하고 왜 그런가에 대해 꼼꼼히 따져봐야 한다. 이러한 과정을 통해 뒷이야기를 구축하다 보면 작품과 인물의 행동에 대해 신뢰가 생긴다.

대개의 경우 처음 이어 쓰기를 할 때 독자가 본래의 작품의 방향성, 전체적인 한계선과 무관하게 전혀 다른 길로 나아갈 수도 있다. 이것은 독자의 무의식적인 정향성이 발휘되는 것으로, 엄밀히 말해 원작품과 전혀 다른 새로운 작품이 상상되는 것이다. 동시에 당시의 역사적 현실이 용납하는 행위의 스펙트럼이 있음을 의식해야 한다. 현재의 관점에서는 너무도 당연한 행위가 시공간이 달라지면 전혀 불가능할 수 있는 것이 매우 많다. 그 한계를 넘어서는 행위는 개연성으로부터의 일탈이다.

〈무정〉의 네 인물들이 귀국 후 어떤 삶을 살게 될 것인지 이어 쓰기를 해 보자.

!

이형식은 왜 생물학을 전공하려고 했을까?

〈무정〉의 끝에서 제시된 네 인물의 유학이 보여주는 모습은 〈무정〉이 연재되던 1917년 이후의 현실이 보여준 실상과 동떨어진 작가의 희망사항이었다. 작가 이광수의 현실에 대한 인식의 지평을 그대로 보여주는 것이다. 당시 동경유학 또는 서구유학을 마치고 귀국한 신여성들의 삶의 양태는 결코 희망적이거나 긍정적인 평가, 사회적 환대를 받지 못했다. 또한 남성들 역시 자신들이 습득한 새로운 지식이 일제에 의해 억압당하여 사회적 영향력을 발휘하지 못하는 상황 속에서 현실의 힘에 굴복하여 타락의 길로 빠지는 경우도 적지 않았다.

염상섭 〈만세전〉의 이인화, 〈삼대〉의 조상훈 등과 그 외의 작품에서 유학한 지식인들이 형상화되는 방식을 보면, 유학이 〈무정〉의 인물들이 기대하듯이 식민지 조선의 민중을 계몽시키고 근대성의 열매를 일구는 데 기여할 수 있는 통로가 되기 어려움을 알 수 있다. 그러나 중요한 것은 〈무정〉의 연재 당시 많은 독자들이 작가가 제시한 현실인식, 작품의 상황에 대한 적극적인 공감이 이루어졌기에 식민지 전 기간에 걸쳐 지속적으로 수용하였던 것이다.

3

자신의 삶에서 '극적인 것' 찾아내기

'극적인 것'의 개념

'극적인 것'은 한마디로 변화이다. 보다 정확하게 규정하면 '사태의 진실에 대한 발견-깨달음(내적 변화)이 행위의 방향성을 변화시키는 것(외적 변화)'이다. '극적'이란 단어는 일상생활에서 '시적'이나 '소설적'이란 말에 비해 상당히 자주 사용된다. 그러나 정반대로 '극적'인 작품(희곡이나 시나리오, 방송 대본 등)은 앞의 두 장르의 작품에 비해 일반 독자에게 거의 읽히지 않는다. 반면에 읽기가 아닌 보기라는 관점에서 생각한다면 역시 가장 광범위하게 전 생애 동안 '극적'인 작품을 향유하고 있다.

일상의 언어생활에서도 '극적'이란 단어는 '연극적'(예컨대 "연극하고 있네!")보다 상대적으로 긍정적인 문맥에서 사용되

긴장과 놀라움

긴장은 특정한 행위로 인한 결과가 발생하기 직전 혹은 발생까지의 짧은 순간 동안의 마음의 상태.
놀라움은 평범한 일상의 삶 속에서는 쉽게 만날 수 없는 상황이나 사건에 대한 감정의 반응.

며, 일차적으로 긴장과 놀라움의 성격을 내포하고 있다. 보다 구체적으로는 특정한 행위와 그 결과가 '첫째, 기대 밖의, 예상을 뒤엎는다. 둘째, 새롭고 흥미로운 국면을 유발한다. 셋째, 그 국면은 어떤 전후 상황을 근거로 특별한 의미와 중요성을 가진다.'(Dawson, 1984 : 22)

인간의 수많은 행위 중 '극적인 것'으로 인식되는 것은 특별한 조건을 갖는다. 그것은 일상적 행위와 전혀 별개의 그 무엇이 아니라 일상적 행위 중에서 특별한 순간에 발휘된다. 특별한 순간이 어떤 순간인가를 해명한다면 그 본질에 다가서게 될 것이다. 예컨대 뉴턴의 사과와 평범한 사람의 사과는 전혀 그 의미가 달랐다. 가지에서 떨어지는 사과 하나가 뉴턴에게는 만유인력 법칙을 구성하게 되는 '극적'인 사건이 되었지만 대부분의 모든 사람에게는 일상적인 현상에 불과한 것이다.

이스라엘 민족의 '극적인 것'

이러한 개인적 차원뿐만 아니라 한 민족적 차원에서의 '극적인 것'도 있다. 이스라엘 민족을 성립시킨 '극적인 것'은 출애굽 사건이다. 그래서 그들이 민족적 고난에 처할 때마다 출애굽(이집트 탈출)은 새롭게 쓰여지면서 그 의미를 심화, 확장하곤 하였는데 그 횟수가 무려 다섯 번에 이른다. 그들의 민족적, 신앙적 정체성이 붕괴될 수 있는 위기상황이 도래할 때마다 자신들의 역사에서 가장 '극적'인 순간을 반추하면서 난국을 돌파해냈던 것이다. 다시 말해 ≪구약≫ 성경의 〈출애굽기〉 편에는 각각 다른 시기에 집필된 5편의 출애굽 사건이 묶여 있으며, 이 과정을 통해 확고한 집단적 의미체계를 구축, 내면화하였던 것이다. 반면에 이집트 역사서에는 그 사건과 일치하는 기록을 찾기 어렵다. 이집트 통치자에게는 특별히 기억해야만 할 대단한 일이 아니었던 것이다. 흔히 있었던 노예들의 도망일 따름이다. 이것은 곧 '극적인 것'에 대한 체험이 독자의 주관적 의미부여에 따라 전혀 달라질 수 있음을 확인하는 대표적인 예일 것이다.

사람들을 변하게 만드는 것은 쉬운 일이 아니다. 혹자는 "태양 아래 새로운 것은 없다"고 말하기도 한다. 그러나 찬찬히 생각해 보면 인간의 삶은 변화의 연속이다. 개인적으로 변화를 거부해도 세상이 바뀌면 자신이 서 있던 자리도 새로운 좌표를 점하게 된다. 변화를 변화로 인식하지 못할 때 모든 것이 여전히 똑같다는 착각에 빠지게 된다. 목적의식을 가지고 자신을 변환시킨 경우도 있겠지만 자신의 의지와 무관하게 변할 수밖에 없는, 새로운 상황에 적응할 수밖에 없는 것이 인간의 삶이다. 아래의 예들도 그것이다.

_ 초등학교 시절 전학을 갔던 것이 나를 변화시켰다.
_ 어떤 운동을 시작하고 나서 성격이 많이 바뀌었다.
_ 누구를 만나기 시작하면서부터 내가 달라지기 시작했다.
_ 누구와 헤어진 뒤 내가 달라지기 시작했다.

인간의 삶은 크고 작은 변화의 시간들의 집적이다. 자발적이든 강제적이든 변화하지 않고 살 수 있는 인간은 어느 누구도 없다. 그것은 인간의 삶에서 급격한 변화가 어느 날 갑자기 외부적인 사건(예컨대 아버지의 실직, 사업실패와 같은 여러분의 의지와는 전혀 무관한 일)에 의해 찾아오는 경우도 있지만 작은 변화들이 쌓여 커다란 변화를 완성하는 것이 삶의 모습이다. 문제는 그 변화를 주체적으로 감행하느냐 아니면 외부적 힘에 의해 강제적으로 변화당하느냐는 것이다. 물론 대개의 경우 내적 외적 조건의 상호작용 속에서 각자의 삶을 변화시켜 나간다.

현재까지 살아오면서 자신의 삶 속에서 자신을 가장 많이 크게 바꾸어 놓은 일이나 사건, 순간 또는 사람에 대해서 기술해 보자. 무엇이 어떻게 무슨 계기를 통해서(어느 시점을 기준으로 해서) 전과 후가 어떤 상태로 변화하였는가를 가능한 한 구체적인 상황을 예로 들어서.

여러분들은 많은 경우 장기간에 걸쳐 서서히 이루어지는 변화의 과정을 기술하였을 것이다. 따라서 무엇이 어떻게 변화를 일으켰는지 구체적으로 기술하는 것이 불편할 수도 있다. 그럼에도 불구하고 변화의 단위를 축소하고 자신의 삶을 객관화시켜 반성적으로 사유하게 되면 보다 구체적인 계기를 발견하게 된다.

인간의 행위 중에서 '극적인 것'은 그리 많지 않다. 대개의 경우는 반복되는 일상적 행동으로 인간의 삶이 채워져 있다. 이러한 일상의 삶 속에서 '극적인 것'에 육박하는 변화의 순간은 매우 드물게 나타난다. 또한 그 변화의 시간이 극작품처럼 압축적으로 집약되는 것이 아니라 비교적 오랜 시간이 소요되는 것이라 변화의 당사자도 분명하게 자각, 인식하지 못하는 경우도 많다. 이러한 '극적인 것'이 극문학(희곡, 시나리오)과 극예술(연극, 영화)의 영역에 들어오게 되면 압축, 조직되어 형상화된다. '사태의 진실에 대한 발견-깨달음(내적 변화)이 행위의 방향성을 변화시키는 것(외적 변화)'의 의미를 보다 자세히 살펴보자.

내적 변화 : 인식의 변화

'극적인 것'을 발생시키는 내적 변화에 있어서 가장 필수적인 계기는 발견-깨달음이다. '극적인 것'을 규정하는 핵심적인 요건은 목표를 성취하기 위해 행위하는 주동인물과 그와 영향관계에 있는 인물들이 극의 시작에서는 없었던 새로운 무엇을 깨달은 상태에 도달되어야 한다는 것이다. '새로운 무엇'이란 인물 자신의 정체성에 대한 반성적 성찰, 기왕에 세계를 바라보던 관점의 붕괴, 삶 자체에 대한 인식지평의 심화, 확대 혹은 인간관계의 질적 전환 등을 의미한다. 다시 말해 자신이 직면한 상황의 본질적 의미와 기왕의 자신의 존재론적 의미지평이 충돌을 일으키면서 과거의 관성적 행위로는 해결할 수 없는 심각한 국면이 인물에게 부과되는 것이다. 심각한 국면을 돌파하는 힘, 더 높은 단계로 비약하는 힘, 인물이 평면적 성격flat character(Forster, 1984 : 76)에 머물지 않고 입체적 성격으로 발전하는 힘, 그것이 바로 발견-깨달음인 것이고 이를 통해 '극적인 것'의 내적 조건이 형성된다.

발견 - 깨달음
Anagnorisis

무지의 상태에서 지의 상태로 변화하는 것이다.

평면적 성격/인물은 작품 내에서 '단일한 생각이나 특성'을 부여받아 한 구절이나 한 문장만으로도 그 인물을 규정될 수 있다. 반면에 입체적 성격/인물은 그 기질이나 동기가 복잡하며 미묘한 특수성이 일상생활의 인간처럼 한두 마디 말로 규정될 수 없다. 평면적 인물은 자발적인 의지에 의해 행위하기보다는 어떤 행위가 그들에게 가해지며, 그 후에도 그의 삶의 방향과 인생관은 변화하지 않는다. 입체적 인물은 자신의 능동적인 행위를 통해 사건을 만들어 내고 새로운 면모를 보이면서 변화해나간다. 따라서 입체적 인물은 작품이 시작할 때의 성격과 변화되어 작품을 끝맺는다.

입체적 성격
round character

실제 인간의 삶은 입체적이다. 그러나 문학작품에서 입체적 성격을 부여받는 것은 주요 인물에 국한된다.

외적 변화 : 행위자의 템포와 리듬의 변화

외적 변화는 무엇보다 배우의 몸을 매개로 한 극중 인물의 언어적, 신체적 행위를 통해 알 수 있다. 극중 인물은 배우 자신의 요소와 극작가에 의해 만들어진 성격이 합쳐져서 탄생하는 새로운 인간존재이다.(김석만 편저, 1997 : 161) 행위는 목표의식 또는 의지가 실린 행동이다. 행동은 동작들로 이루어져 있다. 동작은 움직임의 일부이다. 움직임은 몸짓의 확장이다. 몸짓은 손짓, 발짓, 눈짓 등으로 구성된다.

행위의 변화는 가장 작은 신체적 차원에서부터 시작한다. 그러한 신체적 차원은 인간 개개인의 고유한 템포와 리듬으로 구성된다. 모든 인간의 정열, 존재의 상태, 경험은 그와 결부된 신체적 템포와 리듬을 수반하고 있다. 내적이거나 혹은 외적인 각각의 현상들도 그것의 고유한 템포와 리듬을 소유하고 있다. 각각의 일과 사건 역시 피할 수 없이 그것에 적합한 템포와 리듬 속에서 진행된다. 요컨대 존재가 있으면 행동이 있고, 행동이 있으면 움직임이 있으며, 움직임이 있으면 템포가, 템포가 있으면 리듬이 있다. 외적인 변화는 이러한 모든 층위에서 발현되며 눈으로 확인될 수 있다.

템포/리듬/박자

템포란 약속된 박자에서 같은 길이 동안 약속된 단위의 박동의 느림과 빠름을 말한다. 리듬은 움직임이나 소리의 단위와 주어진 박자나 템포에서 약속된 길이의 단위 사이에 존재하는 양적인 관계를 말한다. 박자란 같은 길이 동안 하나의 단위로 간주되는 박동의 집합을 말하며, 박동의 하나는 강조되고 그 집합은 일정한 주기로 반복된다.

앞에서 기술한 이야기를 내적 변화와 외적 변화의 관점에서 보다 세밀하게 보완해 보자. (예컨대 외적 변화의 경우 딸꾹질, 머리 만지기 등과 같은 무의식적인 동작들을 찾아보자.)

자신의 삶 속에서 '극적인 것'을 극의 문법에 맞게 상상하기

다음의 과제는 자신의 체험을 소재로 '극적인 것'의 구체화된 형식에 맞게 변형시키는 것이다. 이것은 창조의 영역으로 들어가는 첫걸음이다. 이것은 '나'이기도 하면서 '나'가 아니다.

자신의 삶 속에서 '극적인 것'의 체험 중 하나를 아래의 형식으로 재구성한다. 이때 다음과 같은 사항을 고려하도록 한다. 실제의 체험과 달리 약간의 변형이 가능하다. 또한 대화의 형식이 아니다.

① 한 공간에서 이루어진다.
② 나 이외에 다른 사람이 한 명 이상 존재할 수 있다.
③ 시작 : 그 공간에 들어가야 하는 상황과 목표가 분명해야 한다.
중간 : 말과 행위가 오고 간다.
끝 : 그 공간에서 나올 때는 들어갈 때의 주어진 상황과 목표가 아닌 다른 상황과 목표를 지니고 변화되어 나와야 한다.

①번 항목은 나의 행위가 있었던, 인물들이 머물렀던 '무대 공간'에 관한 것이다. 인물들은 '극적 공간'에서 무대 공간으로 등장한다. 무대의 속성을 '지금-여기'로 규정할 수 있다면 '무대 밖의 공간'은 '예전에-다른 곳'이라는 공간을 전제한다. 이 공간은 항상 상상 속에 존재하며 오직 극중 인물들의 담화를 통해서 알 수 있을 뿐이며, 이를 '무대 공간'과 대비하여 '극적 공간'이라 부를 수 있다. 이 관계를 그림으로 나타내면 다음과 같다.

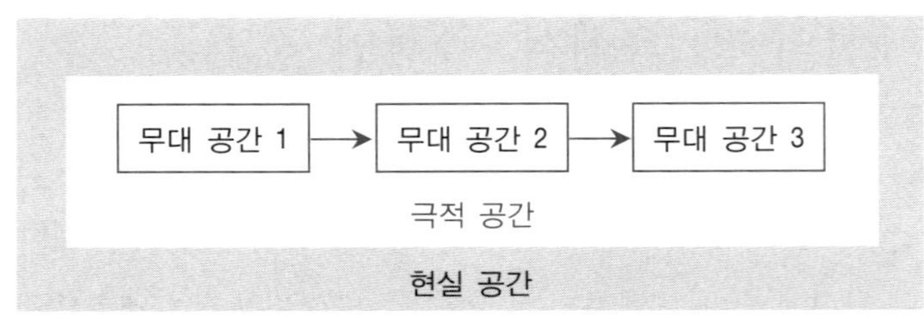

극적 공간의 기능은 무대 밖에서 일어나는 사실들에 대한 정보를 제공함으로써 무대의 지평을 넓히고 여러 전망을 첨가시키는 것이다.(신현숙, 1990 : 119-120) 다시 말해 극적 공간은 무대 공간에서 펼쳐지는 사건의 의미를 좌우하는 여러 요소들을 제시하여 무대 공간의 깊이와 넓이를 규정한다. 누군가에게 2008년 시청 앞 광장은 촛불집회로 상징되는 사회적인 공간이고, 누군가에게는 첫사랑의 아픔으로 기억되는 개인적인 공간일 수 있다.

② '나 이외에 다른 사람이 한 명 이상 존재할 수 있다'는 것은 '극적인 것'이 반드시 두 명 이상의 인물 사이의 갈등에서 비롯되는 것이 아니라는 점을 의미한다. 나 홀로 있는 시간 속에서도 충분히 극적인 순간을 찾을 수 있다. 내적인 갈등이 외적인 행위로 표출되는 순간이 그것이다.

부처의 득도

일상에서는 외적 갈등이 없는 발견-깨달음이 있을 수도 있다. 보리수 아래에서 득도한 석가모니의 깨달음, 해탈은 질적인 차원에서 인류 역사상 가장 '극적인 것'이라고 할 수도 있다. 그러나 극작품의 관점에서 볼 때 만일 석가모니가 득도한 순간에도 이전의 신체적 상태와 변함이 없었다면, 외적 행위가 없었다면 '극적인 것'이 되지 못한다.

③번 항목은 한 가지 사건의 시작-중간-끝의 의미를 이해한다. 이를 보다 자세히 제시하면 아래와 같다.

1. 도입부의 가치를 적는다. : 시작
   1.1 주어진 상황을 스스로 제시한다.
   1.2 목표를 적는다.
2. 목표의 성취를 방해하는 장애물(갈등의 대상)을 적는다. : 중간
3. 전환점을 적는다.
4. 종결부의 가치를 적는다. : 끝
5. 도입부와 종결부의 가치를 비교하여 변화된 점을 적는다.

_ McKee, 2002 : 381-391

이 항목들은 장면을 구성함에 있어서 반드시 확인해야 하는 최소한의 조건들이다. 아리스토텔레스는 비극을 논하면서 시작-중간-끝이 있는 일정한 크기의 완결된 행동에 대해서 언급하고 있다. 위 항목 중 1은 시작, 2와 3은 중간, 4는 끝에 해당한다. 이때 전환점, 즉 '변화'는 놀라움, 호기심의 증대, 통찰, 새로운 방향이라는 4중 효과를 유발하는데, 이것은 최소한의 완결된 극적 행위의 필수 요소이다. 이러한 구조가 곧 극의 문법이다.

여러분이 극의 문법에 합당하게 자신의 체험을 재구성하였다면 극작품들에 대한 이해력과 극적 상상력의 씨앗은 이미 획득된 것이다.

일상의 삶에서는 특별한 경우가 아니면 어떤 공간에 들어감(시작)에 있어서 주어진 상황과 목표를 의식하지 못하고 무의식중에 행위한다. 그러나 극작품은 시간과 공간의 제약을 전제로 하는 까닭에 작품 전체에서 유기적인 긴밀함이 미약한 장면은 극의 완성도를 감소시키는 부정적인 기능을 한다. 이를 방지하는 최적의 조건이 인물들이 무대 공간에 등장하는 필연적인 이유가 존재하는 것인데, 이는 주어진 상황과 목표

의 명확함에서 시작한다.

다음 중간 과정에서는 그 공간에서 인물에게 발견-깨달음anagnorisis을 유발하는 사건, '극적인 것'이 전환점으로 발생해야 한다. 그것은 대개 인물들 간의 갈등 속에서 이루어진다. 그래야만 들어갈 때의 심리신체적 상황과 목표가 아닌 다른 상황과 목표를 지니고 변화, 전환되어 나올 수 있게(끝나게) 된다.

이러한 시작-중간-끝이 한 장면부터 막, 장 그리고 전체 작품단위까지 적용될 때 좋은 극작품이 창조된다.

극작품에 등장하는 인물들은 각자의 목표를 달성하기 위한 의지를 지니고 무대 공간에 존재한다. 그 목표를 달성하고자 하는 노력 가운데 인물들 사이의 갈등이 생기는 것이다. 따라서 인물 각자가 주어진 상황과 목표를 명확하게 획득하고 있다면 갈등은 자연스럽게 발생하며 그로 인해 새로운 상황이 다음 장면을 유발한다. 처음 무대 공간에 들어갔을 때, 즉 장면이 시작했을 때와 끝의 인물의 성격이 달라진 것은 곧 인물의 입체적 성격화가 이루어진 것을 의미한다.

갈등과 장애물

연기자가 목표를 성취하는 과정에서 갈등의 대상인 장애물을 극복하는 행위는 템포와 리듬의 변화를 수반할 수밖에 없다. 관객들은 이러한 변화의 지점에서 긴장하고 몰입하게 되는 것이다.

정리하자면 극예술에 있어서 '극적인 것'은 '사태의 진실에 대한 발견-깨달음(내적 변화)이 행위의 방향성을 변화시키는 것(외적 변화)'이다. 그 방향성이 발전적이든 퇴행적이든 중요한 것은 변화인 것이다. 그러나 모든 변화가 '극적인 것'은 아니다. 그 변화에는 두 가지 자질이 내포되어 있어야 한다. 외적으로는 행위자/인물의 몸을 통해 드러나는 템포와 리듬의 변화다. 그것은 인물의 의지가 담긴 행위로 발전하고 그로 인해 비롯되는 상황의 템포와 리듬의 변화로 나타난다. 내적으로는 인물의 내면에서 무엇인가 새로운 발견과 깨달음, 인식지평의 확장과 심화, 삶과 존재에 대한 통찰이 이루어져야 하는 것이다. 이와 같은 내적, 외적 행위는 길항적으로 맞물려 진행되며 일상에서는 나의 몸을 통해, 무대 위에서는 역할의 삶을 살고 있는 연기자의 몸을 매개로 구현된다.

1. **다음 시를 읽고 아래의 질문에 대답해 보자.**

보기

1947년의 봄
심야深夜
황해도 해주의 바다
이남과 이북의 경계선 용당포

사공은 조심조심 노를 저어가고 있었다.
울음을 터뜨린 한 영아를 삼킨 곳
스무 몇 해를 지나서나 누구도 그 수심水深을 모른다.

_ 김종삼 〈민간인〉

(1) 시 전문을 읽고 가장 먼저 떠오른 이미지는 무엇인가?

(2) 마지막 문장의 의미를 말해 보자.

(3) 이 시를 말하고 있는 화자는 누구이며 그의 현재 내면 심리에 대해 말해 보자.

(4) 시의 제목인 '민간인'인 이유를 말해 보자.

2. 인물들이 포함된 풍경화/사진을 제시하고 그림 속 공간에 들어오기 전 행적을 말해 보자.

보기

뭉크 〈절규〉

3. 10명 이상의 인원이 참여하여 단어 연상 놀이를 한다. 한 사람씩 사물을 단어로 말한다. 다음 사람은 들은 단어가 연상시키는, 눈에 보이게 만드는 다른 사물의 단어를 말한다. 이때 들은 단어를 반복해서 말하고 연상된 단어를 말한다. 내면의 눈으로 영상을 보자.

보기 지하실 계단

지하실 계단 – 갈색 탁자

지하실 계단 – 갈색 탁자 – 깨진 유리잔

지하실 계단 – 갈색 탁자 – 깨진 유리잔 – 어두운 전등

4. 최근에 본 연극 또는 영화를 선정하여 아래의 작업을 수행해 보자.

(1) 도입부의 가치를 적는다.

(2) 목표의 성취를 방해하는 장애물(갈등의 대상)을 적는다.

(3) 전환점을 적는다.

(4) 종결부의 가치를 적는다.

(5) 도입부와 종결부의 가치를 비교하여 변화된 점을 적는다.

5. 생활 속의 글쓰기

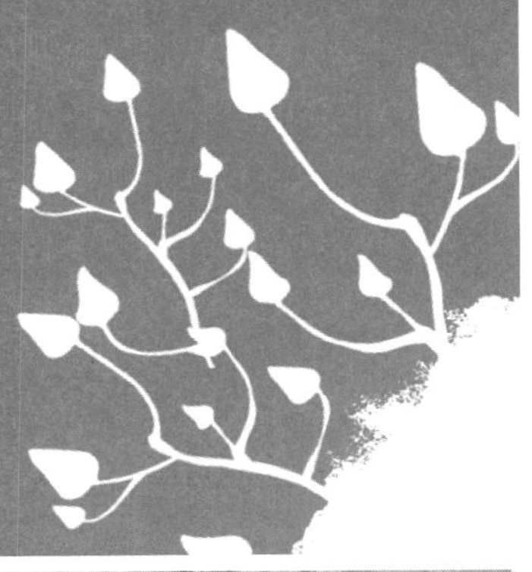

용대찬가讚歌

내가알던 배드민턴 동네아짐 살빼기용
몹쓸편견 싹버림세 용대보고 개안했네
스무살에 꽃띠청년 백팔십에 이승기삘
겉모습만 훈훈한가 실력까지 천하지존

스매싱한 셔틀콕이 누나가슴 파고들고
점프마다 복근노출 쌍코피에 빈혈난다
용대보고 떨린가슴 코치보니 또흐뭇해
배드민턴 선수들은 인물보고 뽑았나벼

효정선수 부럽구나 금도따고 용대안고
솔직하게 메달보다 그포옹이 더탐나오
삼십칠분 열띤경기 금메달의 한을풀고
드러누운 그더곁에 나도맘은 같이있네

위 '찬가'가 어떻게 널리 알려질 수 있었는지 생각해 보자.

1

자기소개의 글쓰기

자기표현과 글쓰기

!

친구들 앞에서 '3분' 동안 나에 대해 말해 보자.

일상생활에서 다른 사람에게 자기를 소개해야 할 경우는 비일비재하다. 자기소개는 사적인 말하기뿐만 아니라 공적인 말하기와 쓰기, 그리고 사이버 세계 등 다양한 상황에서 이루어진다.

다음 그림과 같이, 인터넷 동호회 카페에서 '가입 인사' 또는 '100자 메모' 등의 글쓰기란에 올라 있는 글을 살펴보자. 일상생활에서 자기를 소개해야 할 다양한 상황을 떠올리고, 그러한 상황에서 소개해야 할 내용으로는 어떤 것들이 있을지 말해 보자.

사람은 태어나면서부터 표현 욕구를 갖는다. 날 때부터 본능적으로 울음을 터트리고, 빈 공간이나 벽에 그림을 그리

며 낙서하기를 좋아한다. 울음과 웃음, 그리고 낙서 등은 인간의 본능적인 표현 행위에 해당한다. 인간에게는 표현 본능이 내재해 있으므로, '의사소통 기법'을 깨우치기 전까지 우리의 모든 삶은 표현하는 삶이라고 해도 지나치지 않는다.

표현의 대상
자신의 느낌과 생각

표현의 어려움
표현 효과의 불확실성

표현의 가장 기초적인 대상은 자신의 느낌과 생각이다. 기쁨, 슬픔, 즐거움 등의 감정 변화나 어느 날 문득 깨달은 사실 등은 자기로 하여금, 다른 사람에게 그것을 전달하거나 공유하고 싶은 욕구를 갖게 한다. 그런데 마음대로 그것을 표현했다고 해서 표현 효과가 유발되는 것은 아니다. 어떤 때에는 차라리 표현하지 않는 것이 나았다고 후회할 수도 있고, 생각지도 못했던 나쁜 결과를 가져올 수도 있다.

글쓰기가 의사소통의 한 방편이라면, 쓰기의 출발점은 자기 자신으로부터 시작된다. 따라서 쓰기는 쓰기에 대한 두려

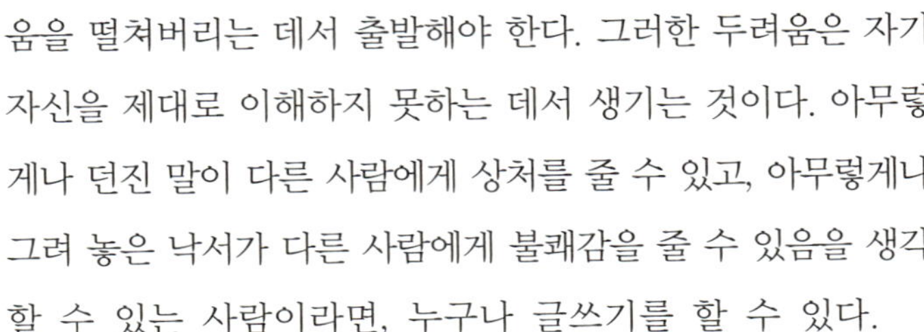

움을 떨쳐버리는 데서 출발해야 한다. 그러한 두려움은 자기 자신을 제대로 이해하지 못하는 데서 생기는 것이다. 아무렇게나 던진 말이 다른 사람에게 상처를 줄 수 있고, 아무렇게나 그려 놓은 낙서가 다른 사람에게 불쾌감을 줄 수 있음을 생각할 수 있는 사람이라면, 누구나 글쓰기를 할 수 있다.

일상생활에서 이루어지는 다양한 쓰기의 상황을 떠올려 보자. 휴대전화의 문자 메시지, 전자 우편을 사용한 편지 쓰기, 친구에게 쪽지 보내기 등은 매체 환경이 변화한 오늘날 누구나 하루에 한 번쯤은 경험하는 쓰기 상황일 것이다.

쓰기 상황에서 고려할 것들

- 누가 읽는가?
- 왜 읽는가?
- 그와 나는 어떤 관계인가?

이와 같은 쓰기 상황에서 가장 먼저 고려해야 할 것은 무엇일까? 그것은 내가 쓴 글을 다른 사람이 읽고 어떤 반응을 보일까 하는 점일 것이다. 전달하고자 하는 내용이 무엇인가도 중요하지만, 독자가 누구인가에 따라 어떤 단어를 쓸 것인가를 고민하고, 때로는 이 표현이 상대방에게 불쾌감을 주지는 않을까 고민하기도 한다.

자기표현의 내용과 형식은 친밀도에 따라 달라진다. 아주 가까운 사람이라면 표현하지 않아도 나를 이해할 수 있다. 가족이나 친구처럼 사적인 관계에 있는 사람들에게는 격식을 차리지 않고, 자신의 생각과 느낌을 구체적으로 설명하지 않아도 의사소통이 가능할 경우가 많다. 그러나 인간관계가 좀 더 공적으로 변화하고 비대면적인 차원으로 바뀌어 간다면, 쓰기 상황이 점점 부담스러워진다. 이를 의식하면서부터 글쓰기가 두려워지기 시작한다.

매체 media

어떤 작용을 한쪽에서 다른 쪽으로 전달하는 역할을 하는 것

생활 속의 글쓰기에서 가정 먼저 공부해 볼 가치가 있는 쓰기는 '자기를 소개하는 글'이다. 쓰기가 표현 행위의 일종이며, 표현은 자신을 대상으로 하기 때문에 자기를 소개하는 글은 일상생활에서 가장 기초적인 글쓰기의 형태이다.

자기를 소개해야 할 상황은 매우 다양하다. 가족을 제외하면 인간관계를 맺기 시작하는 순간부터 소개는 필수적인 행위가 된다. 비공식적인 만남으로부터 공식적인 소개에 이르기까지, 대면적인 것과 비대면적인 것 등 유형을 갖추어 설명하기 어려울 정도로 소개해야 할 상황이 많다. 입학하여 학과 친구들에게 자기를 소개하기, 처음 만나는 사람에게 소개하기, 취업이나 진학을 위한 자기소개서 쓰기 등은 우리가 익숙하게 들어왔던 소개 상황이며, 최근에는 매체의 발달에 따라 인터넷의 각종 카페의 가입 인사, 동호회 활동 등도 자기소개를 필요로 하는 새로운 상황이라고 할 수 있다.

자기를 소개하는 글을 쓸 때에는 소개하는 맥락과 상황을 적절하게 판단해야 한다. 소개할 내용을 생성하고 조직하며 표현하는 능력은 소개할 상황에 어울려야 한다. 취업을 목표로 하는 소개서인지, 동호회에서 가볍게 인사하는 소개인지에 따라 자신에 관한 정보를 상대방에게 적절하게 선별하여 제공하지 않으면, 소개의 효과가 떨어질 뿐 아니라 부정적인 인상을 심어줄 수도 있다.

자기소개의 글쓰기 요령

우리는 대부분의 대학 작문 교재에서 자기소개서 양식을 찾아볼 수 있다. 최근에는 이러한 소개서만을 모아 놓은 홈페이지도 존재한다. 그렇지만 창의적인 자기소개서를 찾기는 쉽지 않다. 이를 고려하여 다음 자기소개서를 대상으로 좀 더 좋은 자기소개서를 쓰는 요령을 학습해 보자.

● **학생의 글 : 대학원 진학을 전제로 한 자기소개서 예문**

Ⅰ. 저는 어렸을 때부터 만들기를 좋아했었습니다. 프라모델, 라디오 키트, 고무동력기, 물로켓이나 연등을 자주 만들며 가지고 놀았고, 가끔씩은 집에 있던 라디오나 장난감들을 분해하고 그것들을 다시 조립하곤 했었습니다. 그래서 항상 제 방은 장난감과 각종 물건들을 분해해 놓은 잔해들과 무엇인지 알 수 없는 조형물들로 항상 정신이 없었고 또 집의 가전제품들을 마구 분해해 놓아서 자주 부모님께 꾸중을 듣기도 했었습니다. 그때의 취미가 지금까지 이어져 엔지니어링에 관심을 가지게 되어 기계공학과에 진학을 하였고 또 앞으로도 계속 이와 관련된 일을 하기로 마음을 먹고 대학원 항공기설계학과에 지원을 하게 되었습니다.

Ⅱ. 1986년에 서울에서 태어나 8살 때 서울 ○○ 초등학교에 입학하였습니다. 초등학교 때부터 수학과 과학에 흥미가 있어 막연하게 과학자라는 꿈을 꾸기 시작했습니다. 만들기를 특히 좋아했던 저는 과학의 날이면 교내 모형항공기 대회에 참가하곤 했고, 종종 입상을 하기도 했습니다. 4~6학년 때에는 보이스카우트 활동을 하기도 했습니다. 보이스카우트 활동을 하면서 우리나라의 여러 곳을 다녀 보기도 하고, 야영을 하며 직접 밥을 해 보기도 하고, 봉사활동도 했었습니다.

Ⅲ. 중학교에 입학해서는 ≪과학동아≫라는 잡지를 접하면서 ㉠ 엔지니어라는 좀 더 구체적으로 장래 희망을 마음에 품게 되었습니다. 또 이때 RC(라디오컨트롤)라는 것을 접하게 되었고 이때부터 기계 특히 항공기계 쪽에 관심을 가지게 되었습니다. 2학년 때에는 사물놀이부에 가입하여 ㉡

약 2년 정도 기간 동안 활동을 했었습니다. 3학년 때에 서울지구 사물놀이 대회에 나가기도 했었습니다.

Ⅳ. 고등학교 때에는 3년 동안 중창부 활동을 했었습니다. ㉮〈처음에는 단순한 호기심 때문에 동아리에 가입했었지만 연습할 때 ㉢선배들께 혼나기도 하고, 대회에 나가기 위해서는 10시가 넘는 시간까지 연습을 하면서 동기들과 중창부에 정이 들었고, 2학년 때에는 서울시 대회에 나가 교육감상이라는 큰상을 받기도 했습니다.〉 2학년이 끝나 갈 무렵인 2003년 2월에는 서울 6개의 중창부가 모여 작은 공연을 하게 되었고, 그때 모인 성금으로 심장병어린이들에게 도움을 주기도 했습니다. 그 일이 제게는 앞으로도 쉽게 경험해 보지 못할 보람된 일이자 잊지 못할 추억이 되었습니다.

Ⅴ. 대학 생활을 하면서 무엇보다도 저에게 의미 있었던 시간들은 과 소모임 활동들이었습니다. 소모임 활동을 통해서 RC비행기를 처음부터 내 손으로 하나하나 만들어 보면서 비행체의 구조 원리에 대해 더 자세히 알게 되었고, 프로그래밍을 통한 비행기의 원격조종 즉 무인항공기의 기븐 원리를 배울 수 있었습니다. 방학을 하면 소모임 선배님, 동기들과 직접 만든 비행기를 들고 제천의 비행장에서 자신의 비행기를 날리곤 했습니다. 소모임 활동을 통해서 수업시간에는 쉽게 배울 수 없었던 많은 지식을 배우게 되었습니다. 또 창작 항공기 제작, 실내 비행기 제작, 무인항공기 대회 등에 나가 좋은 성적을 거두기도 했었습니다. 이런 소모임 활동을 통해 전보다 더 비행기에 애착과 관심을 가지게 되었고 비행기에 대해 좀 더 전문적으로 배우고 싶다는 생각을 하게 되었습니다. 더 나아가 모형비행기가 아닌 사람이 탈수 있는 항공기를 직접 설계하고 제작을 해서 하늘을 날아보고 싶어져 대학원에 진학을 하기로 결정하게 되었습니다.

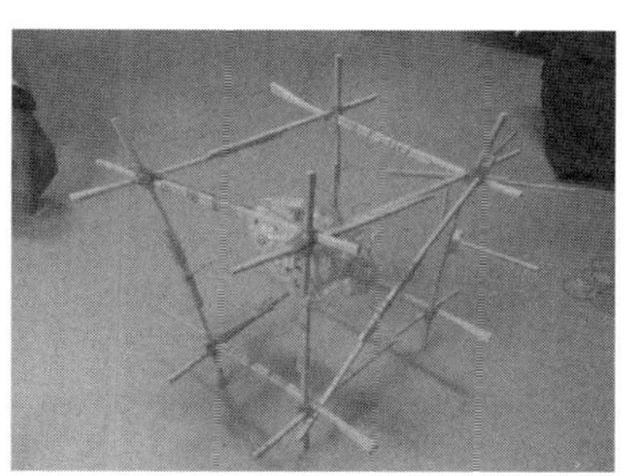

Ⅵ. 제 성격은 매우 분석적이고 직설적입니다. 그렇다 보니 친구들과 무슨 일을 할 때에 주로 일이 진행되어가는 전체적인 상황을 판단하고 지시하는 경우가 많았고 행사나 프로젝트를 진행할 때 팀장을 종종 맡게 되었습니다. 이러한 경우가 많다보니 저절로 순간적인 판단력이나 리더십이 생기기도 했지만 한편으로는 독단적인 성향이 생기기도 했습니다.

Ⅶ. 저의 현재 꿈은 항공엔지니어, 항공기 설계 및 제작자가 되어 직접 항공기를 설계하고 제작하여 상품화 하는 것입니다. 이 꿈을 이루기 위해서는 대학에서 배운 지식과 경험들만으로는 너무나 많이 부족합니다. 그렇기에 지금 현재 보다 더 많은 지식과 현장 경험을 대학원에 진학을 통하여 익히고 싶습니다. 저의 장점인 손재주와 기계와 항공에 대한 관심, 학교 수업을 통해 얻은 기본적인 이론들, 소모임 활동을 통해 얻은 경험과 지식들을 모두 통합하여 대학원에서 저의 모든 능력을 활용할 자신이 있습니다. 더 나아가 미래에 T-50과 같은 전투기뿐만 아니라 여객기도 순수 한국만의 기술로 계발 제작하여 전 세계 항공의 중심이 될 한국의 항공 산업의 큰 보탬이 되겠습니다.

이 학생의 글이 자기소개의 글로 효과적인지 생각해 보자.
미흡하다고 생각되는 항목을 찾아보자.

이 자기소개서는 영상과 문자를 조합하여 자신의 관심사를 드러낸 글이라는 점에서 상투적인 발상으로 채워진 자기소개서와는 다르다. 대부분의 작문 교과서에서는 자기소개서에 들어갈 내용으로, '출생 및 성장, 가정환경, 교육환경, 성격, 취미, 자신의 장단점' 등을 열거하고 있다. 이러한 내용을 기계적으로 열거하면 상황에 맞는 좋은 자기소개서가 될 수 없다. 자기소개서 쓰기에서도 '상황에 맞는 선택과 집중'은 창의의 기본적인 발상이 된다.

그런데 취업이나 진학을 위한 자기소개서와 같은 사회적 맥락에서의 소개서 쓰기는 어휘 선택이나 적절한 문장 쓰기, 효율적인 내용 조직과 표현 능력 등도 갖추어 쓸 수 있어야 한다. 위의 소개서는 이러한 면에서 아쉬움이 남는다. 좀더 구체적으로 살펴보면 다음과 같은 점을 교정해야 할 것이다.

먼저 형식적인 차원에서는 '적절한 단어의 선택'과 '문장 구성 능력'에서 한계를 보인다. ㉠~㉢은 다듬어야 할 표현에 해당되는데, 다음과 같이 다듬어 볼 수 있다.

㉠ 엔지니어라는 좀더 구체적으로 장래 희망을

→ 엔지니어라는 좀더 구체적인 장래 희망을

(장래 희망이라는 명사를 수식할 수 있는 구절은 관형어임)

㉡ 약 2년 정도 기간 동안

→ 약 2년 동안

(같은 의미의 단어가 이어질 경우 중복 표현을 피함)

㉢ 선배들께 혼나기도

→ 선배들로부터 질책을 받기도

(독자가 선배보다 높은 사람일 때 압존법을 사용해야 하며, '혼나다' 라는 단어도 적절하지 않음)

이처럼 글을 쓸 때에는 단어 및 문장 차원의 다듬기와 문단이나 글 차원의 다듬기를 해야 할 경우가 많다. 좋은 글은 처음부터 끝까지 자연스럽게 읽히는 글이다. 이 점에서 이 소개서는 내용 면에서도 다듬어야 할 부분이 있다. 예를 들어 Ⅰ의 지원 동기와 Ⅱ~Ⅳ의 출생 및 교육 환경 진술에서 각 문단이 자연스럽게 이어지는가도 살펴야 한다.

졸업 이후 취업을 해야 할 경우에는 취업 목적의 자기소개서를 써야 한다. 이 때의 자기소개서는 이력서와는 달리, 자신의 관심사와 능력을 적절하게 드러낼 수 있어야 한다. 특히 회사의 가능성에 대해 어떻게 생각하고 있는지를 자기소개서 내용에 포함한다면 뚜렷한 목표를 가지로 회사를 선택했다는 느낌을 줄 수 있다. 또한 지원하고자 하는 회사와 그 회사에서의 업무에 대해 정보를 파악하고 작성해야 한다. 해당 직무에 대한 수행능력이 있다는 확신을 주어야 하며 자신의 포부를 구체적으로 밝힐 수 있어야 한다. 이때, 중요한 사항은 이력서에 이미 쓴 것이라도 내용상 자기소개서에 반복할 필요가 있다면 다시 써야 한다. 다음의 예문을 살펴보자.

"우리 세정이는 정말 짠순이야." 어릴 때부터 지금까지 저희 어머니께서 자주 하시는 말씀입니다. 초등학교에 입학한 뒤로 하루에 200원씩 용돈을 받기 시작했습니다. 그때부터 돈이 생기면 금세 써버리는 오빠와, 돼지 저금통에 돈을 모아놓고선 돈이 없다고 시치미를 뚝 떼는 저는 천지차이였습니다. 공무원이신 아버지의 월급만으로 살아가는 우리 집의 가계사정은 그리 부족하지도 또한 넉넉하지도 않았는데 무엇 때문에 그렇게 짠순이처럼 돈을 아꼈는지는 잘 모르겠지만 어린 마음에 내 수중에 들어온 돈이 다시 나간다는 사실이 굉장히 안타까웠던 것 같습니다. 그래도 '쓸 때는 쓰자!'라는 생각을 가지고 있었기 때문에 가족 행사 때는 꼭 값진 선물을 하기에 어머니께서 저를 굉장히 자랑스러워 하셨던 기억이 있습니다.

중학교에 들어가서부터는 농협에 통장을 만들고 돈을 저축하기 시작했습니다. 예쁜 옷, 예쁜 머리핀을 사고 좋아하는 또래 친구들과 달리 통장에 늘어가는 돈을 보는 것이 더 즐거웠습니다. 그리고 통장을 만들면서 '내 집 장만 비용 모으기'라는 굉장히 말도 안 되는 거창한 목표가 생겼습니다. 그러나 목표는 계획을 세우고 실천할 때 더 빨리 달성할 수 있다는 책의 어느 구절을 읽은 뒤부터 제가 받는 용돈을 계획을 세워 저축을 했습니다. 그러한 버릇이 지금도 남아 있어 작은 일을 행할 때도 계획을 세워 실천하는 습관이 되어 뜻하지 않게 이득을 보기도 했습니다. 그러나 어느 날 문득 지금 저축하는 속도로는 20년이 지나도 '내 집 장만'에 턱 없이 부족함을 깨닫게 되었습니다. 그렇다면 '어떻게 해야 내 목표를 달성하는 지름길을 찾을 수 있을까'라는 생각 끝에 '돈 잘 버는 사장님이 돼야겠다.'라는 결론을 내리게 되었습니다. 그러한 생각이 고등학교에 들어가게 된 후에 조금 더 구체적으로 변했습니다. 단순히 돈을 잘 번다는 이유 때문이 아닌 내 힘으로 만들고, 기반을 다지고, 성장해 나가는 '나의' 그리고 '우리의' 회사를 만들고 싶다는 생각을 가지게 된 것입니다. 그러나 대학에 입학하고 나서 보니 창업이란 것이 그렇게 쉬운 일이 아니라는 것을 알게 되었고 굳이 '내'가 만든 회사가 아니더라도 내가 꼭 필요한 일꾼이 되어 그 회사의 대들보가 되는 것도 뜻 깊은 일이라는 생각을 가지게 되었습니다.

남들이 대기업에 취직하려고 노력하거나 공무원이 되기 위해서 고시공부를 할 때에 저는 중소기업 중 내가 꼭 필요한 일꾼이 되어 나와 함께 성장할 수 있는 기업을 찾기 시작했고 굉장한 성장 가능성을 가지고 있는 이 회사에 문을 두드리게 되었습니다. 주위에서 위험부담을 가지기보다는 안정된 직장을 구하라고 할 때 저는 제 신념을 보여주고 앞으로 10년 뒤, 20년 뒤, 30년 뒤를 보고 '도전'할 것이라고 말했습니다.

저는 '도전'이라는 말을 굉장히 소중하게 생각합니다. 사실 대학 입학 후 1학년을 보낼 때까지 저는 작은 우물 안에 갇힌 개구리와 같았습니다. 그 우물 안을 벗어나길 두려워하고 새로운 것에 도전하는 것에 거부감을 가지고 있었습니다. 아버지가 직업군인이시기 때문에 어릴 때부터 이사를 많이 다녔습니다. 어린 마음에 자주 바뀌는 환경에 적응하는 것이 힘겨웠고 그러한 생활이 몇 번 반복되다 보니 변화하는 것보다 안정된 것을 추구하게 되었습니다. 새롭고 익숙하지 않은 환경과, 미래가 확실하지 않은 '도전'을 멀리하게 된 것입니다.

그러나 도전을 두려워한다면 성공할 수 없다는 것을 깨닫고 그 다음해에 학교에 휴학계를 내고 외국으로 나갔습니다. 좀 더 넓은 세계를 경험하고 싶었고 물론 영어공부를 위한 것도 있었지만 나를 단련하고 내 안에 자리 잡고 있는 두려움을 없애고 싶었습니다. 낯선 곳에서의 1년을 보내는 동안 굉장히 힘들었지만 보람을 얻었고, 다시 한국으로 돌아왔을 때 저는 많은 것이 변화되었음을 느낄 수 있었습니다.

몇 장 안 되는 짧은 글 속에 제 모든 것을 담을 수는 없습니다. 또한 이 글을 읽고 저는 완벽한 사람이고 실수 없이 모든 것을 해낼 수 있으니 저를 뽑아달라고 말할 수도 없습니다. 하지만 준비되어 있고 항상 앞으로 나아가려고 노력하는 제 마음이 이 글에서 느껴진다면 망설이지 말고 저를 뽑아달라고 감히 제 자신을 추천합니다. 조금 부끄러운 이야기지만 남들이 말하기를 제 목소리가 굉장히 좋다고 합니다. 고등학교 때 방송부 아나운서를 했습니다. 모든 일에 최선을 다하고 진취적이며 더불어 언제나 유쾌하고 기분 좋은 목소리로 일하는 인재를 선택하시는 건 어떨까요? 지금까지 읽어주셔서 감사하고 꼭 뵐 수 있기를 바랍니다.

취업을 앞두고 자기를 소개해야 할 경우에는 그 소개서를 읽는 사람이 어떤 내용에 관심을 기울일지 예측하며 써야 한다. 만약 여러분이 인사 담당자이거나 면접관이라면 어떤 사람을 선호하겠는가? 상황과 맥락을 예측하며 자기소개서를 쓴다는 뜻이, 자기를 과장하거나 없는 내용을 날조하면서 그들의 취향에 맞추라는 뜻은 아니다. 적어도 자기소개서는 거짓됨이 없이 써야 한다.

자기소개서를 쓰는 과정도 끊임없이 생각하는 과정이어야 한다. 대부분의 작문 교재에 들어 있는 사항을 무분별하게 늘어놓으면, 독자는 그러한 일에 별로 관심을 기울이지 않는다. 더욱이 "저는 1988년 2월 21일 산 좋고 물 좋은 강원도 산골에서 아버지 ○○○, 어머니 ○○○의 ○남 ○녀 가운데 장녀로 태어났습니다."라는 식의 상투적인 진술로는 독자를 감동시킬 수 없다.

자기소개서에서 무엇이 독자를 식상하게 하는가? 좋은 자기소개서를 쓰고자 한다면, 꼭 필요한 내용을 거짓 없이, 독자가 식상하지 않게 쓰는 자세를 갖추어야 한다.

좋은 자기소개서를 쓰고자 한다면, 상황에 맞게 적절한 내용을 생성하고 그 내용을 조직하며 그것을 효과적으로 표현하는 전략을 사용해볼 필요가 있다. 우리는 이러한 전략을, 창조적 사고와 표현 전반에 걸쳐 공부해 왔다. 고정관념을 탈피하여, 때로는 기사문 형식으로, 때로는 인터뷰 형식으로 변형하여 자기소개서를 써보는 것도 유용할 것이다. 형식은 내용을 담기 위한 그릇이다. 자기소개서에 들어갈 내용이나 형식이 정해져 있는 것이 아니라는 점을 고려한다면, 창조적인 사람은 스스로 형식과 내용을 만들어갈 수 있어야 한다.

다음 문항이 자기를 소개하는 글에 본격적으로 활용될 수 있도록 써 보자.

(1) 자신을 한 줄로 소개해 보자.

나는 ______________________________이다.

(2) 자신을 소개하는 글을 지정의 방식으로 써보자.

(3) 자신의 내면 심리를 묘사의 형식으로 표현해 보자.

(4) 자신의 삶 속에서 다짐하고 있는 좌우명은 무엇인지, 어떠한 계기에서 나오게 됐는지 적어보자.

(5) 자신의 애송시를 소개하고(일부 구절 인용), 자신의 삶과 대조, 혹은 비교해 보자.

2 문화 체험과 글쓰기

독후감 쓰기

독후감은 책을 읽고 느낀 점을 정리하는 글이다. 같은 책일지라도 독자에 따라 그 책을 읽고 생각하고 느끼는 것은 다를 수 있다. 따라서 그 책에서 인상 깊었던 점, 배울 만한 점 등을 자기의 입장에서 정리하고, 그것을 독후감을 읽는 다른 독자와 공감할 수 있도록 표현하는 것이 중요하다.

다음 예문을 읽고 독후감 쓰기에 대해 공부해 보자.

천만불짜리 아이디어 — '그들'의 하트를 찔러라

어린 왕자가 그의 말을 반박했습니다.

"외투걸이에 걸 외투가 없다면 누가 룡다리 외투걸이를 사겠어요?"

"그건 중요하지 않지. 사람들은 필요한 물건만사 는 게 아니란다. 필요하다고 생각되는 물건들을 사는 거지. 룡다리 외투걸이 없이는 살 수 없다고 사람들이 믿게 만드는 것, 그게 바로 내가 하는 일이지. 그렇게 해서 사람들이 룡다리 외투걸이를 사러가게 만드는 거야."

_ 장 피에르 다비트 ≪다시 만난 어린왕자≫ 중에서

언뜻, ≪천만불짜리 아이디어≫라는 책은 흔한 자기계발서로 보인다. 어느 정도 성공한 사람이 자신의 성취를 자랑할 겸, 용돈 벌이도 할 겸 책을 쓰고, 사람들을 낚아 '나도 이렇게만 하면 성공할 수 있겠구나'라는 단꿈에 취하게 하나 별 도움은 안 되는, 그런 자기계발서류 말이다. 많이 양보해도, 카피라이터나 사업가를 꿈꾸지 않는 사람들에게는 이 책이 그리 매력적이진 않는 듯하다. 이 책은 처음부터 끝까지 저자의 광고, 마케팅 경험과 성공 비법만을 다룰 뿐이다.

'왜 우리 교수님은 이런 책을 읽어오고 감상문까지 쓰라 했을까?'라는 생각이 내 심정이었다. 특히 동네 도서관에도 학교 도서관에도 없어 가랑이가 찢어지는 심정으로 서점에서 책을 산 후로는 더 했다. 어차피 한번 읽고 독후감 쓰고 말 것이 아닌가.

그러나 아니었다. 이 책은 단순히 광고에 대한 이야기가 아니었다. 보통 우리의 선입견으로는, 광고란 자기 회사 상품이 '최고'로 우수하고 멋지니 자신들의 상품을 이용하라고 선전하는 것이다. 하지만 과연 그럴지?

이 책을 이루는 5부 중 2부의 제목을 보자. '눈에 띄는 녀석이 우리를 구원한다.' 그 2부의 첫 번째 장은 '쌍둥이들이 넘쳐나는 혼돈의 세상'이다. 저자가 상품의 독특함과 특출함을 강조해야 하는 카피라이터임을 생각하면 의미심장한 제목이다. 아니나 다를까, 저자는 고백한다. 시장은 경쟁자들보다 나을 것도 다를 것도 없는 제품들 천지이며, 자신이 광고하는 브랜드나 타 브랜드나 다를 바 없고, 그 유사성이 자신에겐 제일 두렵다고 말이다. 저자의 말대로, '최고'라는 말은 고유의 의미를 상실했고, 광고계에서는 진부하다 못해 기피 대상일 뿐이다. 우리가 최고라는 설교가 먹히던 시대는 산업사회의 대량생산체제로 인해 끝난 것이다.(HBO나 질레트와 같은 일부 풍운아를 제외하자면)

그렇다면 이 비슷비슷한 제품들을 어떻게 광고해야 소비자들의 지갑을 열 수 있을까? 저자의 답은 간단하다. 통찰력이 필요하다! 어떤 유의 통찰력이 필요한가? 본질적인 것을 꿰뚫는, 사람의 마음을 움직일 수 있는 통찰력이다. 저자가 궁극적으로 말하고자 하는 것은 그것이다. '저쪽이 안전하니 이쪽보다는 저쪽에 있으라.'는 머리로만 알 수 있다. 허나, '당신은 이곳에서 고생할 수도 있고 저기에서 안전하고 우아하게 있을 수 있는데 전부 당신에게 달렸다.'는 머리뿐 아니라 마음까지 와닿는 것이다.

[중략]

문제가 생겼을 때 우리는 어떻게 행동하는가? 당장 우리 현실을 보자. 경제가 어려워지고 사람들이 먹고 살기 힘들어질 때, 세계 경제의 흐름을 분석해 원인을 찾아내고 체계적인 해결책을 제시하는 게 더 쉬울까? 아니면 '이게 다 대통령 때문이다' 혹은 '다른 지방사람/외국인 노동자가 일자리를 빼앗아갔다'고 하는 것이 더 쉬울까? 그렇다고, 쉬운 쪽이 더 생산적이고 바람직할까?

애초에, 저자의 말대로 '골프공 브랜드 11개가 모두 가장 멀리 나갈 수도 없고 여덟 가지 맥주가 제각각 가장 톡 쏠 수도 없고 자동차 다섯 종류가 모두 가장 부드러운 주행을 할 수도 없다.' 그러나 광고는 어떻게든 소비자들을 설득하고 감복시켜 여러 브랜드 중 하나를 선택시켜야 한다. 광고는 위대한 환상이다.

산업사회와 함께 시작된 대량생산체제라는 '시뮬라시옹', 실재가 파생실재로 전환되는 작업을 통해 '아우라', 원본만이 가지고 있는 특이성은 소멸되었다. 라면을 산다고 해 보자. 동네 구멍가게, 대형 할인점, 비싼 백화점, 그 어느 곳에서 사든 라면은 똑같은 라면이다. 대량으로 찍혀 나오는 공산품에서 원본과 복제를 구분할 수 있는가, 아니 그 구분 자체가 무슨 소용인가? 이제 아우라에서 해방되어 새로운 시대의 지각이 열리는 것인가? 아니, 그런데 현실은 별로 달라진 것이 없지 않은가.

보드리야르식 관점으로 보면, 광고와 마케팅이라는 또 다른 '시뮬라시옹'을 통해 공산품은 '아우라'를 강화하게 되는 것이다. 우리의 머리는 이 모든 상품이 다를 바 없다는 걸 안다. 그러나 우리의 손과 마음은 광고에 따라 움직인다. 롱다리 외투걸이가 필요 없어도 롱다리 외투걸이가 없으면 살 수 없다고 믿게 되는 형국에 이른다. 결국 제자리걸음이다. 하지만 그 시뮬라시옹이 없다면 어떨까? 정말 새로운 지각이 열리고 새 세상이 열릴까? 그런데 소비로 유지되는 현대 산업사회는 어떻게 될까? 결국 인간이 만든 모든 것 중에 양날의 검이 아닌 것이 없는 것인가. 뒷맛이 쓰다.

이 글은 ≪천만 불짜리 아이디어≫라는 책을 읽은 학생이 쓴 독후감이다. 독후감을 쓴 학생의 입장에서 관심을 가졌던 지적 호기심을 책을 통해 해결해가는 과정을 잘 드러낸 글이다.

이러한 글들은 일정한 형식을 요구하지 않는다. 어떤 때에는 작품 속의 인물에게 남기는 편지 형식으로 쓸 수도 있고, 어떤 때에는 자신의 일기장에 남기는 일기 형식으로 쓸 수도 있다. 그렇지만 책을 읽음으로써 얻을 수 있는 '깨침'의 요소나 '울림'의 요소는 독후감의 근본 바탕을 이룰 수 있도록 해야 한다.

독후감의 본질이 깨침과 울림에서 비롯되는 것이라는 사실을 망각할 때, 우리는 상투적이거나 억지스러운 독후감 쓰기 과제를 수행하게 된다. 대체로 글쓰기를 부담스럽게 여기거나 쓰기를 부정적으로 생각하는 사람들에게 나타나는 일이기는 하지만, 독후감은 책의 내용을 간추리는 것쯤으로 여기거나 줄거리를 정리한 뒤, '참 재미있었다.'는 식의 평을 덧붙이는 사람들도 있다. 뿐만 아니라 책의 감동적인 요소는 고려하지 않고, 작가에 대한 장황한 소개만 하거나 자신의 체험만을 그럴 듯하게 포장하여 무엇을 읽었는지 짐작하지 못하게 만드는 독후감도 있다.

독후감을 쓸 때에도 작문의 기본적인 원리인 내용 생성 전략, 생각을 넓히는 전략, 내용을 조직하고 표현하는 전략 등의 기본적인 전략을 충분히 고려해야 한다. 이를 기반으로 독후감에 꼭 들어가야 할 요소를 빠뜨리지 않고 서술하는 태도를 가져야 한다. 이러한 요소를 네 가지로 정리할 수 있다.

독후감에 들어갈 요소

- 책제목, 저자, 출판사, 출판연도
- 감명 깊게 느낀 점
- 읽게 된 동기
- 독자의 지적 호기심 유발

첫째는 읽은 책의 제목, 저자, 출판사, 출판 연도 등의 서지 사항이다. 상당수의 독후감에서는 서지 사항을 밝히지 않는 경우가 많은데, 다른 독자와의 공감을 고려한다면 이를 밝히는 것이 좋다.

둘째는 그 책을 통해 독후감을 작성하는 사람이 가장 감명 깊게 느낀 점이 무엇인가를 드러낼 수 있어야 한다. 간혹 초보적인 필자는 '내용을 간추리는 것'이 독후감을 쓰는 이유라고 착각하는 경우가 있다. 독후감에서도 쓸 내용을 생성하고, 일정한 기준에 따라 내용을 조직할 수 있어야 한다. 선택과 집중, 적절한 표현 능력 등은 좋은 독후감을 쓰기 위한 기본적인 조건이라고 할 수 있다.

셋째는 어떤 책이든 책을 읽게 되는 동기가 있으므로 이를 밝히는 것이 좋다. 동기는 '어떤 일을 하고자 하는 욕구'를 의미하므로, 그 책을 읽고자 한 욕구가 어디에서 비롯된 것인지를 밝힐 수 있어야 한다. 책을 읽게 되는 동기는 지적 호기심과 관련된다. 따라서 독후감에 들어갈 동기는 지적 호기심을 수반한 것이어야 한다.

넷째는 지적 호기심을 충족할 수 있는 방안을 마련해 주어야 한다. 자신이 갖게 된 동기와 호기심을 다른 독자가 공유할 수 있으므로, 그들에게 지적 호기심을 충족시킬 수 있는 방안을 마련해주는 것은 공감대를 넓히는 글쓰기의 자세라고 할 수 있다.

서평 쓰기

서평은 독후감과는 달리 비평의 글이다. 독후감에서는 글쓴이가 주관적으로 깨우치고 느낀 점이 무엇인가가 중요한 의미를 갖는 데 비해, 비평의 글에서는 비평하고자 하는 대상에 대한 균형감 있는 객관적 시각이 중요하다. 서평자가 객관적 시각을 갖기 위해서는 서평의 대상에 합당하게 적용 가능한 개념이 있어야 한다. 물론 한 가지 개념이 아닌 여러 가지 개념들이 적용될 수도 있다. 이때 중요한 것은 개념들 간의 유기적인 결합이 이루어지도록 하는 것이다. 좋은 서평이란 작가가 쓴 내용을 모두 긍정하기보다는 의심하고 비판하는 자세를 유지하며 쓴 글이다. 좋은 서평을 쓰는 데 별도의 방법을 필요로 하지는 않으나 대개 3단 구조를 유지하면 좋다.

서론에서는 서평의 처음 부분으로, 일반적으로 책에 대한 정보를 밝힌다. 기본 정보에는 간단한 작가 소개, 출판연도나 출판사 등을 밝힌다. 그 다음으로는 줄거리를 소개하되, 한두 문장으로 소개하는 것이 좋다. 또한 책의 핵심주장을 언급하고 그에 대한 서평자 자신의 판단을 덧붙여야 한다.

본론에서는 책에 대해 평가하는 글을 쓴다. 책에 대한 긍정적인 면과 그 이유, 부족하거나 아쉬운 점 등을 정리한다. 또 책의 구성이나 삽화 등 특징적인 것에 대한 평가를 하는 것도 좋다.

결론은 서평의 끝부분에 해당하는데, 추천하고 싶은 대상이나 앞으로 해결되어야 할 과제 및 다음 출판에 기대하는 내용을 쓴다.

!

최근 읽은 책 중 추천하고 싶은 작품을 '3분 동안 소개해 보자.

3단 구조

시작 – 중간 – 끝

● 전문가의 글

'남한산성' — 민족사의 굴욕, 참혹한 47일

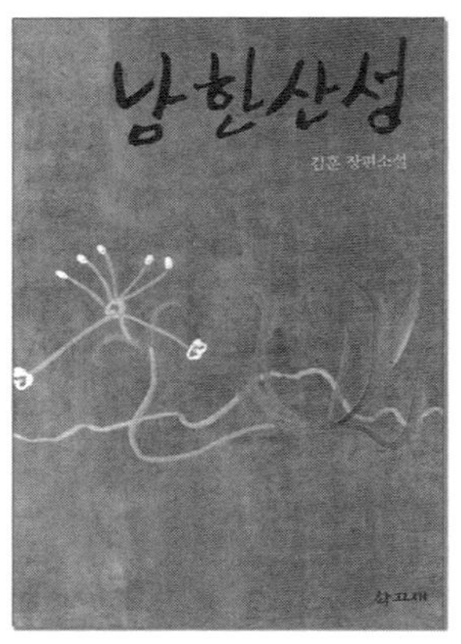

김훈(59)이 새 장편소설 ≪남한산성≫(학고재)을 냈다. 소설은 1636년 12월 14일부터 1637년 1월 30일까지 47일간의 기록이다. 인조가 남한산성으로 파천했다가 삼전도에서 청나라 칸에게 세 번 절하고 아홉 번 머리를 땅에 찧는 삼배구고두三拜九叩頭를 행할 때까지, 그 참담한 굴욕의 역사를 소설은 무연히 재현한다. ≪남한산성≫의 소재는 명확하다. 때는 병자호란이고, 곳은 남한산성이다. 그러면 ≪남한산성≫은 역사소설인가. ≪칼의 노래≫가 역사소설이라면, ≪남한산성≫도 역사소설이다. 소설은 우선 척화파 김상헌과 주화파 최명길과의 갈등 구도로 파악된다. 청군이 산성을 에워싼 절체절명의 시간, 성 안의 말馬들은 굶어 죽고 군병은 굶어 죽은 말을 끓여먹어 굶어 죽는 걸 면한다. 그러나 묘당廟堂(조정)은 시종 말言로써 싸우고, 무기력한 왕은 길을 묻는 과객의 어조로 묻는다. "어찌하면 좋겠느냐?"

하나 소설에서 두드러지는 건 되레 장삼이사張三李四의 면면이다. 인상에 남는 몇몇 민초를 나열한다. 우선 송파나루의 늙은 사공. 언 강을 건너려는 김상헌이 사공에게 묻는다. "청병이 곧 들이닥친다는데, 너는 왜 강가에 있느냐?" 뱃사공이 답한다. "청병이 오면 얼음 위로 길을 잡아 강을 건네주고 곡식이라도 얻어 볼까 해서…." 언 강을 건넌 뒤 김상헌은 그의 목을 벤다. 김훈은 그 장면을 다음과 같이 묘사했다. '쓰러질 때 사공의 몸은 가볍고 온순했다. 사공은 풀이 시들듯 천천히 쓰러졌다.' [중략]

이들 말고도 여럿 더 있다. 왕의 행렬이 언 강을 건널 때 간장독이 깨지자 눈보라 속에서 울었다는 늙은 상궁. 비를 맞으며 통곡하는 왕과 세자를 지켜보며 기록을 시작하는, 그러나 자신은 절대 울지 않는 사관. 항복이 임박한 즈음 성 안 사람 서날쇠가 김상헌에게 아뢰는 바는 또 어떠한가. "봄에는 조정이 나가는 것이옵니까? 조정이 비켜줘야 소인들도 살 것이온데…" 김훈이 짤막하게 언급하는 그네들의 삶은 진솔하고, 하여 처연하다. 김훈은 소설 들머리에서 말했다. '치욕과 자존은 다르지 않았다.' 이 한 문장을 적기 위해 김훈은 우리 민족사의 가장 깊은 상처를 끄집어 냈다. 소설이 처한 상황이 조정의 운명이 걸린 백척간두의 순간이라면, 내가 처한 오늘은 나와 내 가족의 생이 위태로운 풍전등화의 찰나이다. ≪칼의 노래≫에서 이순신이 되뇌었던 것처럼 ≪남한산성≫에서의 47일은 오늘 우리에게 '산다는 것은 무엇인가'를 묻고 있다.

김훈의 말마따나 치욕과 자존은 다르지 않다. 살기 위해선 치욕을 감수해야 하고, 자존을 지키려면 먼저 살아남아야 한다. 죽음으로써 자존을 지킨다는 건 세상에 없는 말이다. 고귀한 죽음과 헛된 죽음은 나뉘지 않는다. 죽음은 죽음만을 완성할 따름이다. 자존을 하려면 치욕을 감당해야 한다. 산다는 건 이미 치욕이다. 일흔다섯의 김상용은 빈궁을 받들어 강화로 들어가면서 동생 김상헌에게 서찰을 남긴다. '참혹하여 무슨 말을 더 하겠는가. 다만 당면한 일을 당면할 뿐이다.' 문득 알아버린 삶의 이치 앞에서, 아니 무력한 내 삶의 도중에서 나는 그저 무참하다. 김훈 식으로 말해봤다.(손민호, 중앙일보, 2007. 4. 24)

[앞부분 생략]

책 남한산성은 과연 소설이라고 할 수 있을까? 아니 할 수 없을 것이다. 주인공이 누구인지 사건 전개가 어느 한 포인트에 맞추어져 있지 않다. 그렇다면 역사책이라고 할 수 있을까? 이것 역시 애매하다. 필자의 사적 견해와 픽션이 많이 가미된 듯하다. 어쨌든 규정짓기 어려운 책이라 할 것이다.

임진왜란과 병자호란은 너무도 유명한 우리의 치욕과 오욕의 역사다. 역사란 무엇인가? 한마디로 규정짓기 어렵지만 우리의 지나간 삶이자 앞으로 나아갈 방향을 제시하는 청사진이 아닌가?

아픈 과거를 들먹거려 현재인들의 자존심을 건드려서 좋을 것 없기에 주로 임란·병란 서적들은 적당한 사실 왜곡과 침탈당한 국권수호 의지에 나름의 정당성을 언급하기에 바쁘다. 주로 사용되는 방법이 당시 위정자들의 힘겨루기 명분을 이용한 적당한 포장이랄까. 사실성이 많이 떨어지는 것이 정통 역사서적을 제외한 모든 역사서적들의 문제라 할 것 이다.

후금의 침략으로 몽진을 가야 하는 사태에 이른 인조는 강화도로 향하다 파주로 치닫는 용골대에 의해 남한산성으로 향하고 향후 수십여 일의 수성을 하면서 항전이냐 항복이냐를 논하게 되는데, 척화의 김상헌과 주화의 최명길로 크게 나뉜다.

저자 김훈은 이들에게 있어 누구의 손도 들어 주지 않았다. [중략]

인조가 화의문을 작성하라고 교지를 내리자 허둥대는 고관들의 모습과 담담히 작성하는 최명길의 비장한 모습은 우리 역사의 치욕적인 부분을 매우 현실적으로 드러내고 있다.

삼전도의 굴욕은 어떤 묘사를 하든 우리 역사를 통틀어 대단히 부끄러운 장면 중 하나임에 분명하다. 그러나 청이라는 새로운 중국역사와 만나는 순간이기도 하다. 이 순간조차 작가는 전직 기자임을 확연히 알 수 있게끔 너무도 담담히 그려내고 있다. 작가의 소견을 밝히지 않음은 본인 스스로 사학자가 아니기 때문일 수 있다. 겸손해서 일수도 있다고 생각해 보았다. 이미 지나가 버린 치욕에 울분을 토로한들 무엇하랴는 생각이 앞섰을 수도 있겠다.

필자는 작가의 의도를 이렇게 정리해 보았다. "우리가 익히 알고 있는 병자호란이란 삼전도의 치욕이란 아마 이런 분위기였을 것이다." "가치 판단이나 울분은 개인적인 문제이니 독자가 알아서 생각하시길."

_ http://cafe.naver.com/bookishman/94093

서평을 읽고 다음에 답해 보자

(1) 서평을 읽기 전과 읽은 후의 생각을 견주어 보자.

(2) 상반된 두 평가 중 수긍되는 평가는 무엇이며, 그 근거를 토론해 보자.

위 두 글은 소설 읽기를 좀처럼 즐기지 않는다는 40대 남성 독자들을 소설 읽기에 몰입하게 만들었다는 김훈의 ≪남한산성≫에 관한 서평이다. 이 소설이 나오자 "병자호란이라는 역사적 소재를 빌려오긴 했지만 역사성을 제거한 실험세트 같다는 느낌이 컸으며, 함량미달의 역사소설"이라는 혹평과, "남한산성이 역사소설에 대한 인식의 패러다임 전환을 보여줬다"는 호평으로 엇갈리기도 했다. 위 두 글도 그러한 논란의 한가운데 있다.

역사소설의 무게를 감당하고 있느냐, 그렇지 않느냐는 면에서는 서로 대조적인 입장을 취하고 있으나, 둘 다 소설이 담아내는 서사의 한 줄기가 '오늘의 우리에게 산다는 것이 무엇인가'를 되묻는 데 있음을 긍정하고 있다.

이처럼 동일한 비평 대상이지만 관점은 달라지기 마련이다.

서평을 쓸 때에는 비평하고자 하는 대상(책)을 뚜렷이 밝혀야 한다. 평가의 대상이 없는 평론은 존재할 수 없듯이, 비평하고자 하는 책이 무엇인지, 또한 비평하고자 하는 대상이 무엇인지 등을 명확히 밝혀야 한다. 또한 글을 쓰는 사람이 비평하고자 하는 목적이나 이유를 뚜렷이 해야 하며, 그 기준을 독자가 이해할 수 있도록 해야 한다. 비평하고자 하는 이유나 기준이 뚜렷하지 않을 경우 자칫하면 인상 비평에 머물 가능성이 높다.

인상비평

개인의 인상에 근거를 둔 주관적 비평이다. 객관적 비평이나 재단 비평과 반대의 개념이다.

앞의 두 글에서는 이러한 목적을 달성하기 위해, 서평을 쓴 사람은 비평하고자 하는 책의 저자가 어떤 관점에서 그 책을 쓰게 되었는지, 책의 구성 및 특징은 무엇인지를 소개하고자 하였다.

일반적으로 서평은 독후감에 비하여 글의 길이가 길며, 문체가 유려한 경우가 많다. 그 이유는 제대로 된 서평을 쓰기 위해서는, 그 분야의 지식뿐만 아니라 '올바른 비평 자세'를 갖추어야 하며, '적절한 비평 기술'을 습득해야 하기 때문이다. 이 점은 '필자와 독자' 간의 의사소통을 전제로 하는 다른 글과는 달리, 비평문은 '비평의 대상', '비평가', '비평문을 읽는 독자' 간의 중층적인 의사소통 방식이라는 점에서 비롯된 것이다. 이는 음악 평론이나 영화 평론도 마찬가지이다.

영화평 쓰기

서평과 마찬가지로 좋은 영화평을 쓰기 위해서는 무엇보다 '제대로 감상하기'가 우선돼야 한다. 영화 보기에서 보편적이고 수월한 방식 중의 하나는 견주며 보는 방법일 것이다. 장르를 비교한다든가, 특정 연기자나 감독의 작품들을 서로 견줄 수도 있을 것이며, 영화 속에서 반복적으로 나타나는 시간과 장소를 비교할 수도 있을 것이다. 한 편의 영화를 볼 때 시각과 관점을 변형하여 감상을 해 보는 방법이 좋을 것이다.

또 다른 방법은 반대시각으로 바라보는 감상법이다. 반대로 보는 습관이나 태도는 영화를 즐기면서 동시에 영화 보기의 시각을 확장해나갈 수 있다는 점에서 의미 있는 작업이 될 수 있다. 이 점은 3장 이야기의 이해와 창조에서 다룬 바 있는 다른 인물의 입장에서 이야기를 새로 구성해 보는 방식과 맞닿아 있다. 사실 우리는 대체로 자신의 입장에서 보는 데 익숙해져 있으며, 또한 다른 사람과 비슷하게 보는 데 길들여져 있다. 콩쥐팥쥐 이야기를 지금까지 콩쥐를 주인공으로 설정하여 남들과 같은 시각으로 보아왔다면, 팥쥐 시점에서 이끌어가는 이야기는 전혀 새로운 이야기로 생성될 수 있을 것이다. 또한 주인공의 입장을 맹목적으로 동정하거나 수용하기보다는 주변인들의 시각에서 주인공을 바라본다면 사건의 원인과 그 해결책이 전혀 다른 모습으로 다가오기도 할 것이다.

시점 point of view

서술자가 그의 관점에 따라 이야기를 서술하는 기법 상의 방식이다.

그 외에 줄거리 위주의 감상법으로부터 배우들의 연기력, 색채와 음향, 화면의 구도, 카메라 각도에 초점을 맞추어 감상하는 방법도 매우 유용할 것이다. 이러한 감상법은 전체적으로 '내가 감독이라면'의 입장을 토대로 변형했을 때 오는 효과까지 고려한다면 더 의미 있는 감상법이 될 수 있다.

내용을 생성하고 조직해갈 때, 나의 평가 기준은 무엇이며, 평가의 논리와 근거는 무엇인가를 정하고, 그것이 타당하고 믿을 만한 것인지 검증해가며 쓸거리를 만들고 뼈대를 갖추어가야 한다. 표현은 그 다음의 문제라고 할 수 있다. 끊임없이 다듬어가는 사람에게 표현의 실수쯤은 언제든 교정될 가능성이 있기 때문이다.

영화평 등의 평론을 쓸 때에는 특히 유념해야 할 일이 있다. 그것은 평론가의 태도이다. 평론은 어떤 대상을 평가하는 글이다. 인간의 여러 가지 행위 가운데 평가만큼 힘든 일은 없다. 평가의 기본 원리는 공정성과 객관성, 그리고 신뢰도에 있다. 평가하고자 하는 대상을 공정하게 다룰 장치는 있는가? 그것은 다른 사람이 볼 때에도 그러한가? 평가를 받는 사람이나 평가를 하는 사람이 모두 믿을 수 있는가?

이를 고려한다면 훌륭한 평론을 쓰기 위해서는 글쓰기 기술을 익히는 데서 그쳐서는 안 된다. 우리는 같은 대상이나 행위에 대해 서로 다른 평가를 내릴 때가 있다. 상반된 평가는 평가자의 관점이나 입장, 또는 방법이나 대안에 대한 견해차에서 비롯되며, 그 밖의 요소도 견해차를 만들어 낼 수 있다. 그렇지만 아무리 견해차가 존재한다 할지라도 일정한 논리와 근거를 바탕으로 한 견해는 설득력을 지닐 수 있다. 논리와 근거를 고려하지 않고 기교로 글을 쓰거나 맹목적 예찬을 하는 일 등은 평론의 글이라고 할 수 없다.

● 학생의 글

만주 벌판에서 마주친 나

— 〈좋은 놈, 나쁜 놈, 이상한 놈〉을 보고 쓴 영화 읽기

〈좋은 놈, 나쁜 놈, 이상한 놈〉. 이 영화는 언뜻 보면 지도라는 하나의 물질적 매개물을 가지고 각기 다른 세 사람이 서로 쫓고 쫓기는 내용의 영화이지만 다른 각도에서 조명하자면 한 사람의 현재와 과거를 만주 벌판이라는 실존 공간에 나열해놓은 듯하다.

지도, 얼핏보면 지도는 이 세 남자를 만나게 한 이유인 듯하다. 그러나 지도는 그저 그들이 서로를 알게 되는 매개물일 뿐이다. 그들은 ‘지도’라는 물질을 통해 서로 만나게 되지만, 그들이 서로 격돌하도록 만주 벌판으로 내모는 것은 그들 각각의 욕망이다. 감독의 말처럼 우리는 ‘지도’를 지도 이상의 의미로 보아서는 안 된다. 우리가 영화를 보며 주시해야 할 것은 세 남자, 그리고 그 세 남자를 만주 벌판으로 모이게 한 그들의 욕망이다.

만주벌판에 모인 세 남자의 욕망

사냥꾼, 박도원 그는 '돈이 되니까'라는 이유로 지도를 찾아달라는 독립군의 의뢰를 받고 이 일에 뛰어든다. 그러나 이제는 지도보다도 현상수배범 윤태구, 박창이에 주목적을 둔다. "넌 아마도 내가 본 조선인 중 가장 냉정한 놈일 거야." 윤태구가 말했듯이 박도원은 돈이 되면 다 하는 한 마리의 매서운 사냥꾼이다. 자신의 이념을 위해서라면 그 무엇도 버릴 수 있다. 그는 그런 사내이다.

마적단 두목, 박창이. 그는 극악무도한 살인 기계 같은 사람이다. 자신의 앞을 가로막는 것은 그 무엇이든 가차 없이 부숴버리고 최고가 되기 위해 수많은 이해받지 못할 잔인한 짓을 서슴지 않는다. 그러나 그의 내면에서 무섭지만 안아주고 싶은 어린 소년이 자리잡고 있다.

열차털이범, 윤태구. 그는 인간적이고도 현실적인, 세상에 찌든 어른이다. 박창이가 최고라는 눈에 보이지 않는 정신적인 것에 집착을 보이는 반면, 그는 현실적으로 보물이라는 물질적인 것에 집착한다. 그는 언제 어디서든 어떤 상황에서든 잡초처럼 살아남는다. 그의 그런 끈질긴 생명력은 양반계급과 일제로부터의 억압과 착취 속에서도 끈질기게 삶을 이어온 하층 조선인들의 삶을 대변하는 듯하다. …[중략]…

그들은 잘못 찾아왔다

몇 발의 총성이 오가고, 게임은 끝났다. 자신의 일시적 쾌락을 위해 모든 것을 있는 그대로 남김없이 내던졌던 어린아이는 자신을 위해 지구가 돌지 않는다는 것을 깨달았고, 자신의 이념을 위해 냉정하게 모든 것을 계산하고 총구를 겨눴던 청년은 자신의 이상이 덧없음을 깨달았고, 세상에 찌든 어른은 아이와 청년을 속였지만 자신이 원하던 것은 손에 넣지 못했다. 결국 모두 보물의 실체를 보긴 했지만 보물은 그들이 갈망하던 것이 아니었다.

"잘못…찾아왔나…"

윤태구의 대사처럼, 그들은 잘못 찾아왔다. 윤태구가 가슴에 철판을 대던 시점부터 이들은 서로 만나지 말았어야 했다.

"큰 꿈을 품는 건 너의 자유지만, 하나를 원하고 쫓으면 그 뒤로 끝없이 무언가가 쫓아오게 돼 있어. 결국 인생이란 쫓고 쫓기는 거야."

박도원이 윤태구에게 말했듯이 우리는

인생을 살아가면서 무언가를 두고 서로 치열하게 쫓고 쫓긴다. 우리는 이것을 '욕망'이라고 부른다. 욕망은 어찌 보면 삶의 이유이자 원동력이다. 욕망을 향해 쫓고 쫓기다보면 때론 잘못 찾아가기도 한다. 우리는 이것을 '시행착오'라고 부른다. 우리는 인생을 살면서 끝없는 시행착오를 만나고 그것을 밟고 지나간다. 그리고는 끝없이 나아간다.

"참 재밌는 건 사람들은 자신은 언젠가 죽을 거면서 꼭 안 죽을 것처럼 살아간단 말이지. 그게 재밌는 거야."

박창이의 말처럼 우리는 죽음을 인식하지 못한 채로 인생을 살아간다. 그러나 가끔 시행착오 속에서 그 죽음과 마주하기도 한다. 아니, 언젠가의 나와 마주치기도 한다. 그러나 우리는 살아간다. "허무한 죽음은 없다. 남겨진 사람이 허무한 것이지." 박창이의 말처럼 그 허무함을 이겨내기 위해 우리는 온몸에 흉터를 남기며 끝없이 쫓고 쫓기며 나아간다.

결국 좋은 놈, 나쁜 놈, 이상한 놈은 현재 같은 시간에 각기 다르게 존재하지만, 과거 언젠가는 한 몸으로 존재했던 이들이다. 우리는 살아가면서 예기치 못할 타이밍에 언젠가의 나를 만나기도 한다. 그리고 우리는 이들과 마주치고 격돌하며 성장해나간다. 결국 윤태구, 박창이, 박도원은 만주 벌판이라는 곳에서 언젠가의 자신들과 서로 맞닥뜨린 것이다. 시점이 달랐을 뿐인데, 그들은 전혀 다른 삶을 살아온 이들처럼 서로 대하는 태도가 다르다. 언젠가의 나이지만, 혹은 언젠가의 나였지만, 현 시점에서 서로 다른 이로 마주친 우리는 너무나도 낯설다. 그리고 격돌한다. 윤태구는 다이너마이트로 옛날 옛적 5년 전 고향 땅 조선에 잊고 왔던 기억을 다시금 날려 보냈다. 그러나 또 다른 과거의 자신인 박도원은 또다시 그를 쫓는다. 한 과거를 떠나보내고 나면, 다른 과거가 나를 쫓아온다. 언젠가의 박도원의 말처럼 인생은 언젠가의 '나'에게 끝없이 쫓고 쫓기며 나아간다. 오늘도 언젠가의 나는 어김없이 나를 쫓아오곤 한다. 현재의 '나'가 언젠가의 '나'가 되어 이 순간의 나와 격돌한다. 우리는 한시도 긴장을 늦춰서도 안 될뿐더러 외면하려 해서도 안 된다. 언젠가의 '나'들은 지금 이순간의 '나'를 끊임없이 달려가게 만든다.

_ 조신영 ≪씨네21≫ 664호, 2008. 7. 29~8. 5

이 글은 세간에 주목을 받은 〈좋은 놈, 나쁜 놈, 이상한 놈〉에 대해 학생독자가 투고한 영화평이다. 작품 속의 배경과 인물을 중심으로, 이 영화가 갖고 있는 특징을 서술해나갔다. 글을 쓸 때 '세 남자의 욕망', '그들은 잘못 찾아왔다'와 같은 부제를 설정하여, 글의 방향을 뚜렷이 했으며, 세 인물의 욕망과 삶을 읽어 내는 방식을 통하여 또 다른 관객이 이 영화를 관람할 때 고려해야 할 점이 무엇인지를 밝히고 있다. 이처럼 영화평도 평론의 대상이나 준거를 뚜렷이 하면서 또 다른 독자와 소통할 수 있도록 써야 한다.

영화는 현대인들이 자신의 내면과 만나고, 세상과 소통하는 가장 위력적인 존재라고 해도 과언이 아니다. 영화를 좋아한다는 것은 단순히 무분별하게 영화를 많이 보는 것에만 그치는 것을 의미하지 않는다. 첫째는 영화를 많이 보는 것, 둘째는 영화 감상평을 써보는 것, 셋째는 좋은 영화를 만드는 것이라는 말이 있다. 셋째 단계까지 나아가는 건 무리겠으나, 좋은 영화를 보고 감상평을 써보는 것까지만 해도 영화를 좋아하는 부류가 될 것이며, 동시에 자신의 내면을 들여다보고, 세상과 소통하는 통로를 열어놓는 방식이 될 수 있다.

재미있게 본 영화의 평론들을 찾아 읽어 보고 그 접근방법을 비교해 보자.

3 디지털 세계와 인터넷 글쓰기

인터넷과 토론 문화

글은 사람과 사람이 직접적으로 만나지 않고 자신의 생각과 느낌을 전달할 수 있도록 한다. 전통적으로 글쓰기는, 생각과 느낌을 문자 언어로 표현하는 것을 의미했다. 그러나 오늘날 다양한 매체의 발달은 문자 이외에도 생각과 느낌을 간접적으로 전달하는 도구를 만들어 냈다. 특히 영상 매체나 전자 매체는 상징체계로서의 문자 해득에 따르는 지적 사고 과정을 수반하지 않고도 의사소통을 가능하게 함으로써, 대중과 소통하는 새로운 문화를 만들어 내고 있다.

다음 자료를 참고하여 기존의 쓰기 문화와 디지털 세계에서의 쓰기 문화는 어떤 차이가 있는지 살펴보자.

인터넷 토론광(아고라 등)에 접속해 보고 최근의 토론주제를 알아보자.

이 자료는 인터넷 회사에서 운영하는 미니 홈페이지 양식의 일종이다. 디지털 문화의 꽃인 인터넷은 전통적인 쓰기의 개념을 바꾸어 놓고 있다. 인터넷에서의 글쓰기는 공간뿐만 아니라 형식에서도 유형을 정하기 힘들 정도로 다양하다. 간편한 전자 우편에서부터 개인 홈페이지, 블로그, 그리고 공공성을 띤 기관의 누리집(홈페이지)에 이르기까지 다양한 쓰기 공간을 제공하고 있으며, 이들 공간은 신문 기사나 칼럼으로부터 100자 메모나 댓글에 이르기까지 자유로운 형식의 글들로 채워질 수 있다.

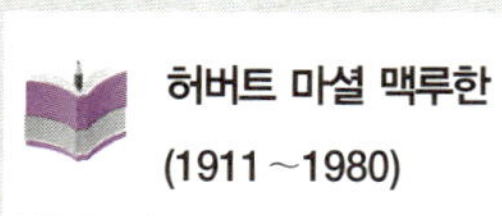

허버트 마셜 맥루한 (1911~1980)

캐나다의 미디어 이론가. '미디어는 메시지'라고 표현했다. 이는 모든 매체는 감각기관의 확정이라는 뜻으로, 모든 매체는 그 메시지와 상관없이 우리가 세상을 인식하는 방식에 영향을 준다는 의미이다.

이렇게 볼 때, '미디어는 메시지'라는 맥루한Herbert Marshall Mcluhan의 주장은 오늘날의 입장에서는 오히려 진부한 표현처럼 생각된다. 미디어에 따라 같은 정보가 달리 해석되는 정도로 끝나는 것이 아니라, 매체에 따라 의사소통 방식이 달라지고, 세대가 나뉘며, 삶의 양식이 변화한다.

인터넷 글쓰기에서 중시해야 할 것은 쓰기의 기술적인 차원이 아니다. 매체의 발달은 하루가 다르게 빨라지고 있고, 새로운 통신 기술과 프로그램은 끊임없이 만들어진다. 이러한 매체 발달은 정보의 신뢰성, 진실성, 타인에 대한 배려와 존중 자세 등을 약화시키는 경향이 있다. 그렇기 때문에 인터넷 글쓰기에서 중시해야 할 것은 쓰기의 바른 자세와 윤리이다. 신뢰할 만한 정보를 선별하고, 다른 사람을 존중하며 글을 쓰는 자세를 배우지 않는다면, 흥미 위주의 감각적인 표현이 난무하고 욕설과 비방으로 가득찬 왜곡된 인터넷 글쓰기 문화를 바로잡을 수 없다.

인터넷 글쓰기 문화의 향상을 위해서는 인터넷 글쓰기 공간의 특성을 이해해야 한다. 예를 들어 인터넷 신문이나 누리집에서는 그 신문의 논조와 누리집 운영 목적 등에 부합하는 글쓰기가 이루어진다. 지나친 욕설이나 무분별한 비방의 글이 올라올 경우에는 운영자가 삭제하는 경우도 있으며, 이를 사전에 방지하기 위해 실명제를 취하는 경우도 있다. 그렇지만 건강한 인터넷 글쓰기 문화를 창조하기 위한 좀 더 근본적인 대안은 인터넷 필자들이 올바른 글쓰기 자세를 기르는 데 있다. 이를 위해 인터넷 공간에서의 토론 문화의 특징을 공부해 보는 것이 유용하다.

다음 자료는 인터넷 공간에서 토론자들이 자유롭게 의견을 쓸 수 있도록 마련된 200자 토론의 장이다. 이 자료를 대상으로 인터넷 토론이 갖는 특징을 살펴보자.

〈주제〉 독도 문제에 대한 우리의 대처 방안은 무엇인가?

- KBS 생방송 심야토론, 인터넷 200자 토론의 논제

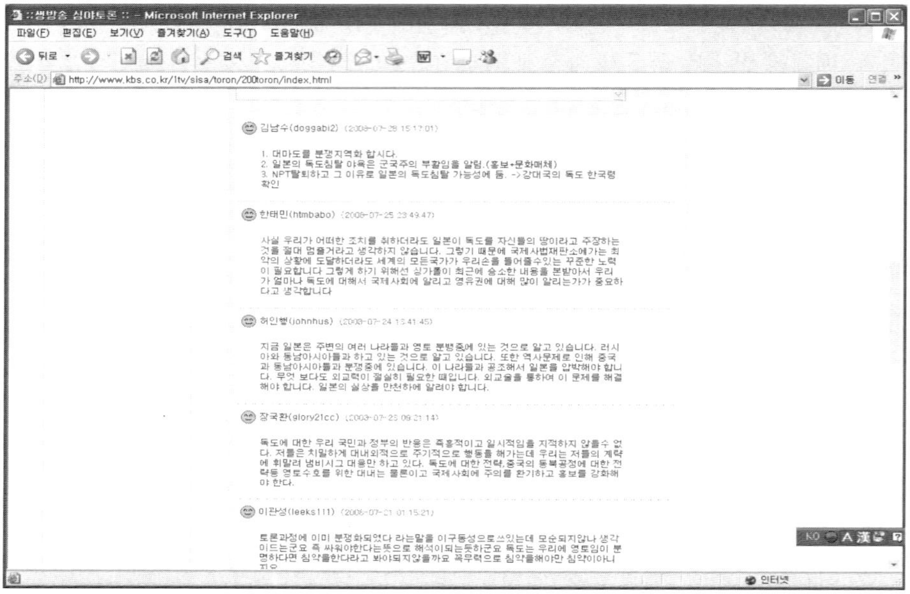

::생방송 심야토론:: - Microsoft Internet Explorer

http://www.kbs.co.kr/1tv/sisa/toron/200toron/index.html

김남수(doggabi2) (2006-07-28 15:17:01)

1. 대마도를 분쟁지역화 합시다.
2. 일본의 독도침탈 야욕은 군국주의 부활임을 알림.(홍보+문화매체)
3. NPT탈퇴하고 그 이유로 일본의 독도침탈 가능성에 둠. ->강대국의 독도 한국령 확인

한태민(htmbabo) (2006-07-25 23:49:47)

사실 우리가 어떠한 조치를 취하더라도 일본이 독도를 자신들의 땅이라고 주장하는 것을 절대 멈출거라고 생각하지 않습니다. 그렇기 때문에 국제사법재판소에가는 최악의 상황에 도달하더라도 세계의 모든국가가 우리손을 들어줄수있는 꾸준한 노력이 필요합니다 그렇게 하기 위해선 싱가폴이 최근에 승소한 내용을 본받아서 우리가 얼마나 독도에 대해서 국제사회에 알리고 영유권에 대해 많이 알리는가가 중요하다고 생각합니다

허인행(johnhus) (2006-07-24 13:41:45)

지금 일본은 주변의 여러 나라들과 영토 분쟁중에 있는 것으로 알고 있습니다. 러시아와 동남아시아들과 하고 있는 것으로 알고 있습니다. 또한 역사문제로 인해 중국과 동남아시아들과 분쟁중에 있습니다. 이 나라들과 공조해서 일본을 압박해야 합니다. 무엇 보다도 외교력이 절실히 필요한 때입니다. 외교술을 통하여 이 문제를 해결해야 합니다. 일본의 실상을 만천하에 알려야 합니다.

장국환(glory21cc) (2006-07-23 09:21:14)

독도에 대한 우리 국민과 정부의 반응은 즉흥적이고 일시적임을 지적하지 않을수 없다. 저들은 치밀하게 대내외적으로 주기적으로 행동을 해가는데 우리는 저들의 계략에 휘말려 냄비시그 대응만 하고 있다. 독도에 대한 전략,중국의 동북공정에 대한 전략등 영토수호를 위한 대내는 물론이고 국제사회에 주의를 환기하고 홍보를 강화해야 한다.

이관성(leeks111) (2006-07-21 01:15:21)

토론과정에 이미 분쟁화되었다 라는말을 이구동성으로쓰있는데 모순되지않나 생각이드는군요 즉 싸워야한다는뜻으로 해석이되는듯하군요 독도는 우리에 영토임이 분명하다면 침약을한다라고 봐야되지않을까요 꼭무력으로 침약을해야만 침약이아니지요

인터넷 토론은 토론자의 숫자나 발언 횟수, 그리고 토론 시간 등의 제약이 없다. 200자라는 분량의 제한이 있지만, 분량을 넘기면 다음 공간에 다시 쓸 수 있다. 자신의 생각을 얼마든지 표현할 수 있는 셈이다. 그렇지만 여기에도 일정한 원칙이 있다. 만약 자신이 쓰고 싶은 내용을 아무렇게나 쓴다면, 그 글에 대한 독자의 반응은 존재하지 않을 것이다. 다른 사람의 글에 비해 지나치게 긴 글을 읽어줄 만큼 인내력이 강한 독자는 많지 않다. 그렇다고 한두 단어로 자신의 생각만을 툭 던져 놓거나 논리적인 비약이 심한 비방조의 글을 올린다면 어떻게 될까?

인터넷 토론도 일반적인 토론과 마찬가지로 지켜야 할 원칙과 윤리가 있다. 토론자로서 지켜야 할 규칙이 있으며, 사회자에 해당하는 운영자로서 지켜야 할 원칙이 있다. 토론자는 토론주제(화제)가 무엇인지 이해해야 하며, 감정적인 글이나 비방하는 글을 써서는 안 된다. 운영자는 토론의 원칙을 정하고, 토론자가 활동할 수 있는 방향을 미리 알려주어야 하며, 이를 지키지 않았을 때의 제재 원칙을 밝힌다. 이처럼 토론자와 사회자가 협력하는 자세를 가질 때 인터넷 토론 문화의 향상과 진보가 이루어질 것이다.

인터넷 글쓰기와 독자의 반응

인터넷 글쓰기에서 가장 심각한 문제 가운데 하나는 익명성에서 비롯된 '댓글'의 폐단이라고 할 수 있다. 댓글은 인터넷 독자들이 특정 사안이나 시사적인 문제에 관하여 두세 문장의 짧은 글로 반응을 나타내는 글이다. 쓰기가 편하고 자유로울 뿐만 아니라 익명성이 보장되기 때문에 다양한 형태의 댓글이 나타난다.

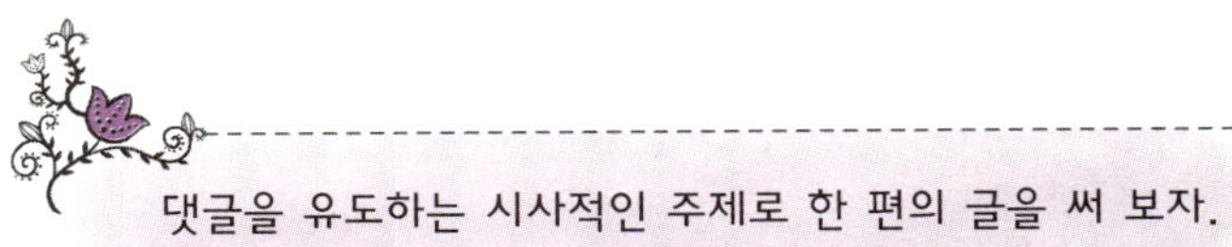

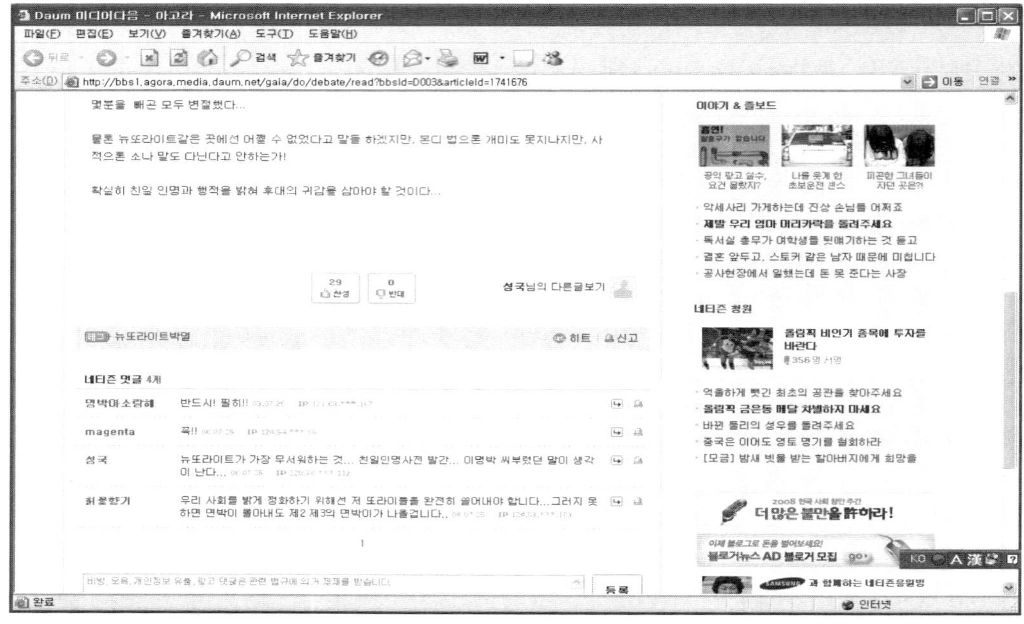

다음에 나오는 자료를 확인해 보자. 이 자료는 미디어 다음의 토론방인 아고라에 올라 있는 댓글이다. 댓글 표현이 매우 간결하기 때문에 논리보다는 자극적인 어휘와 비방하는 어투가 많다. 욕설은 또 다른 욕설을 낳고, 비방은 또 다른 비방으로 이어진다. 이를 고려한다면, 건강한 인터넷 문화는 건강한 글쓰기를 통해 이루어져야 한다. 인터넷 매체일지라도 문제는 역시 논리와 논거이다. 논리를 세우고 논거를 뚜렷이 하며, 상대방을 존중하는 쓰기 태도가 갖추어질 때 토론 문화가 발전할 수 있다.

1. 다음은 1925년과 2008년의 유행어이다. 이 자료를 대상으로 다음 활동을 해 보자.

보기

(가) 시시로 보면서 모를 말 사전

[내적] 내부적 혹은 내면적이라는 뜻. 정신적 혹은 주관적이라는 뜻도 된다.

[내튜내리즘] 자연주의나 과학발달의 영향이 사상방면을 움직이게 하여 생긴 주의다.

[니코틴] 연초채 속에 함유한 일종의 독소.

[뉴스] 소문, 신문지.

[넌쎈쓰] 무의식, 어리석은.

_ ≪신여성≫ 1925. 3(통권 제3권 제2호)

(나) 최신 유행어

친친 : '친한 친구'의 약자로, 말 그대로 친한 친구라는 뜻이다.

먼솔 : '무슨 소리'의 줄인 말.

아점저 : '아침 겸 점심 겸 저녁밥'의 줄임말로 이 경우 먹을 게 없어서 하루에 한 끼를 먹는다기보다는 단순히 귀찮아서 하루를 한 끼로 때우는 경우가 많다.

인골탑人骨塔 : '사람의 등골을 뽑는 상아탑(대학)'의 줄임말. 대학 등록금이 너무 올라서 이젠 학생이나 그의 부모님들이 비싼 등록금을 대느라고 등골이 휘어지고, 뽑히게 생겼다는 의미가 담겨 있는 표현이다.

찌레기 : 10대들 사이에서 만들어진 합성어로, 찌질이+쓰레기라는 뜻이다. 찌질이에서 '찌'를, 쓰레기에서 '레기'를 따왔다.

활동

알파보이Alpha Boy : 능력이 뛰어나고 지도력을 갖춘 남성을 뜻하는 말이다.

땡베감 : '땡큐 베리 감사'라는 단어를 줄인 것이다.

나오미족 : not old image에서 파생된 말로서 안정적인 경제력을 바탕으로 젊음의 라이프스타일을 즐기는 30~40대 여성을 말한다.

알파 어너Alpha Earner : 남편보다 돈을 더 많이 버는 부인을 일컫는 말이다. 이 말은 요즘 시대 여성들의 지위와 경쟁력이 향상됨을 여실히 보여준다.

간판병看板病 : 학벌이나 학위, 경력 따위를 중요하게 생각하는 사회 분위기를 병증에 빗대어 이르는 말.

가면부부 : 겉으로만 행복한 척 연기하는 부부를 일컫는 말.

웰컴주의welcome主義 : 외국에서 들어온 것들을 무조건적으로 선호하는 사회 풍토를 이르는 말.

엔지족NG-族 : 취업을 위해 졸업 전 마지막 학기에 휴학해 졸업을 연기하는 사람, 또는 그런 무리.

_ 〈네이버 오픈사전〉 중에서 발췌

(1) 유행어를 통해 알 수 있는 시대상을 말해 보자.

(2) 유행어가 만들어지는 원리를 살펴보자.

(3) 글을 쓰면서 유행어나 신조어를 쓸 경우 어떤 효과가 있을지 말해 보자.

활동*

2. 자기소개서에 써야 할 내용은 소개할 상황과 밀접한 관련을 맺는다. 취업 상황과 진학 상황(대학원 진학)을 고려하여 필요한 내용을 적어보자.

3. 다음 조건에 맞게 독후감을 써 보자.

- 교과서 이외의 도서를 대상으로 할 것
- 지적 호기심을 드러낼 수 있도록 할 것
- 분량은 자유롭게 할 것

4. 다음 자료를 참고하여, 자신이 속해 있는 학과를 소개하는 글을 써보자.

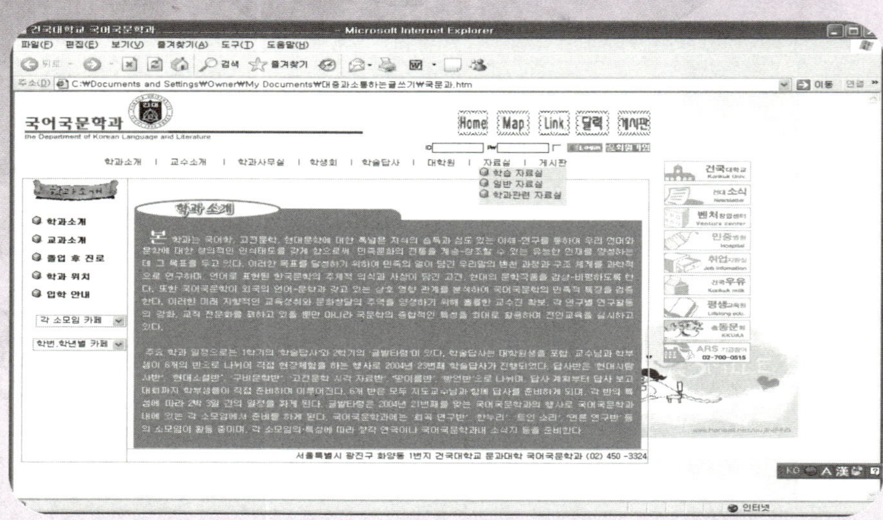

5. **다음 글을 읽고, '바람직한 댓글 문화'를 형성해가기 위해, 대안이 될 만한 내용을 빈 칸에 채울 수 있도록 글을 써보자.**

진화하는 댓글 문화

인터넷 인구 3,300만 명 시대를 맞이하면서 댓글의 영향력이 날로 커져가고 있다. 댓글이란 인터넷 뉴스, 쇼핑몰, 기업 홈페이지 등에 자신의 의견을 적어 올린 간략한 답글을 말한다. 인터넷 업계에선 하루에 달리는 총 댓글 수가 1,000만 개도 넘을 것으로 추산하고 있다. 이른바 악플로 불리는 악성 댓글보다 댓글이 달리지 않는 무플이 더 두렵다는 네티즌들도 적지 않다고 하니 그 실상을 이해하고도 남을 만하다.

댓글은 두세 문장의 짧은 글이 대부분이지만 특정 사안에 대해 수천에서 수만 개의 댓글이 달리면서 엄청난 영향력을 발휘하고 있다. 황우석 교수의 논문 조작 사건, 지하철 개똥녀 사건 등 정치・사회분야에서 특정방향으로 여론을 형성하기도 하였다.

이제 댓글은 다양한 형태로 진화를 거듭하고 있다. 댓글 문답을 통해 지식을 교환하는 지식검색이 인터넷 터줏대감이 된 지 오래고 독자들의 댓글을 토대로 꾸민 댓글 문학도 실험적으로 등장하고 있다. 최근엔 댓글 마케팅이 일반 소비자들의 구매 활동에 커다란 영향을 미치고 있기도 하다. 인터넷 설문조사 전문업체 폴에버가 589명을 대상으로 실시한 설문조사에서도 응답자의 60.5%가 인터넷에서 물건을 구매할 때 구매 경험자들의 댓글을 가장 우선적으로 고려한다고 답변했다. 관객 1 200만 명 이상을 모으며 한국영화흥행 1위에 오른 영화 〈왕의 남자〉의 관객 동원에도 역시 댓글이 일조했다고 한다.

그러나 네이버가 회원들의 댓글을 분석한 결과 네티즌의 0.06%에 불과한 댓글족들이 전체 댓글의 25%를 생산하면서 인터넷 여론을 주도하는 등 역기능도 만만치 않은 것으로 확인되었다. 이처럼 댓글이 인터넷에서 여론을 형성하고 사회를 움직이는 힘으로 떠오르면서 어느 누구도 댓글로부터 자유로울 수 없는 세상이 되었다. 이에 바람직한 댓글 문화의 조기 정착이 요구되고 있으며, 이를 위한 체계적인 노력이 요구된다.

댓글은 네티즌의 생각과 인터넷 여론이 조화를 이룬 한국만의 새로운 문화다. 앞으로는 인신공격과 마녀사냥식의 댓글이 사라지고 잘못 보도된 사실을 바로잡아주며 다양성 넘치는 토론의 장으로 진화하는 건강한 댓글 문화가 자리 잡기를 기대한다.

_ 전의진, 〈진화하는 댓글 문화〉, ≪디지털타임스≫ 2006. 3. 5

6. 청중을 위한 프레젠테이션

첨단 컴퓨터와 세련된 그래픽 기술을 동원할 수 있는 프레젠테이션의 달인達人, 스티브 잡스는 젊은 시절 말했다.

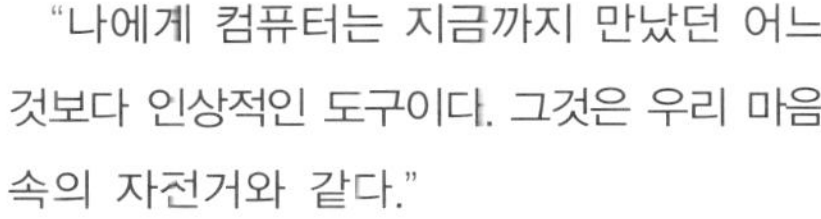

"나에게 컴퓨터는 지금까지 만났던 어느 것보다 인상적인 도구이다. 그것은 우리 마음 속의 자전거와 같다."

What a computer is to me is it's the most remarkable tool that we've ever come up with, and it's the equivalent of bicycle for our mind.

왜 잡스는 컴퓨터를 자전거에 비유했을까?

1

창조적이지 않아야 할 프레젠테이션

우리는 지금까지 귀가 따가울 정도로 창조성을 들었다. 그런데 이 장에서는 오히려 자신의 창조성을 줄이고 상대에게 맞추는 프레젠테이션의 방법을 학습할 것이다. 즉, 이제 발산적 사고보다는 수용자 마음속에 있는 요구를 분석하여 그것을 정답으로 삼는 수렴적 프레젠테이션을 준비해야 한다. 단, 창조적 사고로 생산된 콘텐츠가 여러분의 마음속에, 혹은 두 손에 들려 있는 상태에서.

프레젠테이션의 목표(Kosslyn, 2007 : 27)는 간단하다. 다음 세 가지가 핵심이다.

① 청중과 접속하라(Connect with your audience)
② 주의를 집중시키고 유지하라(Direct and hold attention)
③ 이해와 기억을 도와라(Promote understanding and memory)

청중과 접속하라

이 목표를 청중 중심으로 바꿔 보면, 좋은 프레젠이션이란 청중이 따라가기 쉽고, 딴 생각을 안 하도록 주의가 집중되며, 이해와 기억에 도움이 되는 것이어야 하다. 먼저, 청중이 쉽게 따라올 수 있는 프레젠테이션은 양과 질에 있어서 청중의 요구needs에 적절한 것이어야 할 것이다. 물론, 딱 맞게[適] 절도 있는[適] 양과 질을 결정하기란 상당히 어렵다. 넘치지 않고, 모자라지 않으며, 산술적 중간이어도 안 되고 때와 상황에 따라 동태적인 적절성을 유지하여 청중과 접속하기란 결코 쉽지 않은 일이다.

청중과 접속하는 프레젠테이션의 요건

(1) 적절한 양
"짧아서 나쁜 프레젠테이션이란 없다."

우선, 프레젠테이션의 양과 관련해, 이 말 하나를 기억하자. 청중의 입장에서 짧아서 나쁜 프레젠테이션이란 없다. 물론 그 정보량의 부족 때문에 아쉬울 때도 있으나 적어도 짧은 프레젠테이션은 나쁘게 여겨지지 않는다. 그리고 정보량의 부족은 질의를 통해 채워질 수도 있다. 오히려 유능한 발표자는 예상 질의를 만들어, 질의 시간에 보여주고 설명할 자료를 따로 준비해 놓는다. 프레젠테이션은 정해진 시간 안에 끝내는 게 가장 중요하다.

(2) 적절한 질

프레젠테이션의 질적인 면은 그 정보의 질적 수준을 말하는 것이 아니다. 청중에게 전달되는 방식과 메시지의 난이도를 말한다. 프레젠테이션 화면에서 문자가 사용되기는 하지만 기본적으로 발표는 '구술언어'라고 할 수 있다. 글이 아닌 이상, 수용자는 모르는 어휘를 찾아볼 수도, 이해가 되지 않는 부분을 반복해 볼 수도 없거니와, 앞 장을 넘겨보며 전체 내용을 구조화하는 정리도 할 수 없으며, 요점을 기억하기 위해 밑줄도 그을 수 없다. 그러니까 구술언어는 쉽고 구조적이며, 반복적이어야 한다.

윌리엄 포크너

vs.

어니스트 헤밍웨이

"가엾은 포크너, 그는 진정 어려운 단어에서 위대한 감성이 나온다고 생각하는 걸까?"

윌리엄 포크너는 헤밍웨이에 대해서 다음과 같이 말했다고 한다. "그(헤밍웨이)는 독자들이 사전을 찾아봐야 할 수준 높은 단어는 하나도 쓰지 않는 것으로 유명했다." 헤밍웨이는 포크너에 대해, "가엾은 포크너, 그는 진정 어려운 단어에서 위대한 감성이 나온다고 생각하는 걸까?"라고 응수하였다. 프레젠테이션의 관점에서 보면, 복잡한 문형 구조와 어려운 단어를 쓰는 포크너에 비해 쉬운 말을 간단한 문장으로 구사하는 헤밍웨이가 더 좋은 프리젠터이다.

우리 시대 가장 훌륭한 프리젠터라고 꼽히는 이는 바로 스티브 잡스Steve Jobs이다. 그는 매우 고급의 영어 표현이라 여겨지는 중문이나 복문을 쓰지 않고 짧은 단문을 사용한다. 대신 꼬리에 꼬리를 무는 방식으로 청중의 관심사를 속 시원히 풀어 준다.(김경태, 2006 : 187) 그래서 청중은 이해하기 쉽게 필요한 내용을 쏙쏙 귀에 담아간다. 다음 두 프리젠터의 문장을 분석해 보자.

잡스 오늘 해야 할 일이 한 가지 더 남았습니다. 한 가지 더, 이 역시 꽤 중요한 것입니다. ⬚ 청중과 함께 한다는 생각!
지금까지 우리는 음반 매장이 아닌 곳에서 어떻게 뮤직 비디오를 하고, 아이튠스 뮤직 스토어가 아닌 곳에서 비디오 잡지를 구입하며, 어떻게 픽사의 단편영화를 구입할 수 있는지에 대해 이야기했습니다. ⬚ 앞선 논의의 정리
여기 iTunes 뮤직 스토어에서만 살 수 있는 것이 하나 더 있습니다. 그것은 바로 'TV Show'입니다.
돈을 내고 TV 프로그램을 구매한다면 누구나 히트작을 보고 싶어합니다. 맞지요?
현재 방영 중인 프로그램 중에서 최고 인기 프로그램은 뭐죠?
〈위기의 주부들〉이지요?
그럼 두 번째로 인기 있는 프로그램은?
바로 〈로스트〉입니다.
이 프로그램들은 어느 방송에서 하나요?
둘 다 abc에서 방영합니다.
abc 방송국의 소유주는 누구일까요?
디즈니입니다. ⬚ 꼬리에 꼬리를 물면서 이어가는 방식
제가 이 사람을 잘 알고 있습니다.
다행스럽게도 현재 최고 인기 프로그램을 방영하고 있는 이들과 전 같이 일했던 경험이 있습니다. 바로 이들이 abc 방송국과 디즈니 채널을 소유하고 있지요. ⬚ 자기 경험과 관련시켜 친밀감 형성
그리고 오늘 저희는 이들과 이룬 역사적인 계약을 발표하고자 합니다. 우리는 앞으로 아이튠스를 통해 다섯 개의 쇼를 제공할 예정이고, 여러분은 온라인상에서 그것을 구매하고 다운로드하여 컴퓨터나 iPod로 감상할 수 있게 됩니다.
⬚ 청중의 기대감 고조
우리는 디즈니와 역사적인 계약을 이루어 냈습니다. 저는 벌써 20년 동안 디즈니와 함께 일을 해 왔고, 지난 몇 개월 동안 디즈니의 새로운 CEO인 로버트 아이거를 잘 알게 되었습니다. 이제 그를 모시고 우리의 계약에 대한 이야기를 듣고자 합니다. 로버트, 나와 주세요. ⬚ 자기 경험을 통한 신뢰감 주기

스티브 잡스와 로버트 아이거가 구사하는 문장을 비교해 보자.

아이거 감사합니다. 대단히 감사합니다.

스티브, 이번 발표를 위해 이 무대에 선 것을 매우 영광스럽게 생각합니다. 월트 디즈니의 모든 식구들은 이 새로운 시작에 대해 흥분을 감추지 못하고 있습니다.

저희는 그가 말했듯이, 지금까지 픽사를 통해서 이루어진 스티브와의 관계에 크게 만족하고 있고, 이번 애플과의 관계 확장, 즉 픽사가 애플과 함께 하게 되었음(Pixar is with apple)을 발표하게 된 것을 매우 기쁘게 생각합니다. ☐ 복문의 복잡한 구조

스티브와 저를 매우 흥분시키는 것 중의 하나는 바로 우수한 콘텐츠와 우수한 기술력의 만남입니다. 또한 이런 결합을 통한 만남이 실제로 새로운 기회를 창조해 낼 것이란 기대감 때문에 흥분을 감추지 못합니다.

새로운 기회를 찾고 있는 콘텐츠 제공자의 입장에서 보자면, 이런 기술력은 더 많은 사람들에게 다가갈 수 있게 만들고, 콘텐츠의 가치를 더 높여 줍니다. 애플과 같은 기술 제공 업체에게는 우수한 콘텐츠가, 그들의 우수한 새 기술이 시장에 진입하는 기회를 만들어 줄 수도 있을 뿐만 아니라, 시청자인 고객들을 위한 무한한 기회를 만들어 낼 것입니다. ☐ 글로 읽어도 난해한 긴 문장 구조

다음 물음에 답해 보자.

(1) 두 사람이 사용한 문장의 길이는?

(2) 문장의 구조는?

(3) 문장 간의 연결은?

(4) 청중이라면 어떤 프레젠테이션을 듣고 싶은가? 왜 그런지 이야기해 보자.

문장뿐만이 아니다. 프레젠테이션 화면도 간결함이 최고의 미덕이다. 다음은 빌 게이츠Bill Gates와 스티브 잡스의 프레젠테이션 화면이다. 두 사람의 화면 구성의 차이는 매우 쉽게 발견할 수 있다. 그 차이는 '복잡하고 화려함', '단순하고 깔끔함'이라고 간명히 정리할 수 있다. 발표 현장에서 빌 게이츠는 제시된 모든 슬라이드를 사용했고, 스티브 잡스는 여기 있는 것보다 훨씬 많은 슬라이드를 발표에 활용했다.

▶▶▶ Bill's slides

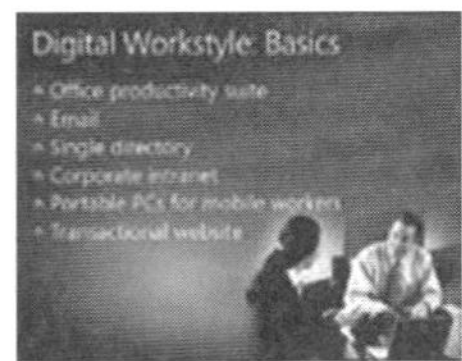

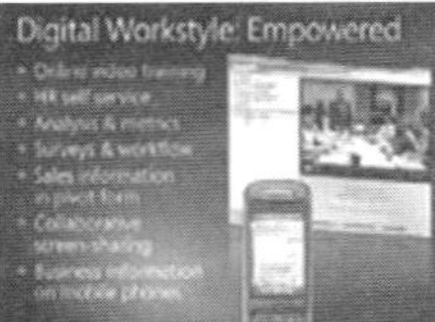

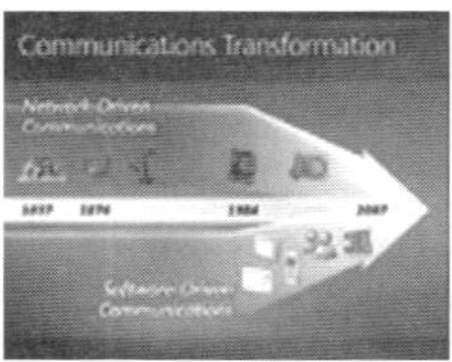

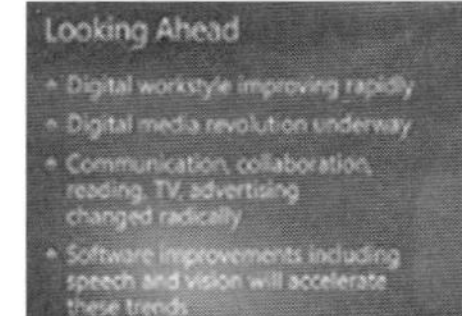

▶▶▶ Steve's slides

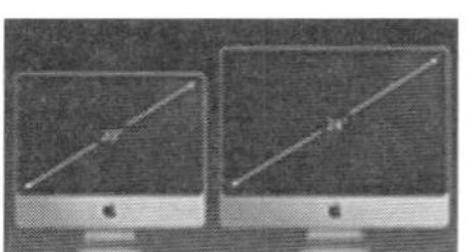

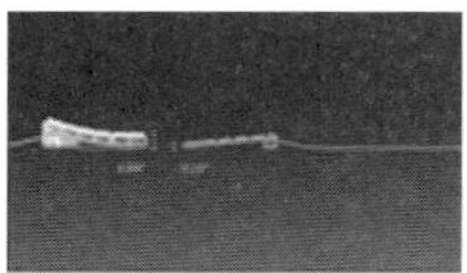

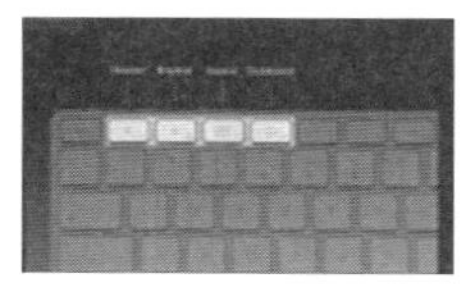

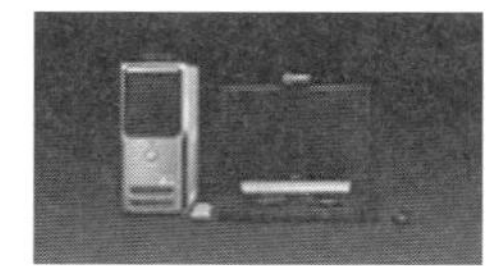

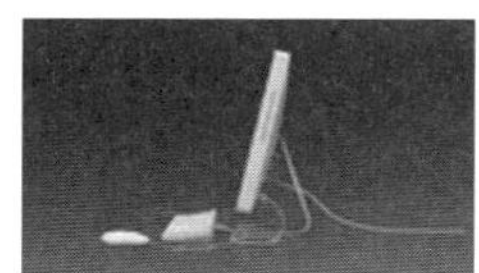

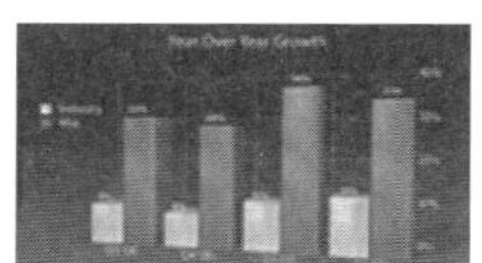

두 사람의 발표 화면을 비교하면서 다음 질문에 답해 보자.

(1) 발표에 사용된 슬라이드의 수가 차이나는 이유는?

(2) 자신이 발표 현장에 있는 청중이라고 할 때, 두 사람의 슬라이드 중 어떤 것을 선호하게 될지 말해 보자.

물론 프레젠테이션에 활용된 슬라이드만을 가지고 발표의 질을 평가하는 것은 쉽지 않다. 그러나 단순할수록 깊은 인상을 남기며 메시지가 명료하게 전달된다는 것은 인지과학적 사실이다. 절제와 생략을 통해 아름다움을 추구하는 일본식 정원 디자이너는 다음과 같이 말했다.

> 핵심을 살리려면 덜 중요한 것들을 제거해야 한다. 디자이너들은 숨기고 감추는 미학을 유지해야 한다. 모든 것을 다 보여주려고 하면 결국 모든 것을 잃고 말기 때문이다.
>
> _ 코치 가와나

가와나의 마지막 말을 기억하면서 단순하면서 절제된 슬라이드를 구성해 보자. 아름다운 슬라이드란 단순한 것임을 명심하면서 슬라이드를 화려하게 만들어야 주목을 끌 수 있다는 잘못된 생각을 버려야 할 것이다. 청중이 여러분의 슬라이드를 보면서, "참, 화려하게도 만들었군."이라는 반응을 기대하는가, 아니면 "무슨 얘기를 하는지 분명하고 잘 이해되는군."이라 반응하길 원하는가?

주의를 집중시키고 유지하라

인간의 기억 체계는 전체 과정 중에서 처음과 끝을 가장 잘 기억하기 때문에 프레젠테이션의 처음과 끝은 특히 중요하다고 한다.(Kosslyn, 2007 : 63) 프레젠테이션을 설명한 많은 책들은 시작의 중요성을 강조하고 있다.

> 프레젠테이션의 초반 2분은 발표자에게 가장 긴장되는 시간이다. 일단 초반 2분을 매끄럽게 풀어나가면 그 이후부터 긴장감이 서서히 누그러지기 시작한다. 긴장감이 해소되면서 자신감이 증폭되고, 최선의 역량을 발휘할 수 있다.
>
> 그러나 초반 2분을 엉망으로 만들면 시간이 흘러갈수록 발표자는 점점 긴장하고 초조해진다. 너무 긴장하면 머릿속에는 아무 생각도 떠오르지 않는다. 실수할 가능성은 더욱 커진다. 초반 2분을 어떻게 요리하느냐에 따라 프레젠테이션의 성공과 실패가 좌우된다고 해도 결코 과연이 아니다.

주목을 끄는 프레젠테이션 요건

(1) 첫 장면을 인상 깊게
- 첫인상에 신경 쓰기
- 발표자의 흥미와 열정 보이기
- 청중의 듣기 목적 제시하기

프레젠테이션의 첫 장면을 인상 깊게 하려는 이유는 첫인상이 발표 내내 지속되기 때문이다. 이 현상을 설명하는 심리학 용어인 '맥락 효과contextual effect'라는 말이 있을 정도로 첫인상이 발표 전반에 큰 영향을 미친다. 그래서 상황에 맞는 복장, 당당한 걸음걸이, 안정감 있는 자세, 좌중을 압도하는 3초의 침묵, 자신감 있는 눈 맞춤, 뚜렷하고 힘 있는 음성 등 첫인상을 이루는 요소들에 신경을 써야 한다.

그렇지만 가장 중요한 것은 그 자리에서 발표할 내용을 발표자 자신이 재미있어 하고 가치 있다고 여기는 태도와, 청중의 마음에 가 닿으려는 발표자의 열정이다. 이를 갖추기 위해서는 최소한 자신이 프레젠테이션하는 목적을 정확히 파악하고 있어야 한다. 처음에 이 목적을 강조하여 청중들이 듣고 싶게 해야 한다. 사람들 사이에 진심은 통하듯이 목적이 분명한 프레젠테이션은 확실히 통한다.

열정과 진심도 청중을 위해 '튜닝tuning'되어야 한다. 청중은 프레젠테이션을 듣는 것이 왜 자기에게 필요한지, 주제는 뭔지, 그 주제가 속한 분야는 무엇인지, 프레젠테이션의 목적은 무엇인지 빨리 알기를 원한다. 이를 위해 유용한 'INTRO' 전략을 소개하면 다음과 같다.

Ignite : 개시
Need : 필요성 설명
Title : 제목 설명
Range : 살펴볼 분야 말하기
Objective : 목적 정리하기

이 전략을 활용하여 프레젠테이션의 도입부에 들어갈 내용을 충분히 챙겨보자. 'INTRO' 전략은 청중에게 발표할 내용의 세계로 초대하는 안내장에 포함되어야 할 항목들에 불과하다. 그러나 이 목록을 다 마련했다는 것은 적어도 프레젠테이션이라는 여행을 떠나기 위한 짐은 다 쌌다는 안도감과 더불어, 발표 불안을 완화해 갈 것이다.

(2) 구조화된 내용으로

• 내용을 이야기로 구조화하기

이제 집중하기 시작한 청중의 주의를 지속시키는 것이 문제이다. 주의를 지속시키는 일은 "여기 집중해 주세요.", "졸지 말아 주세요."라고 말하기가 아니다. 구조화된 내용만이 청중의 주의를 유지시킬 수 있다. 구조화된 내용을 만드는 데에도 이야기는 유용하게 활용될 수 있다. 다음과 같은 이야기는 내용을 짜임새 있게 만드는 데 도움이 될까?

> 한 흡혈박쥐가 신선한 피를 잔뜩 묻히고는 동굴의 천장에서 잠을 자고 있었습니다. 얼마 지나지 않아 다른 박쥐들이 피 냄새를 맡고 어디서 그 피를 얻었냐며 그를 귀찮게 했습니다. 그는 잠 좀 자게 놔두라며 소리쳤지만 나머지 박쥐들은 "알았어, 따라와."라는 말을 할 때까지 그를 계속 몰아붙였습니다. 결국 그 박쥐는 수백 마리의 박쥐들을 이끌고 동굴 밖으로 나갔습니다. 그들은 계곡으로 내려가 강을 건너 빽빽한 숲으로 들어갔습니다. 마침내 그는 속도를 늦췄고, 나머지 박쥐들은 신이 나서 그를 에워쌌습니다. "자, 저기 저 나무 보이지?"라고 그가 이야기하자 나머지 박쥐들은 "응, 그래, 그래!"라며 들떠 소리 질렀습니다. 그 소리를 들은 그는 중얼거렸습니다. "젠장, 아까 나는 그게 안 보였거든."
>
> _ Kosslyn, 2007 : 39-40 재인용

우스운 이야기 자체는 내용의 구조화와 상관없다. 물론 프레젠테이션 중간에 유머를 사용하면 청중에게 '숨 돌릴 여유'를 만들어 주거나, 주제와 관련된 이야기라면 복잡한 프레젠테이션 내용을 쉽게 이해시킬 수도 있다. 그러나 여기서 말하는 이야기란 '소재적' 차원에서의 이야기가 아니라 '구조적' 차원에서의 이야기이다.

'사각의 법칙'은 '사실', '영향'과 '목적', '결론' 등을 마름모의

꼭짓점으로 삼는 내용의 구조화 전략이다. 이 전략에 따라 발표할 내용을 정리한 사례(이용갑, 2008 : 117 사례 변용함)를 살펴보자.

사각의 법칙

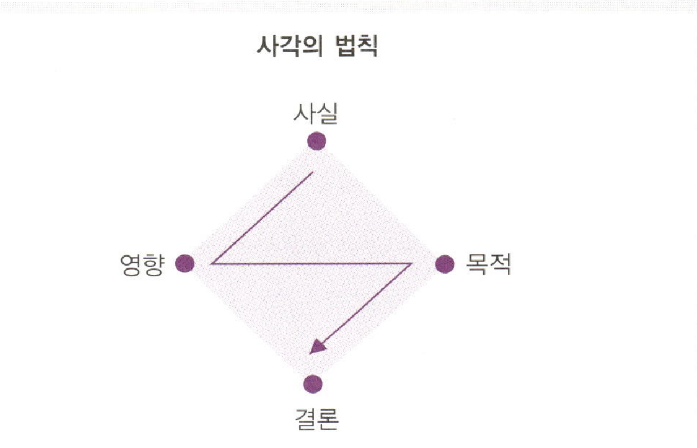

사실: 한 달 전 나는 능력은 있지만 성격이 무척 까다로운 조원(그는 같은 과 학우이기도 하다)과 다른 발표조원들이 보는 앞에서 심하게 다투었다. 하지만 아직 화해를 하지 않고 지금도 그와 불편하게 지낸다.

영향: 그의 성격이 까다로운 탓에 다른 조원들도 통쾌하게 여기지만(+영향), 그와 불편한 관계가 지속된다면 하루하루 학교생활이 고달플 것은 물론이고, 발표 준비의 효율성도 떨어질 것이며, 성적에도 영향을 끼칠 것이다.(−영향)

목적: 그가 내 편이 되면 학교생활에서 다시 즐거움을 찾을 수 있고, 능력 있는 그의 협조로 발표도 잘 이루어질 수 있으며, 그로 인해 성적이 잘 나올 수도 있다.(기본 목적) 나는 좋은 성적으로 성취감을 느끼고, 그와 원만한 관계를 계기로 다른 학우들과도 잘 지낼 수 있을 것이다.(부수 목적)

결론: 그래서 이번 달 안에 내가 먼저 화해를 청하고, 이를 기회로 삼아 그를 내 편으로 만들어야겠다.

사각의 법칙과 이야기 구조의 유사성

사각의 법칙을 활용해 내용을 구조화하는 방식을 살펴보았다. 그런데 여기 소개된 내용을 쭉 따라 읽다보면 한 편의 이야기처럼 느껴진다. 왜냐하면 사각의 법칙 자체가 인간의 기본적인 이해의 도식을 따르고 있기 때문이다. 물론 그 도식은 이야기적으로 구성되어 있다.

'사실'은 이야기의 제재, 즉 문제 상황이 소개되는 '발단'이다. 이 문제를 탐구하기 위해 우리는 서사적 맥락에서 그 긍정적, 부정적 '영향'을 평가하며 생각을 '전개'한다. 마치 이야기의 주인공이 적대자와 티격태격하면서 상황이 전개되듯이 말이다. 그러다가 주인공이 승패가 결정되는 '절정'의 순간을 맞이하기 위해 분명한 '목적'이 설정된다. 그러면 어떻게 할 것이라는 결과가 프레젠테이션 서사의 '결말'로 도출된다.

3막 구조

아리스토텔레스가 〈시학〉에서 논한 '시작-중간-끝'의 구조를 말한다. 앞서 설명한 '발단-전개-절정-결말' 중 전개와 절정을 '중간'으로 묶어 낸 것으로 이해할 수 있다.

이처럼 프레젠테이션은 한 편의 서사적 구조로 짜여 있는 드라마이다. 드라마처럼 그 흐름이 잘 구성되었을 때, 청중들은 프레젠테이션에 감화되고 설득되기 쉽다. 실제로 스티브 잡스는 드라마를 잘 활용할 수 있는 이야기꾼이다. "오늘 아침, 여러분께 보여 드릴 놀라운 것들을 준비했습니다. 모든 고전 명작들이 그러하듯 오늘 저의 프레젠테이션 또한 3막으로 구성했습니다. 자, 무엇보다 시작해야 할까요? 제1막 ○○입니다."(김경태, 2006 : 32 재인용)

이런 오프닝 멘트는 영특한 도입이기도 하다. 3막 구조의 개요를 알려주는 한편, 자신의 프레젠테이션이 들을 만한 가치가 있음을 알리고 있기 때문이다. '고전 명작은 모두 3막으로 구성되어 있다. → 나의 프레젠테이션도 3막으로 구성되어 있다. → 그러므로 나의 프레젠테이션은 명작이다.'라는 3단 논법의 구성을 취해 자신의 프레젠테이션의 가치를 드높이고 있다.

한편, 프레젠테이션의 내용을 한 편의 스토리로 묶어 내는 세련된 스토리텔링의 전략을 활용할 수도 있다. 이를테면, '1920~30년대 한국문학사'에 대해 발표한다고 하자. 이를 정보 중심으로 구성할 수도 있으나 심훈(1901~1936)과 같은 당대의 문학가와 시간을 초월한 편지를 주고받으면서 당시의 문학계를 심층적으로 이해할 수도 있는 것이다. 발표 콘텐츠 전체를 하나의 이야기로 감싸는 스토리텔링storytelling의 기법은 현재 교육용 콘텐츠 개발이나 상품 마케팅 등에서 널리 활용되고 있다.

스토리텔링 마케팅

상품에 얽힌 이야기를 가공, 포장하여 광고, 판촉 등에 활용하는 브랜드 커뮤니케이션 활동이다. 상품개발 과정 등 브랜드와 관련된 실제 스토리를 여과 없이 보여줄 수도 있고 아니면 신화, 소설, 전래동화, 게임 등에 나오는 스토리를 원용하여 가공하거나 패러디하여 보여주기도 한다.

이해와 기억을 도와라

심리학 기반 프레젠테이션 기법을 소개한 코슬린은 이해와 기억을 돕는 세 가지 법칙을 제시하였다. 첫째는 '조화의 법칙'이다. 코슬린에 따르면, 우리의 지각, 기억, 인지 체계는 우리가 보고 듣는 것과 전달되는 메시지의 내용을 서로 연결 지으려는 경향이 있다고 한다.(Kosslyn, 2008 : 37) 다시 말해, 형식이나 이미지의 구조가 메시지의 내용을 추론하게끔 한다는 것이다.

형식과 내용이 유기적으로 통합된 훌륭한 예술 작품이 수용자의 마음속에 각인되듯이, 형식이나 이미지를 메시지의 내용과 조화를 이루게 하는 것은 청중의 이해를 돕고 발표자와 발표 내용을 오래도록 기억할 수 있게 한다. 이 법칙을 적용해 발표 자료를 만드는 것은 그리 어려운 일은 아니다. 중요한 내용은 크고 굵게 표시하거나 강조점을 두는 문자의 색깔을 바꾸는 정도로 이 법칙을 실현할 수 있다.

둘째는 정보 변화의 법칙이다. 사람들은 변화를 보거나

형식과 메시지의 관계에 대한 흥미로운 실험

1935년 존 리들리 스트룹John Ridley Stroop은 '빨강'이라는 단어를 녹색 잉크로 썼을 때, '크다'라는 말을 상대적으로 작게 썼을 때 사람들이 혼란을 일으킨다는 것을 발견하였다.

이해와 기억을 돕는 세 가지 법칙

- 조화의 법칙
- 정보 변화의 법칙
- 용량 제한의 법칙

듣는 순간, 그것이 새로운 무언가를 의미할 것으로 기대한다. 자신의 의지로 그러는 것이 아니라 우리의 뇌가 먼저 새로운 의미를 받아들일 태세를 갖춘다는 것이다. 프레젠테이션 화면에 장식적인 변화가 있는데도 의미의 변화가 없다면 오히려 청중들은 실망한다. 그러니 화면의 장식과 크고 작은 변화는 되도록 신중히 해야 한다.

셋째는 용량 제한의 법칙이다. 우리의 감각 기관의 순간적인 기억으로부터 단기 기억으로 옮겨가 장기 기억에 저장되기까지 많은 정보들이 소실된다. 그 중 남아 있는 것은 구조화되어 수용할 수 있는 것들이다. 너무나 많은 정보들이 한꺼번에 제시되는 경우에 우리의 뇌는 당황하여 어찌할 바를 모르게 된다. 이 정보들을 분류하고 정돈하여 기억하게 하는 작업이 바로 발표 내용의 구조화이다.

사람의 뇌는 언어를 담당하는 부분과 시각을 담당하는 부분이 달라, 언어적 정보와 시각적 정보를 따로 저장한다고 한다. 좌뇌는 논리, 사고, 언어, 분석 등을 담당하고 우뇌는 형상, 감성, 느낌, 직관, 창조 등을 담당한다. 정보를 전달할 때, 시각적인 방법과 언어적인 방법을 동시에 사용하면 양쪽 뇌를 활성화하며, 발표 내용을 청중의 기억 장소에 두 번 저장하는 효과를 기대할 수 있다.

잡스는 이 법칙을 활용하는 데에도 귀재이다. 잡스가 기획한 대부분의 프레젠테이션은 3단 구조로 짜여져 있다. 서론, 본론, 결론의 3단 구조만이 아니다. 그는 어떤 제품을 소개하는 데에도 세 가지의 특징과 장점을 나누어 말할 정도로 숫자 3에 집착한다. 또한, 아래 그림과 같이 3단의 구조 자체가 도입에서 소개되고, 본론으로 구성되며, 결론에서 정리될 정도로 반복된다.(김경태, 2006 : 60)

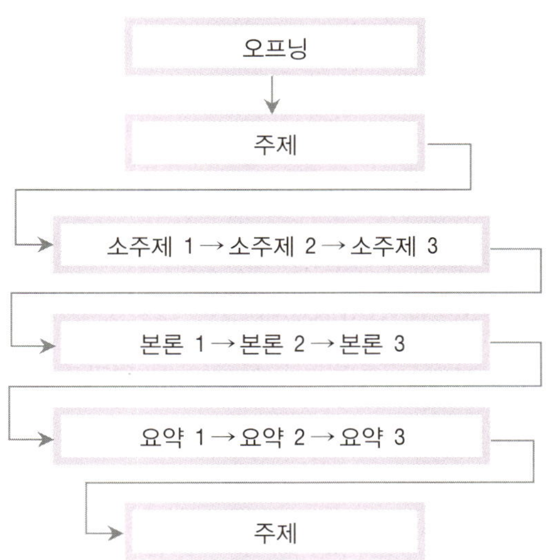

3의 구조화를 당분간, 기계적으로라도 고수하는 것은 여러분의 사고를 세련화하기 위해서라도 요긴할 것이다. 우리의 사고는 이분법적으로 자동화되어 있다. 이분법은 0 아니면 1의 디지털 방식처럼 상당히 간편히 사물이나 현상을 파악하는 방법이다. 그러나 익숙하다고 편하게 사용하다 보면 우리를 흑백논리의 오류에 빠뜨리는 치명적인 사유법이기도 하다.

내용이 아직 생성되어 있지 않더라도 근거를 세 개 이상 마련할 만한 빈자리를 개요에 도입해 보자. 그렇게 구성된 내용은 발표 내용을 구조화하는 데에도 도움이 될 수 있다.

예) 1. ______________

2. ______________

3. ______________

다시 이 장의 첫 장에서 제시한 잡스의 말에서 주목할 점은 잡스가 디지털 컴퓨터를 아날로그적인 도구인 자전거에 비유했다는 사실이다. 자전거를 타고 다니면서 주변 풍경을 살피듯이 컴퓨터로 마음속의 생각들이 어떻게 생겼는지, 그것들은 어떻게 서로 관련되는지, 어떤 길로 가야 생각이 더 잘 흘러갈 수 있는지 등을 보는 것이다.

그렇게 마음 곳곳을 다니는 것은 두 발로 걷기보다 훨씬 빨라 사유의 속도가 높아질 것이다. 뿐만 아니라 이곳저곳에

왜 잡스는 컴퓨터를 자전거에 비유했을까?

저장된 정보의 연관성을 보다 쉽게 파악할 수 있다. (디렉터리의 트리 구조를 생각해 보라.) 또한 컴퓨터끼리의 연결[인터넷]로 인해 네트워크식의 사유도 가능하다.

잡스는 컴퓨터라는 새로운 매체를 그 초창기부터 연구, 개발하고 대중화시킨 장본인이다. 그러기 위해서 그는 아주 근본적인 영역부터 사고하였다. 즉, 잡스는 인간의 두뇌를 닮은 '똑똑한 기계'는 어떤 기능이 있어야 인간과의 상호작용interactive이 가능할까를 고민했다는 것이다. 잡스가 컴퓨터를 활용한 발표의 달인이 된 연유도 여기에서 찾을 수 있다.

잡스의 사례를 보건대, 근본을 고민한 사람, 시작을 만든 사람만이 오래 살아남고 끝까지 유능하다고 할 수 있다. 뒤따라가기만 하면, 아무리 노력한다 하더라도 기껏해야 추종자밖에 안 될 뿐이다. "The winner takes it all.~" 노래 가사처럼 시장을 만드는 사람이 시장을 장악하고, 새로운 영역의 창조자가 그 영역의 주인이 된다.

남들이 만들고 발전시킨 컴퓨터와 프리젠테이션 툴은 그저 매력적인 도구에 불과할 뿐이다. 그것들은 자전거처럼 우리의 마음속 여행을 도와주지만 창조적이고 풍요로운 마음 자체를 만들어주는 것은 아니다. 새로운 마음을 창조하자. 그러나 기억하자. 잡스처럼 근본을 고민해야 진정한 창조자가 될 수 있다는 것을.

그렇다면 근본은 무엇인가? 바로 여러분 자신인 인간이다. 그렇지만 인간 자체를 탐구 대상으로 삼을 수 없기에 전통적으로 인간이 만든 언어, 문학 등의 문화, 역사와 철학, 종교 등을 통해 인간을 탐구할 수 있다. 인간이 만든 문양[文]을 통해 자기와 타인, 그 관계를 알고, 탐구하고, 새롭게 하는 인문학 탐구는 창조적 능력을 샘솟게 하는 원천이 될 것이다.

2 프레젠테이션 연습

이 절에서는 실제 프레젠테이션으로 사용된 자료를 가지고 내용을 구조화하고, 프레젠테이션 화면을 구성하는 연습을 해 볼 것이다.

연습에 사용된 자료는 건국대학교 국어국문학과 윤재연 박사가 2009년 하반기 겨레어문학회 발표에서 활용했던 것이다. 후학들을 위해 자료 활용에 동의해 주심에 감사드린다.

구성을 소개하자면, 왼쪽에는 프레젠테이션 화면을 넣고, 오른쪽에는 그에 해당하는 발표문의 내용을 배치하였다. 화면을 재구성하거나 만들어 보면서 프레젠테이션에 대한 실제적인 감각을 키워 보도록 한다.

!

1. 먼저 오른쪽 내용을 읽고 구조화한다.
2. 왼쪽에 제안된 프레젠테이션 화면을 비평한다.
3. 화면을 구성 및 재구성한다.

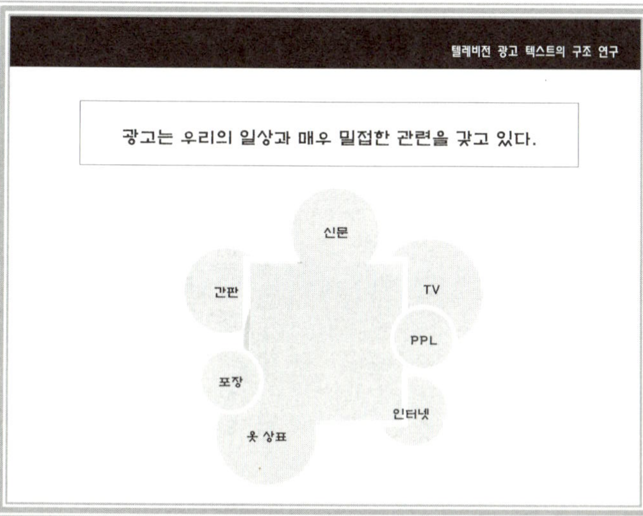

자신이 이 주제로 발표한다고 생각하고 청중의 관심을 집중시킬 만한 도입을 구상해 보자.

먼저 본격적인 논의에 앞서 광고가 우리의 일상에서 얼마나 많은 비중을 차지하고 있는지, 학계에서는 광고 연구가 어떻게 이루어지고 있는지를 간단히 살피도록 하겠다.

광고는 우리의 일상과 매우 밀접한 관련을 갖고 있다. 신문이나 텔레비전의 광고뿐만 아니라, 드라마, 영화 등에서 특정 제품을 노출시켜 광고 효과를 노리는 PPL, 인터넷 등에서도 수많은 광고를 접하게 되고, 우리가 입는 옷의 상표, 각종 물건들의 포장, 거리의 간판 등도 모두 광고로서 기능하고 있다.

발표는 구술언어이다. 발표문은 문어체로 쓰여 있는데 이는 구술언어로 재조직되어야 한다. 가장 좋은 방법은 발표문의 내용을 숙지하고 청중과 눈을 맞추며 말하는 것이다.

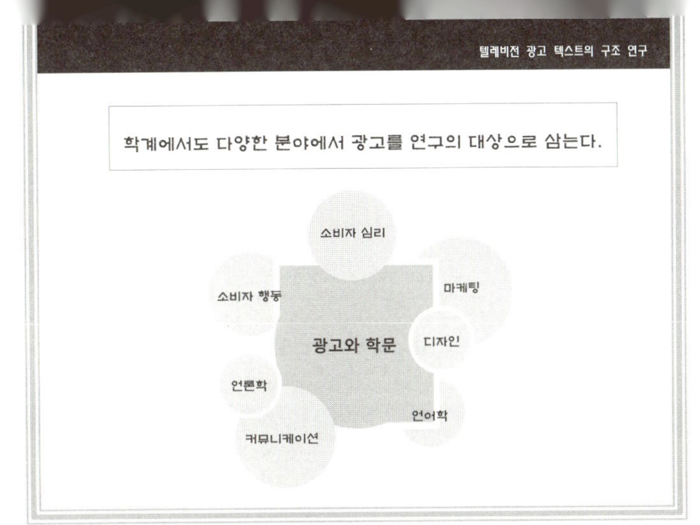

광고는 마케팅, 커뮤니케이션, 소비자 심리, 소비자 행동, 디자인, 언론학, 언어학 등 매우 다양한 분야에서 접근하는 것이 가능하며 이 중에서 특히 광고를 활발하게 연구하는 분야는 마케팅과 커뮤니케이션 분야이다. 광고 자체가 본질적으로 마케팅의 속성과 커뮤니케이션의 속성을 갖고 있기 때문이다.

! 이미지의 크기와 내용의 관련성을 따져 보자.

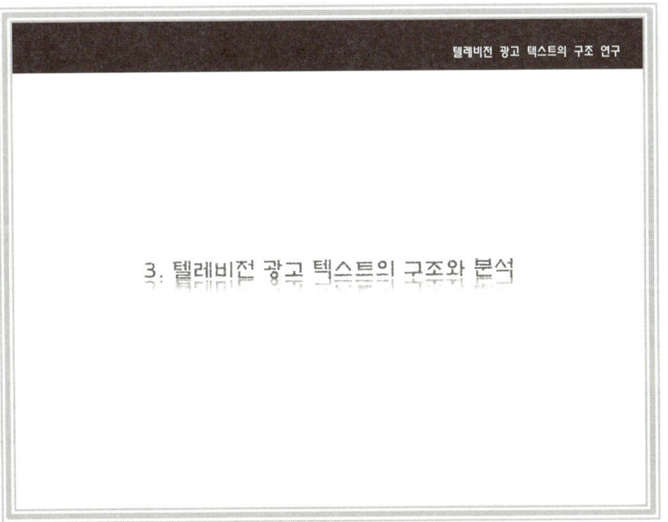

이 발표에서는 텔레비전 광고를 대상으로 하여 텍스트 언어학의 입장에서 분석함으로써 광고 텍스트의 구조와 구성 원리를 밝히고자 한다.

! INTRO 전략을 활용해 도입부의 내용을 강화해 보자.

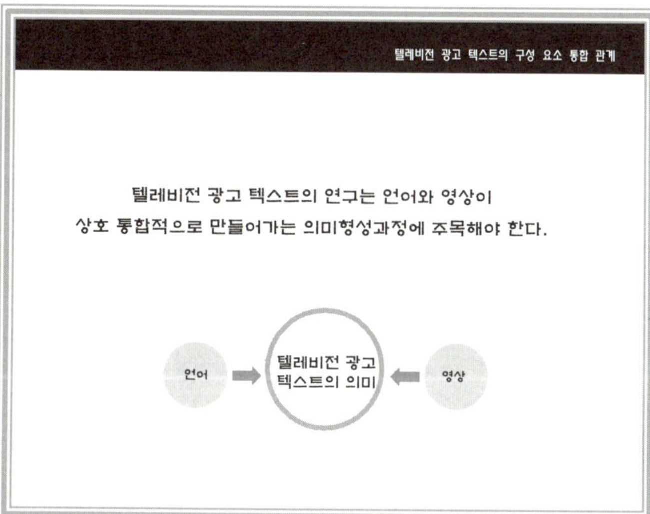

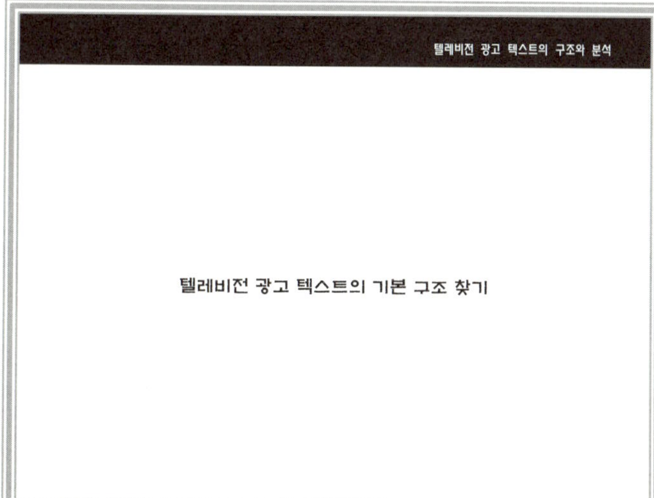

텔레비전은 언어, 영상, 음악으로 메시지를 전달하는 시청각 매체이다. 라디오나 인쇄물에서 메시지 전달의 핵심 기능을 언어가 담당하였던 것과는 달리 텔레비전이라는 매체로 메시지를 전달할 때에는 언어뿐만 아니라 영상도 메시지 전달에 중요한 역할을 담당한다. 따라서 텔레비전 광고 텍스트를 연구할 때에는 언어와 영상이 상호 통합적으로 만들어가는 의미 형성 과정을 주목할 필요가 있다.

> **!** 내용을 이미지로 구성하는 방식을 평가해 보자.

텔레비전 광고 텍스트의 기본 구조를 제안하기에 앞서 먼저 이 글에서 제안하고자 하는 텔레비전 광고 텍스트의 기본 구조의 발견 과정을 살피도록 하겠다.

> **!** 프레젠테이션 화면의 빈 공간은 채워야 할 곳이 아니다.

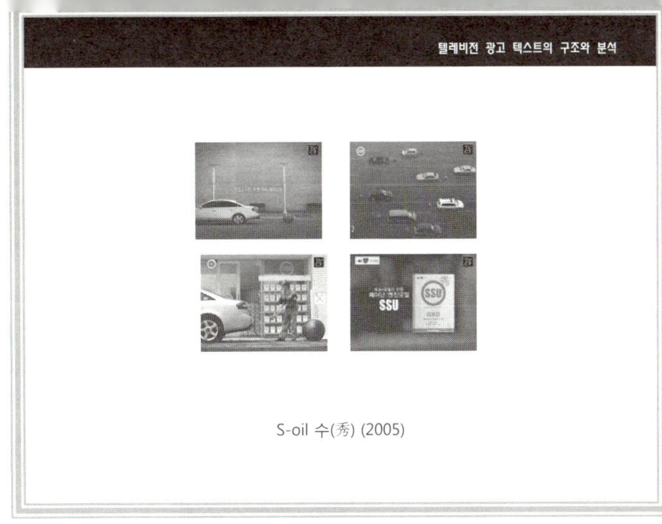

이는 〈S-oil 수(秀)〉(2005)의 분석을 바탕으로 논의할 것이다.

이 광고는 쇠구슬을 달고 달리는 자동차들의 영상과 "무겁고 지친 차를 위해 태어났다."는 발화로 시작된다. 커다란 쇠구슬을 매단 자동차는 일상에서는 볼 수 없는 낯선 정보이므로 수용자의 관심을 끈다. 또한, 수용자들은 "무겁고 지친 차를 위해 태어났다."는 발화를 통해 '무겁고 지친 차'를 '쇠구슬을 단 자동차'로 표현한 것에 감탄하며 텍스트에 주목한다. 그런데 이 발화에는 '무엇'이 태어났는지에 대한 정보가 빠져 있기 때문에 수용자들에게 궁금증을 유발한다.

☐ 안에 들어갈 핵심어를 넣어 보자.

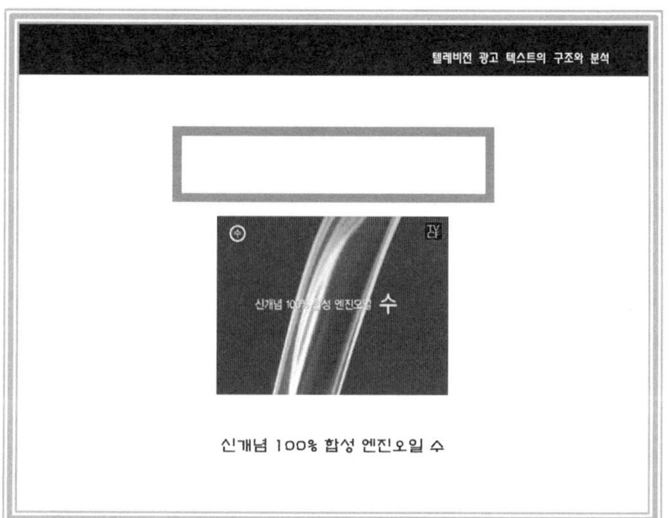

☛ '무엇'에 대한 정보는 광고 후반부의 "신개념 100%합성 엔진오일 수"라는 발화와 영상을 통해 채워지고, 이로써 수용자의 궁금증이 해소된다.

☛ 광고의 마지막에는 슬로건과 브랜드 네임, 제품을 함께 제시함으로써, 수용자들이 브랜드를 다시 한 번 확인하도록 한다. 이 광고의 장면들은 각각 수용자의 관심을 끄는 단계, 제품과 브랜드를 알리는 단계, 제품과 브랜드를 반복해서 보여주는 단계에 해당한다고 할 수 있으며, 이들 단계는 하나의 전체 텍스트 구조를 이루고 있다.

텔레비전 광고 텍스트의 구조와 분석

광고 텍스트의 기본구조

환기부

해석부

확인부

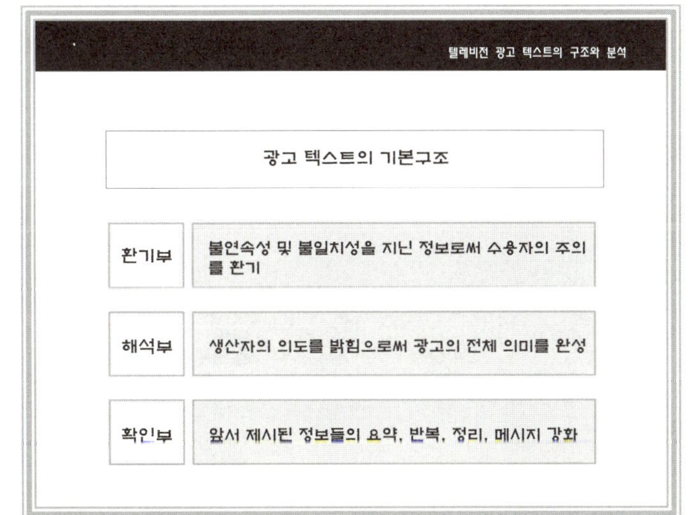

이 세 단계는 텔레비전 광고 텍스트의 기본 구조이다. 이 발표는 광고 텍스트의 구조를, 수용자의 관심을 끄는 단계, 유발된 호기심을 해소하면서 브랜드에 대한 정보를 주는 단계, 브랜드를 재확인하는 단계의 셋으로 구성된 것으로 파악한다. 이들을 각각 환기부, 해석부, 확인부라 할 수 있다. 이러한 용어를 사용하는 이유는 이들 용어가 텍스트 구성상의 기능을 보다 명시적으로 드러내주기 때문이다.

왜 네모 안을 비워 놓았을까?

환기부는 불연속성과 불일치성을 지닌 정보로써 수용자의 관심을 끄는 단계이다. 해석부는 생산자의 의도를 밝힘으로써 광고의 의미를 완성하는 단계로서 브랜드 노출이 이루어지는 단계도 해석부에 해당한다. 확인부는 앞서 제시된 정보들을 요약, 반복, 정리함으로써 메시지를 강화하는 단계이다.

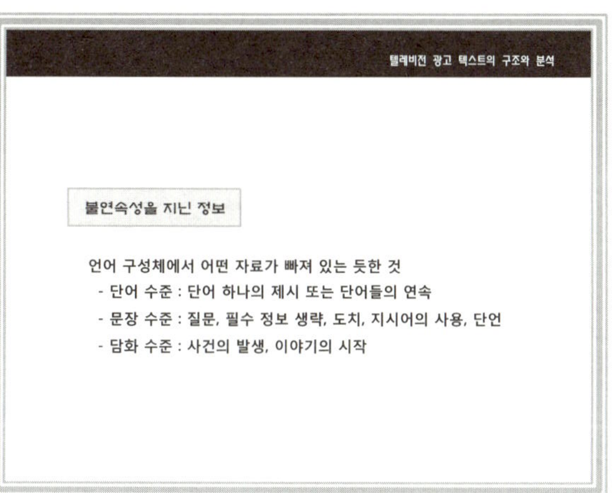

어떤 정보가 불연속성을 지녔다는 것은 언어 구성체에서 어떤 자료가 빠져 있는 듯한 것을 말한다. 텔레비전 광고 텍스트에서 텍스트의 생산자는 언어 구성체뿐만 아니라 영상이나 장면의 구성도 불연속성을 지니도록 함으로써 수용자의 호기심을 자극할 수 있다. 언어 구성체의 불연속성은 단어 수준, 문장 수준, 담화 수준으로 나누어 살펴볼 수 있는데, 단어 하나, 또는 단어들의 연속 등은 전체 맥락이 형성되지 않은 상황에서는 낯선 정보이므로 불연속적인 정보라 할 수 있으며, 질문, 필수 정보의 생략 등 구체적 정보가 누락되어 있는 정보들 역시 불연속성을 지니므로 수용자들로 하여금 답을 찾고자 하는 욕구를 자극한다. 담화 수준의 불연속성은 어떤 사건의 발생이나 이야기의 시작으로 유발된다. 맥락이 감추어지거나 생략되어 있는 정보들은 수용자로 하여금 맥락을 회복하여 전체의 의미를 파악하고자 하는 욕구를 자극한다.

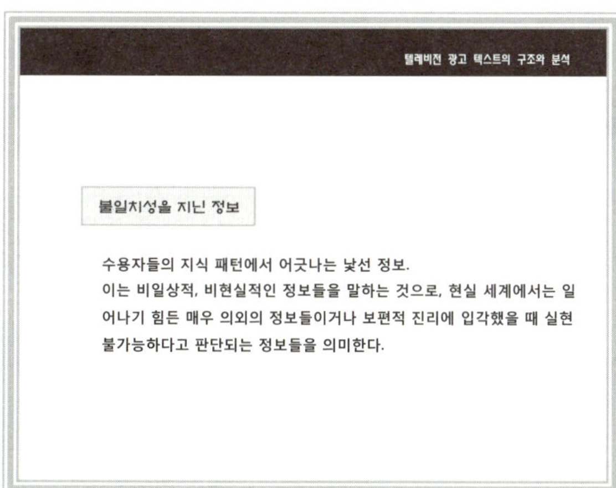

어떤 정보가 불일치성을 지녔다는 것은 텍스트에 제시된 패턴들이 기존에 저장되어 있는 '지식 패턴'과 합치하지 않는 것을 말한다. '지식 패턴'은 '세계 지식', '인간적 기대', '맥락적 기대' 등과 일맥상통하는 것으로써, 현실 세계의 모든 현상과 규칙을 인지하고 기정사실로 내면화하여 하나의 신념으로 굳어진 것들을 의미한다. 이러한 신념은 너무나 확고한 것이기 어떤 텍스트에서나 기준치로 작용한다. 예를 들어 '지구는 둥글다.'는 것은 보편적 진리인데, 어떤 텍스트에서 '지구는 네모다.'라는 정보를 준다면 이는 수용자들이 알고 있는 보편 진리에 어긋나기 때문에 해당 텍스트는 기존의 지식 패턴에 합치하지 않는 불일치성을 지니게 되는 것이다.

텔레비전 광고 텍스트에서 텍스트의 생산자는 언어 구성체뿐만 아니라 영상이나 장면의 구성도 불일치성을 지니도록 함으로써 수용자의 호기심을 자극할 수 있다.

'불연속성과 불일치성을 지닌 정보'를 설명하는 화면을 재구성해 보자. 포스트잇을 활용해 몇 장의 슬라이드를 만들어도 좋다.

텔레비전 광고 텍스트의 구조와 분석

텔레비전 광고 텍스트의 기본 구조 적용 및 분석

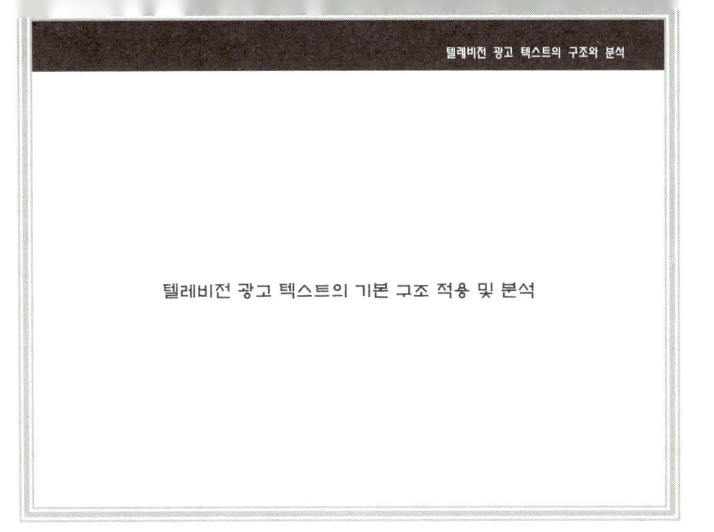

☛ 〈보해 복분자주〉(2005), 〈CYON idea〉(2006)의 두 편의 광고를 대상으로 하여, 앞에서 설정한 텍스트의 기본 구조의 단계가 어떻게 전체 텍스트를 이루고 있는지, 어떤 과정으로 의미가 해석되어 가는지를 살펴보도록 하겠다.

☛ 첫째, 〈보해 복분자주〉(2005)는 영상 정보의 '불연속성'을 이용한 광고이다.

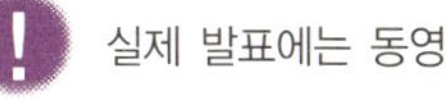 실제 발표에는 동영상이 활용되었다.

☛ 이 광고는 처음 8초간 언어 정보 없이 '구멍 뚫린 벽, 파손된 소화전, 부러진 전봇대, 구멍 난 변기' 등을 보여주고 있는데, 이 영상들만으로는 도대체 그것이 무엇을 표현하고자 한 것인지 생산자의 의도를 짐작하기 어렵다. 따라서 수용자들은 그 궁금증을 해소하기 위해 광고에 집중하게 된다.

☛ 수용자들의 이러한 궁금증은 남자가 "미안합니다. 제가 그만 보해 복분자주를 마셨습니다."하는 장면에서 해소된다. 남자 주인공의 발화에 담긴 내포적 의미는 수용자들의 세계 지식으로 충분히 유추적 해석이 가능하기 때문이다. '미안하다'는 발화와 행동은 앞에서 제시된 여러 가지 파손 행위가 남자로 인한 것이며, '남자'와 '복분자' 사이의 일반적인 통념을 바탕으로 하여 그 행위의 근원이 무엇인지를 판단할 수 있게 되는 것이다.

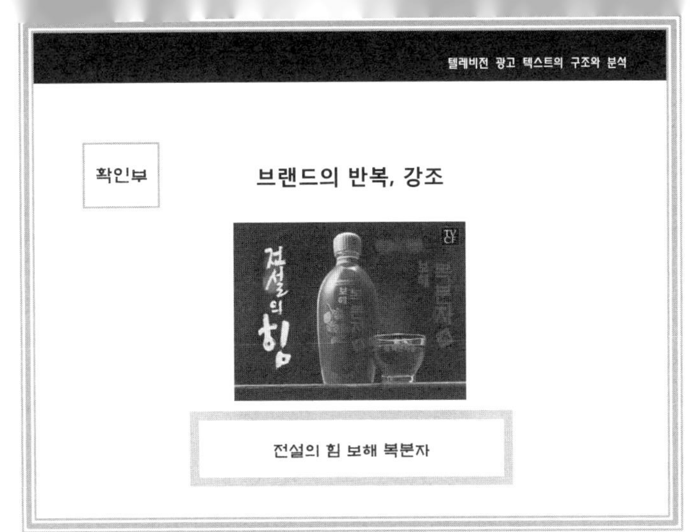

☛ 이러한 내용은 마지막에 슬로건과 브랜드 네임 제품이 등장함으로써 다시 한 번 정리되는 느낌을 주고 수용자에게 확실히 각인된다.

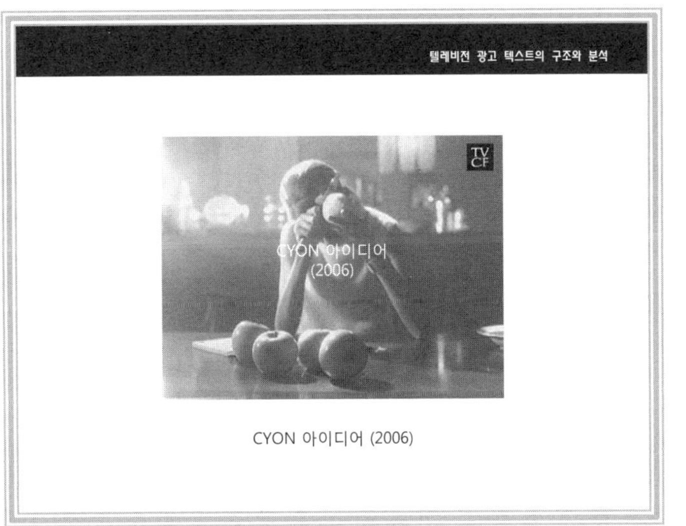

☛ 둘째, 앞의 광고가 '불연속성'을 지니도록 하여 수용자의 호기심을 유발하는 광고였다면, 〈CYON idea〉(2006)은 '불일치성'을 이용하여 수용자의 호기심을 끄는 광고이다.

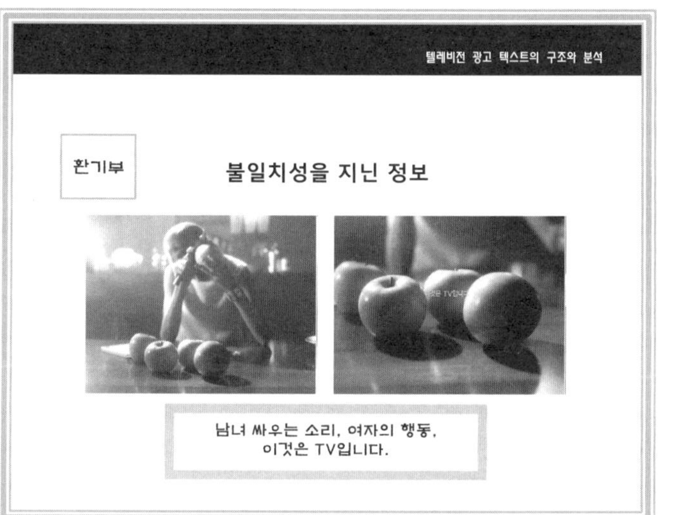

☛남편과 아내가 싸우는 소리가 들리는데 아내는 태연히 사과를 깎고 있는 장면이 계속되다가 7초쯤 사과가 클로즈업되면서 "이것은 텔레비전입니다."라고 언급되는 상황이 제시되는데, 이들 장면은 수용자의 세계 지식에 반하는 이상한 상황이다. 이들 장면은 수용자들에게 이러한 의외의 상황을 해소하고자 하는 욕구를 유발함으로써 광고에 집중하도록 한다.

☛이후 사과가 클로즈업된 상태에서 여자가 사과를 치우면 그 속에 작은 텔레비전이 나온다. 이 때 수용자들은 "이것은 텔레비전입니다."라는 발화의 '이것'이 가리키는 바가 '사과'가 아니라 '제품'이었음을 알게 된다. 이러한 내용들은 앞서 드러났던 장면들의 불일치성을 일시에 해소해 준다.

텔레비전 광고 텍스트의 구조와 분석

해석부 + 확인부

브랜드의 노출

TV스캔들 CYON idea

TV스캔들 CYON아이디어

사과를 치울 때 등장하는 작은 텔레비전은 수용자가 광고의 처음에 품었던 의문들을 해소시켜주기는 하나, 아직까지 해당 브랜드가 노출되지 않았기 때문에 수용자들은 정확하게 어떤 제품의 광고인지 알기 어려워한다. 이 제품은 텔레비전 시청이 가능한 휴대폰이다. 이는 마지막에 CYON이라는 브랜드를 확인하고 나서야 판단할 수 있다. 이처럼 이 광고는 텍스트 해석과 브랜드의 확인을 동시에 진행시켜 브랜드를 확실히 각인시키는 효과를 노리고 있다.

지금까지 텔레비전 광고 텍스트를 대상으로 하여 언어와 영상의 상호 작용으로 이루어지는 메시지의 전달과 의미 형성 과정의 통합적 고찰을 통해 수용자의 주의 환기, 의미의 회복과 해석 과정에 초점을 둔 텍스트의 구조를 제안하고, 이러한 구조를 바탕으로 수용자의 호기심이 어떤 요소들에 의해 형성되고, 어떤 과정으로 해소되어 가는가를 구체적으로 살펴보았다.

이 발표에서 제안된 텔레비전 광고 텍스트의 구조는 텔레비전 광고 텍스트 생산의 방법론을 구축하는 시발점이 될 수 있을 것으로 생각한다.

'맺음발' 화년 선에 어떤 화면 구성이 필요할지 생각해 보자. 그리고 맺음말 이후 인상 깊게 프레젠테이션을 기억하게 할 방안을 구상해

(1) 이 발표의 시작-중간-끝을 나눠보자.

(2) 중간 부분을 다시 시작-중간-끝으로 나눠보자.

(3) 이 발표 내용을 요약해 보자.

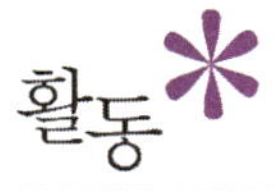

1. 다음 〈보기〉 자료를 프레젠테이션 화면으로 구현해 보자.

보기 [가]

최근에 우뇌형 인간과 좌뇌형 인간을 나누고 측정하는 것이 인터넷 매체를 통해 유행처럼 번지고 있다. 대표적으로 '나는 우뇌형일까, 좌뇌형일까?'를 테스트하는 사례가 있다. 이 테스트에서는 두 가지 간단한 동작을 하게 시킨다. 첫째, 양손을 잡고 깍지를 껴본다. 둘째, 팔짱을 해본다. 깍지를 어떻게 꼈는지 보면 두뇌가 정보를 받아들이는 유형을 알 수 있다고 한다. 왼쪽 엄지손가락이 위로 올라갔다면 우뇌를 사용하여 정보를 받아들이는 유형이고, 오른쪽 엄지손가락이 우로 올라갔다면 주로 좌뇌를 사용하여 정보를 받아들이는 유형에 해당한다. 한편, 팔짱을 한 모습을 보면 정보를 표현하는 유형을 파악할 수 있다고 한다. 왼팔이 올라가 있는 경우는 우뇌를 사용하여 표현하는 형이고, 오른팔이 올라가 있는 경우는 좌뇌를 사용하여 표현하는 유형이다. 이 두 가지 동작으로 파악한 유형은 네 가지로 나눌 수 있다. 한 축은 각각의 동작 테스트 결과로, 또 다른 한 축은 정보의 수용input과 표현output으로 분류 기준을 세우면 네 가지로 분류된다. 먼저, 우뇌/우뇌형은 감각과 이미지로 이해하고 표현하는 형이다. 이 형은 감각, 직관, 이미지로 이해를 하고 표현하기 때문에 쉽게 이해는 하지만 그것을 타인에게 전달하거나 이해시키지 못하는 경우가 많다. 숨겨진 천재성을 갖고 있는 사람이 많다고 한다. 둘째, 우뇌/좌뇌형은 직감으로 이해하고, 논리적으로 표현하는 형이다. 이 형은 역시 감각, 직관, 이미지로 정보를 받아들이지만 표현하는 데 있어서 논리적으로 설명하는 것이 가능하기 때문에 '말하는 득'을 보게 된다. 이런 형은 출세에 적합하나 실제 이런 사람은 많이 없다고 한다. 셋째, 좌뇌/좌뇌형은 논리적으로 이해하고,

논리적으로 표현한다. 완전 좌뇌형인 사람은 논리적인 성향이 강하기 때문에 논리적인 사고를 필요로 하는 일을 잘 한다. 수학과 과학 등에 뛰어나고 성격적으로는 경직되어 있는 경우가 많다고 한다. 마지막으로, 좌뇌/우뇌형은 논리적으로 이해하나 감각적으로 표현한다. 이 형의 사람은 논리적으로 이해를 하기 때문에 이해는 잘 하지만 그것을 다른 사람에게 표현하는 것은 서툰 경우가 많다. 정보를 받아들일 때 논리적인 이해를 잘 하기 때문에, 이것을 감각적으로 표현할 수만 있다면 굉장한 발명을 할 수 있을지도 모른다고 한다.

보기 [나]

①

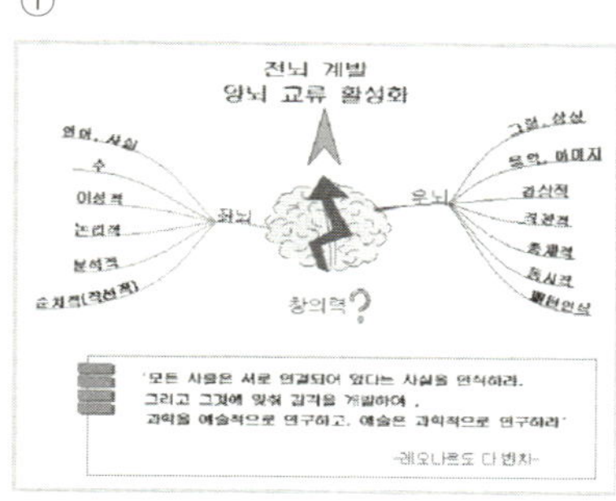

②

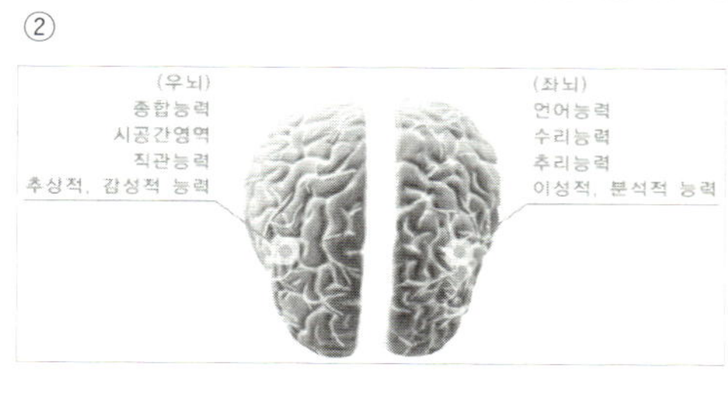

③

④

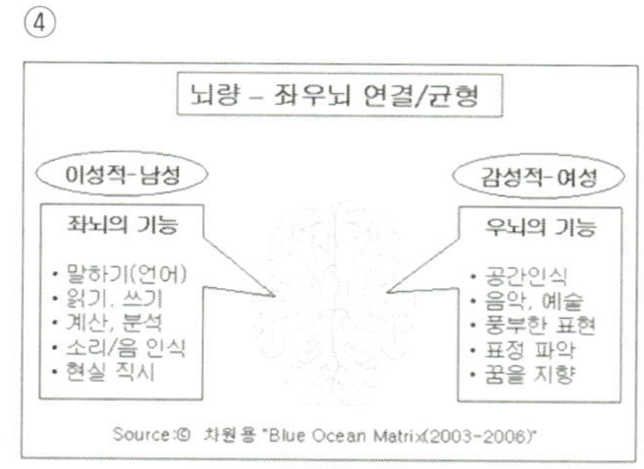

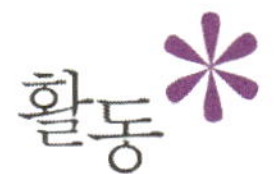

활동

⑤

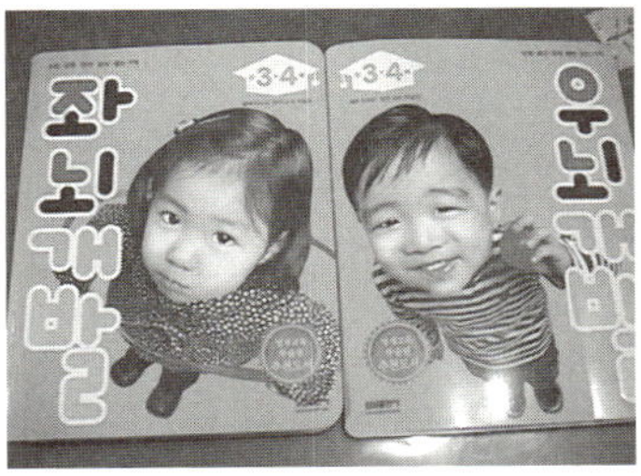

3·4
좌뇌개발
3·4
우뇌개발

⑥

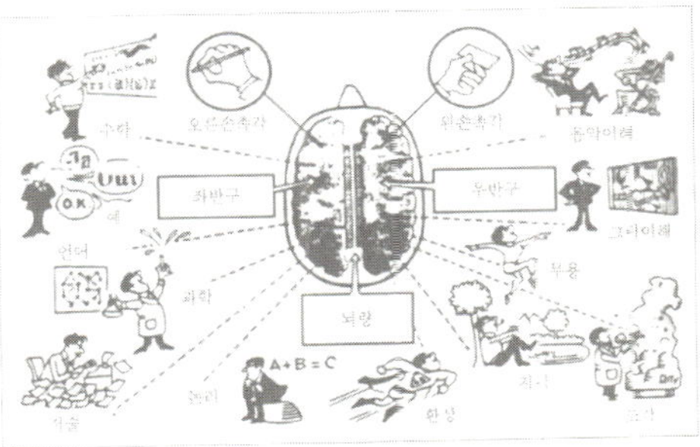

수학
오른손촉각
왼손촉각
음악이해
좌반구
우반구
언어
그림이해
과학
무용
뇌량
A+B=C
논리
환상

⑦

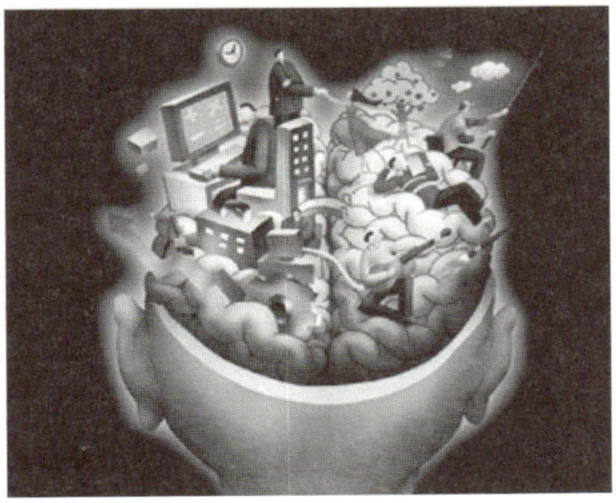

⑧

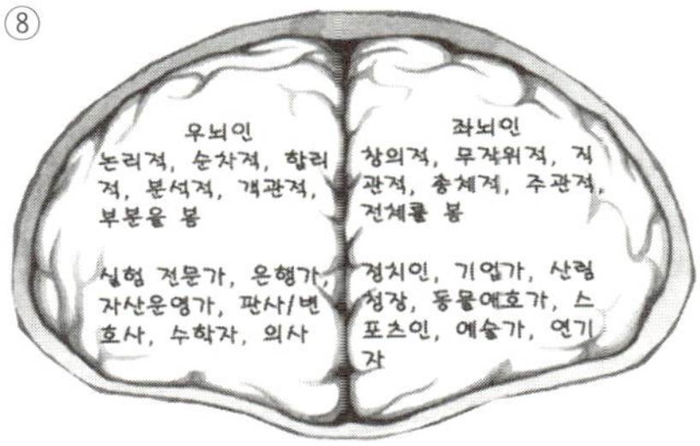

우뇌인
논리적, 순차적, 합리적, 분석적, 객관적, 부분을 봄
실험 전문가, 은행가, 자산운영가, 판사/변호사, 수학자, 의사
좌뇌인
창의적, 무작위적, 직관적, 총체적, 주관적, 전체를 봄
정치인, 기업가, 산림청장, 동물애호가, 스포츠인, 예술가, 연기자

⑨

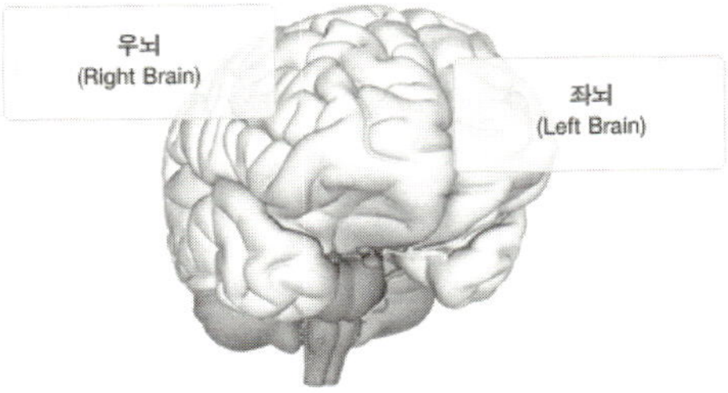

우뇌
(Right Brain)
좌뇌
(Left Brain)

⑩

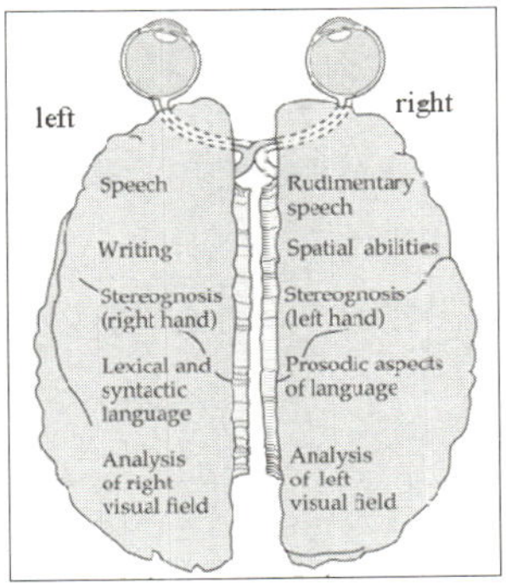

left
right
Speech
Writing
Stereognosis (right hand)
Lexical and syntactic language
Analysis of right visual field
Rudimentary speech
Spatial abilities
Stereognosis (left hand)
Prosodic aspects of language
Analysis of left visual field

활동*

(1) [가]의 설명글을 구조적으로 요약해 보자.

(2) [나]는 인터넷을 통해 찾은 좌뇌와 우뇌에 대한 이미지들이다. 이 이미지들을 택하거나 발표 내용에 따라 재구성해서 발표 화면에 활용해 보자.

(3) 요약한 결과를 이미지와 함께 발표 화면으로 구성해 보자. (관련 자료를 더 찾아볼 수 있다.)

(4) 시각 자료와 함께 발표해 보자. 발표할 때 다음 사항을 유의한다.

- 발표 대본을 읽지 말고 청중과 눈 맞춤을 할 것
- 자신의 신체도 발표 매체라는 인식으로 표정, 몸짓, 의상, 머리 모양 등 인상을 이루는 요소에 신경 쓸 것
- 제시된 글 이외의 정보를 이용하며, 스토리텔링 기법을 부분 혹은 전체로 활용할 것

2. 엘 고어가 주인공인 영화, 〈불편한 진실〉을 감상하고 다음 활동을 해 보자.

영화, 〈불편한 진실〉(2006)

(1) 포스터의 시각 이미지와 카피를 영화의 주제와 관련하여 분석해 보자.

(2) 이 영화의 인상 깊은 장면을 택하여 효과 측면에서 프레젠테이션 기법을 분석해 보자.

(3) 엘 고어Albert Gore에게서 배운 프레젠테이션 기법을 발표해 보자.

참고문헌

강등학 외(2000). ≪한국 구비문학의 이해≫, 월인.

권희돈(1993). ≪소설의 빈자리 채워 읽기≫, 양문각.

김경태(2006). ≪스티브 잡스의 프레젠테이션 2≫, 멘토르.

김경태(2006). ≪스티브 잡스의 프레젠테이션≫, 멘토르.

김민주(2003). ≪성공하는 기업에는 스토리가 있다≫, 청림출판.

김석만 편저(1997). ≪스타니슬라브스키 연극론≫, 이론과실천.

김성재(1985). ≪출판의 이론과 실제≫, 일지사.

김소월, 유종호 해설(2001). ≪진달래꽃≫, 민음사.

김영만(2004). 〈홈페이지 중심의 국어 작문 교육 방안 연구〉, ≪국어교육연구≫ 제13집, 서울대학교 국어교육연구소.

김영철 외(2002). ≪문학체험과 감상≫, 건국대학교 출판부.

김영철(2005). ≪말의 힘 시의 힘≫, 도서출판 역락.

김정자(2004). 〈전자게시판 글쓰기 교육 연구〉, ≪국어교육연구≫ 제13집, 서울대학교 국어교육연구소.

김희수(1994). ≪화술의 이론≫, 전남대학교출판부.

박용한(2003). ≪토론 대화 전략 연구≫, 역락.

박인기 외(2000). ≪국어 교육과 미디어 텍스트≫, 삼지원

서정주(1972). 〈김소월과 그의 시〉, ≪서정주 문학전집≫ 2, 일지사.

신동흔(2003). ≪세계민담전집 1 한국편≫, 황금가지.

신동흔(2004). ≪살아있는 우리신화≫, 한겨레신문사.

신선희(2005). ≪우리 고전 다시 쓰기≫, 삼영사.

신현숙(1990). ≪희곡의 구조≫, 문학과지성사.

오세영(1998). ≪한국현대시 분석적 읽기≫, 고려대학교출판부.

유영만(2008). ≪상상하여? 창조하라!≫, 위즈덤하우스.

이광수(1984). ≪무정≫ 상·하, 우신사.

이남희(2000). ≪자기발견을 위한 자서전쓰기≫, 교보문고.

이어령(2008). ≪젊음의 탄생≫, 생각의 나무.

이용갑(2008). ≪프레젠테이션 1막5장≫, 프롬북스.

이인화 외(2003). ≪디지털 스토리텔링≫, 황금가지.

이호철(1994). ≪살아 있는 글쓰기≫, 보리.

장덕순·조동일·서대석·조희웅(1971). ≪한국구비문학개설≫, 일조각.

전정례(1999). ≪언어와 문화≫, 박이정.

정희모·이재성(2005). ≪글쓰기의 전략≫, 들녘.

최상희(1983). 〈"무정"과 "혈의 누"의 대비연구〉, 이화여자대학교 석사학위논문.

최영환(1998). 〈매체의 변화와 언어 기능 교육의 역동화〉, ≪국어교육≫ 97. 한국국어교육연구회.

최열(2004). ≪화전≫, 청년사.

최웅·최윤현·정금철·김복순·김금숙(2005). ≪과학 기술자를 위한 이공계 글쓰기≫, 북스힐.

하영목·최은석(2007). ≪프레젠테이션의 정석≫, 팜파스.

한국사회언론연구회(1996). ≪현대사회와 매스커뮤니케이션≫, 한울아카데미.

한성일(2002). ≪유머텍스트의 원리와 언어학적 분석≫, 경원대학교 국어국문학과 박사학위 논문.

황농문(2007). ≪몰입 — 인생을 바꾸는 자기 혁명≫, 랜덤하우스코리아.

Abrams, M. H., 최상규 역(1999). ≪문학용어사전≫, 보성출판사.

Anderson, B. W.(1983). ≪구약성서의 이해 1≫, 성바오로 출판사.

Bakhtin, M. M., 전승희 외 옮김(1988). ≪장편소설과 민중언어≫, 창작과비평사.

Bal, Mieke, 한용환·강덕화 옮김(1999). ≪서사란 무엇인가≫, 문예출판사.

Chatman, Seymour, 김경수 역(1990). ≪영화와 소설의 서사구조≫, 민음사.

Csikszentmihalyi, M., 이희재 역(2007). ≪몰입의 즐거움≫, 해냄.

Dawson, S. W., 천승걸 역(1984). ≪극과 극적 요소≫, 서울대학교출판부.

Eco, Umberto 김광현 역(1995). ≪해석의 한계≫, 열린책들.

Forster, E. M., 이성호 역(1984). ≪소설의 이해≫, 문예출판사.

Howard, D., E. Mabley, 심산 옮김(1999). ≪시나리오 가이드≫, 한겨레신문사.

Jacobson, R., 권재일 옮김(1989). ≪일반언어학 이론≫, 민음사.

Kosslyn, Stephen M., 김경태 역(2008). ≪프레젠테이션 심리학≫, 멘토르.

McKee, Robert, 고영범・이승민 옮김(2002). ≪시나리오 어떻게 쓸 것인가≫, 민음사.

Meire, M., 진정근 역(2003). ≪기업 내부커뮤니케이션≫, 역락.

Nachmanovitch, S., 이상원 역(2008). ≪놀이, 마르지 않는 창조의 샘≫, 에코의서재.

Negroponte, N., 백욱인 역(1999). ≪디지털이다≫, 커뮤니케이션북스.

Ogle, R., 손정숙 역(2008). ≪스마트월드≫, 리더스북.

Prince, G., 최상규 옮김(1999). ≪서사학이란 무엇인가≫, 예림기획.

Prince, G., 최상규 역(1988). ≪서사학≫, 문학과지성사.

Propp, V., 유영대 옮김(1987). ≪민담형태론≫, 새문사.

Read, H.(1945). *Herbert A Coat of Many Colours*, London : Routledge.

Scholes, R., R. Kellogg, 임병권 옮김(2001). ≪서사의 본질≫, 예림기획.

Shakespeare, William 피천득 역(1996). ≪셰익스피어 소네트 시집≫, 샘터.

Simmons, A., 김수현 옮김(2001). ≪스토리텔링≫, 한언.

Stanislavski, Constantin, 김균형 역(1999). ≪역할구성≫, 소명출판.

Stanislavski, Constantin, 신겸수 역(2001). ≪배우수업≫, 예니.

Stephen, K., 김진준 옮김(2002). ≪유혹하는 글쓰기≫, 김영사.

모기 겐이치로, 이경덕 역(2007). ≪창조성의 비밀≫, 브레인월드.

찾아보기